JN033642

船の食事の歴史物語

丸木舟、ガレー船、戦艦から豪華客船まで

サイモン・スポルディング　大間知知子 訳

FOOD at SEA

SHIPBOARD CUISINE from ANCIENT to MODERN TIMES

SIMON SPALDING

原書房

船の食事の歴史物語

丸木舟、ガレー船、戦艦から豪華客船まで

私の家庭内編集長であり、ミューズであり、最高の友人でもある
サラ・カートランド・スポルディングへ

目次

まえがき

『旅の食事』シリーズに寄せて

嘆く声を耳にすることがどれほどあるだろう。「きちんと座って食事をする人がいなくなってしまった。だれもが歩きながら、あるいはドライブスルーで手軽に済ませる。そんなものはちゃんとした食事ではない。移動中のただの間食だ」。移動中に食べるのは現代人だけではない。昔からずっと屋台やファーストフードがあった。人々は乗り換えのときに必ず何か食べていた。そうした食事は便利で手軽だけれどもおいしくないとされ、旅の途中で食べることのできるさまざまな食べものは偏見の目で見られている。それでも、ときにそうした食事がとびきり上等なこともある。西アジアの大草原をのんびりと移動するキャラバン隊がラクダをとめて、ドライフルーツ、ナッツ、平たいパン、焼きたてのケバブの豪華な食事のためにテントを広げるところを想像してみよう。あるいは、飛行機の旅がまだ始まったばかりの黄金時代、航空各社が、たとえ座席のテーブルに収まるサイズであっても、特別にデザインされた食器で、腕の確かな料理人の手による豪華な食事を出していたことを思えばよい。19世紀の鉄道で振る舞われた食事は当時最高と賛美されたほどであり、豪華客船はむろん、すばらしい食事をかけがえのない体験のひとつとうたい上げる。キッチンカーが歩行者に提供するおいしい食べものは今や流行最先端だ。

けれども、旅の食事は必ずしも豪華とはかぎらない。ときに、ハイキングのための栄養食品や、大草原をゆく、おそれを知らぬハンターを支える高タンパク携帯食品のように、生命の維持さえできればよいこともある。また、戦時中の缶詰の配給食や、植民地時代の船員に与えられた堅パンとラム酒のように、粗悪だったこともある。それはまるで、旅の手段に合わせて、それがなければ完結しない食のレパートリーがあるかのようだ。ジャンクフードやお菓子を食べない車の旅があるだろうか？　飛行機の国内便でナッツの小袋が出ないと寂しくないか？　旅の食事には、準備と消費のいずれにおいても、その旅ならではの壁が立ちはだかる。考えてもみよう。木製の船で火をたくのだ。あるいは、線路上で激しく揺れる列車のなかでオムレツをひっくり返さなければならない。手で持てる食べものは旅の食事の典型である。ひょっとすると将来はみなそうなるのだろうか。古くはワインを入れる革袋から、アルミの水筒、ペットボトルはもちろん、特殊発泡スチロール容器と先割れスプーンも移動には欠かせない。旅の食事にはそれなりのエチケットもある。ダイニングテーブルよりは緩やかで、おもしろいことに人や場所によって大きく異なる。もしかすると人の目を意識して、あえて変えているのかもしれない。

最初にこのシリーズを思い立ったとき、旅に特化した食べものがどれくらいあるのか、列車、飛行機、車、自転車、馬の背で食べる食事がどれほど多種多様で、各文化に根づいているかをまったく考えていなかったように思う。イタリアのローマからオーストリアのチロルアルプスまで乗った長い列車の旅はわたしにとって忘れられない体験となった。向かい側に腰かけた若い家族は準備万端だった。彼らはサラミ、パン、チーズ、ワインを取り出し、ぼろぼろとこぼしながら、大胆に身振り手振りを交えて、イタリア語のおしゃべりを繰り広げた。何もかもがおいしそうで、家族はひと口ずつじっくり味わっていた。ドイツ語圏に近づくと、家族は辺りをきれいに片づけて、身だしなみを整え、言語を切り替えた。イタリア風の食事風景は跡形もなく消え去ってしまった。思うに、もし列車が北部に入ってもそのままだったら、家族の行動はまったく場ちがいだっただろう。つまり、人々にはひと目でそれとわかる旅の食の伝統があり、それはほかの食習慣と同じように国、階級、性別、性格と結びついているのである。したがって、そろそろそうした食事を独立したジャンルと考えてもよいころ合いだろう。このシリーズによって、なぜ旅をしながら特定のものを食べるのかについての理解が深まることを願う。

パシフィック大学　ケン・アルバーラ

謝辞

本書の執筆に協力してくださった次の方々に心から感謝をお伝えしたい。

私の妻、サラ・カートランド・スポルディング。『シカゴ・スタイル・マニュアル』〔シカゴ大学出版局による出版物の用語や書き方の規則集〕や出版社のガイドラインに沿って私の原稿を校正し、編集し、バーチャル空間に散らばる私のとりとめのない文章を出版原稿の形に整えてくれた。

友人にしてアドバイザーのリチャード・フォス。私を最初にこのプロジェクトに誘い、執筆中はアドバイスを惜しまず、私がクルーズ船のメニューを購入するのを支援し、写真を撮り、他にも数えきれないほどの力を貸してくれた。

索引を用意してくれたシャロン・シェフィールド。

ケン・アルバラ。本シリーズの発案者であり、名前を聞いたこともない作家の私に船上の食事について書くチャンスをくれた。

あらゆる助言と協力を与えてくれたローマン・アンド・リトルフィールド出版のスザンヌ・スタシャク＝シルヴァ、ウェンディ・シュノーファー、キャスリン・クニッゲ、アンドレア・オフデンカンプ・ケンドリック、カレン・アッカーマン、そしてフラニー・スコット。

パムリコ・コミュニティ・カレッジのリー・ラッセルとデニス・メイヤーソン。彼らはテーマも書名もあいまいな本を何とか探し出して貸し出してくれた。

クリス・ロシュ。海兵隊員、研究者、そして歌手でもある彼は、ポーツマスまで出かけてウォーリア号の写真を撮ってくれた。

さまざまな方法で私を支えてくれた次の方々にも感謝申し上げたい。サンフランシスコ海事国立史跡公園のジーナ・バルディ、ヴァーサ博物館のフレッド・ホッカー博士、ミネソタ大学のローレンス・モット博士、ハイファ大学のルーシー・ゲルトワーゲン博士、P&Oヘリテージ・コレクションのベス・エリス、ニュー・ベドフォード捕鯨博物館のマイケル・P・ダイヤー、フィラデルフィア州インディペンデンス海港博物館のクレイグ・ブランズとジョシュ・フォックス、修復されたフリゲート艦トリンコマリー号のデーヴィッド・マクナイト、イーストカロライナ大学のゲリー・プロコポヴィチ博士、ブリティッシュ・コロンビア大学のリチャード・アンガー博士とアダム・ジョーンズ博士、ミネソタ大学のポーラ・ラーン・フィリップス博士、ブルース・ヴァンシル、クリス・バトラー、ジェラルド・ミッテルステット、トレーシー・ジャスタス、ピーター・カーシン、アンディ・ブラッドショー、トム・ロルストン、故グレン・カイザー、デル・スプレーグ、フランク・フィーダーライン、ヤゴダ・サルズマン、ハンス・ウェスターマークとロレイン・ウェスターマーク夫妻。

あまりに多すぎて全員の名前を挙げることはとてもできないが、本書の完成に尽力してくださったすべての方々に心からお礼を申し上げたい。本書に含まれるいかなる誤りや遺漏も、そのすべての責任はここに名前を挙げた方々ではなく私にある。

執筆中、私の進むべき道を辛抱強く示してくれた海の男たちと女たちに感謝申し上げたい。特にリチャード・ワージントン、故スタン・ヒューギル、エリック・ライス船長、アンジェイ・ドラペラ船長、故デーヴィッド・ハイオット船長、そして最後に、偉大な船上料理人、そしてすばらしい船乗りでもあるアンジェイ・「アルニ」・プシベクに心からお礼申し上げたい。

サイモン・スポルディング

2014年3月、ノースカロライナ州ニューバーン

はじめに

これは他に類のない本だ。船上の食事、つまり船乗りや乗客が海の上にいるときに食べ、貯蔵し、調理する食べ物に関する歴史が書かれている。

本書は料理の歴史に関する他のどんな本とも似ていない。船上の食事の歴史は、人間と海の歴史だ。本書の大部分は、大型船や小型船の設計の変化と、その変化が船上での食事をどのように変えてきたかを明らかにしている。料理史に関する本を読むのが好きな読者なら、本書に掲載したレシピのいくつかはお気に召すだろうが、絶対に試してみたくないレシピもあるだろう。筆者は料理専門のライターではなく、湾や河川のように陸に囲まれた水路やバルト海、大西洋で、スクーナー船、スループ船、ブリッグ船、バーク船に乗って勤務し、料理し、食事をしてきた経験を持つ研究者兼船乗りだ。

この本は他の海運史や海軍史の本とも違う。巡洋艦オリンピア号に関する本の中で、大砲よりも氷製造機に注目した本はほとんどないし、19世紀の帆船に関する本の中で、艤装(ぎそう)の型よりも食料貯蔵室の棚の形により多くのページを割いた本はほぼないと言っていい。食事に焦点を当てることで、より一般的なテーマを研究するのとは異なる海運の歴史が見えてくるだろう。

船上の食事の歴史について語ろうとすれば、船そのものの歴史を語らなくてはならない。船の変化は、人々が船上で食事をする方法に変化をもたらすからだ。衝角のある手漕ぎの船から砲床のある帆船への軍艦の発達は、海戦の根本的な性質を変え、海で戦う兵士の食事を一変させた。帆船から蒸気船への客船の進歩は、乗客が食事をする方法、特に最も安い乗船券を買う移民の食事を大きく変えた。

船の設計や操船技術のちょっとした変化が、船乗りの食事のしかたに影響を与えてきた。19世紀の船員チャールズ・アビーは、スタンスル〔補助帆〕のあるクリッパー船で航海したときは、働くか寝る以外の時間はほとんどなかったと言っている。スタンスルのないクリッパー船イントレピッド号に乗ったときは、アビーは釣りをして、釣った魚を食べる余裕があった。スクリューや3段膨張式エンジン、そして蒸気タービンの発達によって、蒸気船で大西洋を横断するのにかかる期間が短縮され、あらゆる等級の乗客にとって、大西洋横断航海の体験はこれまでとは違うものになった。

船旅は、人々の陸での食事も変化させた。ヴァイキングがアイスランドに定住したとき、彼らがその土地で出会ったのは、脂肪の少ない魚、寒冷な気候、絶えず吹きつける風だった。干し魚を作るのに絶好の環境である。干し魚は中世ヨーロッパ全体で、金曜日〔キリスト教徒は金曜日に肉食を避ける習慣がある〕の食事になった。冷蔵船の発達によって、ニュージーランド産の子羊の肉が世界中で当たり前に食べられるようになった。現代のコーヒー好きが朝のコーヒーに浸して食べるビスコッティ〔2度焼きしたイタリアの硬いビスケット〕は、13世紀のガレー船の漕ぎ手に支給された非常食から名前と伝統を受け継いでいる。イギリス人の乗客は、蒸気船に乗ったインドのゴア出身の料理人によって初めてインド料理に出会い、インド料理はイギリスの料理文化の一部になった。

海ならではの環境が、船上の食事と食事道具を形作ってきた。18世紀の軍艦のテーブルは、同じ時代の陸上のテーブルとは違った。19世紀の商船の船員が使うナイフの形状は、フォークの代わりとしても使えるようになっていた。帆船の食料貯蔵室の食器棚は、悪天候で船が揺れても皿が割れにくいように作られていた。紅海やインド洋へ乗客を運ぶ蒸気船は食堂にプンカと呼ばれるインド風の扇風機をつけていた。ポーランド船は取っ手のないコーヒー用マグカップを好んで使った。その方が欠ける心配が少なく、重ねておけるからだ。

本書には、さまざまな時代に船旅をした人々の言葉を載せた。ジョン・スミスやチャールズ・ディケンズ、ハーマン・メルヴィル、マーク・トウェインなど、よく知られた人々もいる。あまり知られていないが、貴重な記録を残した人たちもいる。18世紀の船員ジェイコブ・ネーグル、19世紀の船員フレデリック・ピース・ハーロー、建築家アーサー・デーヴィス、そして15世紀から現代までの詩人や作詞家の作品を集めている。

船上の食事の歴史は驚きに満ちている。18世紀オランダ海軍の乗組員は、その4世紀も前にフランス王家の料理人が提案し、1627年にジョン・スミスが記録に残した魚を原料にしたソースを使っていた。コロンブスの船には、料理人は乗っていなかった。イベリア船は17世紀になってもしばらくは船上料理人を雇わなかったが、北部ヨーロッパの船は600年以上前から船に料理人を乗せていた。ミクロネシア連邦のプルワット環礁で使われていた20世紀の帆走プロア船

〔風下側に張り出し浮きをつけたカヌー〕は、コロンブスやマゼランが使用していたのと実質的に同じ調理用炉を使っていた。この炉は第二次世界大戦中に日本軍がこの地域に置き去りにした軍用品を材料に作られている。

興味が湧いた読者は、この先をぜひ読み進めていただければ幸いである。

第1章 古代と中世世界

彼らは、海に船を出し
大海を渡って商う者となった。
彼らは深い淵で主の御業を
驚くべき御業を見た。

──『旧約聖書』より、詩篇107篇23～24節

人類は何千年も前に大海原に乗り出した。先史時代にどのような形の船が使われていたのか、明確なことはわからない。しかし、人や物、動植物が海を越えて輸送されたのは疑いのない事実だ。人類は数千年前に各地の島々に移住した。それこそが人類の歴史の初期に、海洋の冒険が行われたという確かな証拠である。

大昔の船乗りが船上で何を食べていたかを知るために、甲板のない小船を操る船乗りが船旅の間に食事をしたであろう3つの方法を考えてみたい。

・大昔の船乗りは、腐りにくく、食べる前に調理する必要がない食べ物を船に積んで旅に出ただ

ろう。

・船旅の間に、積み込んだ食べ物を調理するために上陸し、おそらく陸で食料を手に入れて補ったはずだろう。そのためには調理器具や、たぶん薪も持ち運ぶ必要があったはずだ。調理する火は船上ではなく、陸で起こした。

・船上で調理した可能性もある。そのためには食物を調理したり温めたりする火を焚く恒久的な、あるいは一時的な設備が必要だった。

ケース1　航海中に調理しない場合

昔はこの第1のケースが普通で、現代でもまだ世界中で一般的に続いている方法である。太平洋の無人島に移住するために使用された航海用カヌーは、その多くが木をくりぬいた2隻の丸木舟を甲板でつないだ双胴船で、調理用の設備は限られていた。現代の太平洋諸島の住民の祖先たちは、焚き火台を作る金属を持たなかったから、おそらくほとんど、あるいはまったく調理を必要としない食物を船に積んで航海したのだろう。小舟に乗ったスコットランド人漁師は、海に出たときに食べられる「軽食」、たとえばサンドイッチや、肉や野菜を詰めたパスティ〔パイ〕、バノック〔オーツ麦や大麦で作る丸くて平たい種なしパン〕、スコーンを持って漁に出た。小型船の船乗りは今でもこの習慣を受け継いで、短時間海に出るだけでも軽食と飲料水を携帯する。今日でも日帰りの航海には、簡単につまめる食べ物を入れたアイスボックスと、水などの飲み物を船に積んでおく。

船上で調理せずに食事をする段階を原始的と考えるのは早とちりだ。島々に移住し、物資を輸送したのは、船上で調理せずに大海原を数百キロも航海した人々だった。太平洋諸島に住む民族の場合、海を渡った人々は新天地での食料を確保するために動植物を運んだ。北極海でも同様な民族の移住があり、動物が運ばれた。彼らの船は木の枠組みにアザラシやセイウチの皮を張ったウミアックと呼ばれるもので、この船の上で調理するのは実質的に不可能だった。食べ物を腐らせずに貯蔵する船乗りの技術が向上すればするほど、航海中に食べ物を採集したり、調理したりする必要は少なくなった。

ケース2　上陸して調理する場合

第2のケースでは、船乗りが調理用の器具や道具を持ち運び、旅の途中で食べ物を調理するために遠く離れた陸地に上陸した。このやり方は世界各地で実行されてきた。どんな種類の船であれ、船上で火を焚くのは非常に危険だが、船が小さく、可燃性の素材でできている場合は特に、火は深刻な危険を招く。昔の航海者は、長い航海では飲料水を補充するために何度も上陸する必要があった。世界各地で飲み水を入れる容器を携えて上陸した昔の船乗りは、食べ物と鍋を一緒に持っていけば海岸で調理できて都合がいいと思いついたに違いない。鍋がなければ、海でとった魚や陸でとった獲物を即席の串に刺して焼いただろう。

ケース3　船上で調理する場合

船の上で食べ物を調理する第3のケースでは、船が航海中や停泊中に使用できる調理設備が必要になる。火事を防ぐために、火は甲板や船体から隔離しなければならない。樹木がほとんどない地域では、薪などの燃料を船に積んでおく必要がある。船上での調理をあらかじめ考慮して船を設計する必要もあるだろう。この習慣は、さまざまな時代や地域で発達したようだ。船上での調理は、北ヨーロッパよりも地中海で早く発達した可能性が証拠によって示されている。

中石器時代の海上貿易

中石器時代には、石器だけでなく、腐敗しやすい品物も取引されていたという証拠がある。タルドノワ文化期〔ヨーロッパ中石器時代の一時期。紀元前6000～4000年頃〕の石器を使用するアイルランド出身の人々が、マン島に移住したのはこの時期だ。また、北海南部では投網の中にマグレモーゼ文化期〔北欧の初期中石器時代文化〕に作られた「トランシェ様」〔鋭い剥離面を刃部とする石器〕石斧またはツルハシ状の石器が見つかるという興味深い発見があった。この石器は丸木舟から落ちたものと考えられている。デンマークの泥炭地からはマグレモーゼ文化期の丸木舟がいくつも発見されており、北海で発見された石器は海で落としたのだろう。[1]アイルランド北東部で製作された磨製石斧は、スコットランド西部やイングランド南部のいくつかの場所で発見されている。また、ウェールズで作られた刃のある左右非対称の石器（おそらく鍬のように刃線と柄が直角に位置する手斧）が5点、コーンウォールで見つかっている。そのうちひとつは丸木舟の中にあった。[2]こうした石器を使っていた中石器時代の船乗りが食べ物を丸木舟に乗せていたとしたら、調理せずにそのまま食べたと考えてほぼ間違いないだろう。

新石器時代のアルゴノーツ

このタイトルはE・G・ボウエンの著作、『ブリテン島と西部海路 *Britain and the Western Seaways*』からの引用で、新石器時代に海上交通と海洋貿易が拡大した事実をよく表している〔アルゴノーツはギリシャ神話でアルゴー船に乗って冒険した英雄たち〕。この時代は巨石建造物の時代で、サーセン石と呼ばれる砂岩の巨石を立石と横石に使ったストーンヘンジ（ストーンヘンジは中石器時代に木の柱と小さい石で造られた建造物を発展させたものである）、エーヴベリーの環状列石、ブルターニュのメンヒル〔単独で直立した巨石記念物〕、そしてスコットランドの環状列石などが建造された。ギャラリーグレーブ（通路墓）やパッセージグレーブ（羨道墓）と呼ばれる巨石墓の伝播は、ヨーロッパ北部と西部沿岸部の間に船の行き来があったという強力な証拠である。[3] 特に興味深いのは巨石を用いたパッセージグレーブの分布で、イベリア半島南部および西部沿岸部、ビスケー湾岸、フランス北西部のサン・マロ、アイルランドの3地域、ノース・ウェールズ沿岸部、マン島、スコットランドのマレー湾、デンマーク全域と、それに隣接する現在ドイツとなっている地域、そしてスウェーデンの南西沿岸部など、遠く離れた沿岸地域の間に婚姻関係、移住、そして定期的な交易があったことを示している。[4]

北ヨーロッパの「新石器時代のアルゴノーツ」がどのような船に乗っていたのかは推測するしかない。おそらく彼らの船はパドルを使った手漕ぎ船で、オール〔船に支点で固定された櫂〕や帆はまだ使われていなかっただろう。イヌイットの人々が使うウミアックのように、彼らは枠組みに皮を張って船の大きさや性能を改良し始めたと考えられる。現存するこの時代の丸木舟は、ただ丸太をくりぬいただけの簡素な船よりも大型で、複雑になり、丸太を削った後で形を整えたり、船体を大きくするために厚板を取りつけたりしている。[5]

太平洋では丸木舟は長い間用いられ、より複雑な構造になった。ふたつの船体が連結されたり、船体の横に浮材（アウトリガー）が固定されたりした。また、船体を連結する横木の上に甲板が作られた。何世紀もの間、双胴船やアウトリガーつきの丸木舟にはタコノキ科の植物の繊維を編んで作ったむしろが帆として使われた。ヨーロッパでは丸木舟は次第に使われなくなり、縫い合わせた皮を張った船や、板材を動物の腱や植物繊維で縫合するか、楔で接合した木製の船に取って代わられた。

新石器時代を通じて、船乗りは調理する必要のない食べ物を持ち運んでいたと思われる。

青銅器時代と鉄器時代の北ヨーロッパ

さまざまな種類の青銅斧やその他の青銅器の分布は、北ヨーロッパや西ヨーロッパでの海運がさらに活発化したことを示している。スカンジナビア半島で発見された岩絵群に描かれた船にはいろいろな解釈の余地があるが、多くはウミアックによく似た手漕ぎの船が描かれている。デンマークのアルス島で発見されたヨートスプリング遺跡の船は紀元前200年頃のもので、皮張りの船を模して造られたと思われる木造船である。長さはおよそ13メートルを超え、幅はおよそ1・8メートル以上あり、おそらくパドルで漕いだと思われる。[6] デンマークのホヌムで出土した青銅製のカミソリの表面には船の絵が刻まれている。船の上には帆柱と帆のようなものが描かれているが、船尾からの風を受けるために立てられた葉の茂った枝かもしれない。[7]

青銅器時代に北ヨーロッパで航海が盛んになったことを示す証拠が残っている。アイルランドのカラッハと呼ばれる船は、おそらく手漕ぎか、もしかすると帆が使われ、アイルランド産の金や青銅の加工品を積んでアイリッシュ海を渡り、もっと遠方まで航海したかもしれない。[8] 紀元前1世紀に作製された「ブロイター・ボート」と呼ばれる黄金の船の模型は、遠洋航海用のカラッハを表したものと考えられ、帆柱と帆桁〔マストの左右に張り出し帆を上から支える円材〕、漕ぎ手が腰かける横木、14本のオールと1本の舵取りオールを備えている。[9]

南の海

ヌビアやエジプトで発見された船の絵は、6000年以上前のものだと信じられている。これらの絵が何を描いているのかを解釈するのは難しいが、多くの人は葦の束で作られ、パドルを使って漕ぐ船だと考えている。紀元前3400〜3000年になると、葦船の他に木製の船も使われていた証拠がある。木造船の中には1枚の四角い帆を支える二脚マストを持つものがあり、かなりの進歩が見られる。エジプトの最も古い木造船は独特の方法で建造されている。短い板の端と端を合わせて、砂時計のように中央が細くなった楔と木釘で接合している。短い板を使用するのは、おそらく地元で育つ比較的樹高の低いアカシアやエジプトイチジクの木材を利用するためだろう。時代が進むにつれて、エジプト人は現在のシリアやレバノンから長い木材を輸入するようになった。[10] 楔と木釘を使用したこのタイプの木造船は、ナイル川で建造された後いったん解体されて、部品の状態で陸上輸送され、ふたたび組み立てられて紅海で進水し、おそらくアラビア海に向けて航海したと考えられている。

パドルからオールへの転換はきわめて重要な進歩である。舷縁の支点を利用することで、漕ぎ手の力をより効率的に水に伝えられるようになった。オールと帆は紀元前3400〜3000

年に船を描いたエジプトの浅浮彫りに登場する。[11]

エジプト史における王朝時代（およそ紀元前3100年以降）が始まる頃には、エジプト人は帆船を建造し、地中海やアジアの民族と交易していた。この時期にナイル川を航行していた船の模型がいくつか発見されている。センウセレト3世のピラミッド付近で発見された実物の船はダハシュール船と呼ばれている。クフ王のピラミッドの南側で、分解された状態で地下に収められているのが発見されたこの船は、レバノン杉の長い木材を使って建造された長さ43・4メートルもある大型船で、「クフ王の船」〔通称「太陽の船」〕と呼ばれている。[12]

その頃エーゲ海では、クレタ島とギリシャ本土の間ですでに紀元前3400年頃から文化的交流があったようだ。紀元前2800年頃にさかのぼる船の絵や模型が発見されており、それらは舷側板を接合した丸木舟と見られている。[13] 紀元前1400年頃、クレタ島はギリシャ本土から南下してきたギリシャ人によって征服され、生き残ったクレタ島の住民はキプロス島や東地中海の各地に逃げ延びた。少なくともこの時期以降、キプロスには発達した海運文明があった。その痕跡は、沈没船を含むさまざまな証拠によって明らかになっている。[14]

ホメロスの『オデュッセイア』に描かれた陸地での調理

ホメロスの『オデュッセイア』は、語り継がれたこの叙事詩が文字で記録されるようになった時代に、ギリシャ船が定期的に島々に停泊して水を補給し、おそらく海岸で食べ物を調理していたことを明らかにしている。『オデュッセイア』の第10歌で、オデュッセウスの船は風の神アイオロスの島に吹き戻されてしまう。乗組員は上陸して水を補給して船に戻り、「船の側で」簡単な食事をとった。全員が食べ物や飲み物を口にした後、オデュッセウスはアイオロスの屋敷に向かった。[15] この簡単な食事が陸上で調理されたという明確な記述はないが、オデュッセウス一行は食べるために船を降りているのだから、調理されたと考えるのが論理的だろう。ホメロスの時代には、船乗りは定期的に上陸して飲料水を補給し、調理して食事をした。

フェニキア人

紀元前1500〜70年頃に、現代のレバノン沿岸を中心とした商業帝国が地中海貿易で栄えた。レバノン杉をはじめとする商品が、ガレー船軍艦の艦隊に守られたフェニキア人の交易船によって運ばれた。これらの船の上で何を食べていたのかはほとんど知られていないが、おそらく同じ時代のキプロス人が船上で食べていた食べ物と似ていただろう。[16] 紀元前1200年頃にトルコのゲリドニア岬付近で沈没した後期青銅器時代の船は、フェニキア人の初期の沈没船で、船尾から多種多様な私物が発見されている。カナーン〔東地中海沿岸地方の古名〕産の素焼きのオイルランプ、商人の印章、計量用の重り、羊などの趾骨(しこつ)〔お手玉や占いに使われた〕、そしてオリーブの種もあった。きっと船員が船底に向かって吐き出したのだろう。[17]
フェニキア人がアフリカ北部沿岸に建設した植民都市カルタゴは、ローマに滅ぼされるまで、ローマの競争相手として繁栄を続けた。

エーゲ海の沈没船

エーゲ海や地中海では、紀元前1300年頃以降の沈没船が発見されている。これらの船の調査により、航海中にどんな食べ物を、どこで、どうやって調理していたかを知る手がかりがつかめる。当時の地中海の基本的な食生活は、小麦、大麦、オリーブオイル、チーズ、ワインが中心だった。これらに海で獲った新鮮な魚や、ときには陸で獲った獲物を加えたものが、古代の地中海やエーゲ海での船上の主要な食べ物だっただろう。

ウル・ブルン沈没船はトルコ南西部海岸沖で発見された。シチリアやエジプト、バルト海など、さまざまな地方の高級品を含む荷を積んでいたことから考えて、この船は貴重品か貢納品を運んでいたようだ。年輪年代学や、貨物の中にあったエジプトのスカラベから判断した結果、建造されたのは紀元前1305年より後と推定される。ウル・ブルン船はキプロスかフェニキアの港から出港し、おそらくギリシャ本土の都市ミケーネの宮殿を目指していたと考えられている。船は長さ15～16メートルで、船体はレバノン杉で作られ、側面に枠組みを追加して補強されている。

おそらく1枚の帆を立てていたと思われる。[18]

この船の貨物には、銅やスズの塊、ガラス製ビーズやオリーブ、ピスタチオの樹脂を入れた壺、ガラスの塊、貴石、バルト海沿岸地方の琥珀、黄金のスカラベ、ブラックウッド（黒檀）、象牙、カバの牙、ダチョウの卵の殻、キプロス産の陶器やオイルランプ、ラッパ、さまざまな武器、天秤ばかりの重り、各種の食品など、実にいろいろな品物が含まれていた。食品にはアーモンド、松の実、イチジク、オリーブ、ブドウ、ベニバナ〔種子から油を採る〕、ブラッククミン、スマック〔ウルシ科の低木で果実を香辛料にする〕、コリアンダー、ザクロ、少量の炒った小麦や大麦があった。少なくともこれらの穀類は航海中の食物として積んでいたのだろう。その他の高級な食品やスパイスは、貴重な貨物の一部だった可能性が高い。[19]

紀元前6世紀の沈没船は、トルコのパブチ・ブルヌ海岸沖で発見された縫合船〔板を重ねて張り、板同士を動物の腱や植物の繊維などで縫うように固定して造られた船〕と呼ばれる種類のギリシャ船で、積荷だったと思われるブドウやオリーブの種の他に、船の乗組員が食事に使ったであろう陶器の鉢や杯、水差しが見つかっている。[20]

さらに新しい沈没船は紀元前5世紀の船で、発見された場所であるイスラエル沿岸のキブツの名前にちなんで、マアガン・ミケル船と呼ばれている。この沈没船はハイファ大学によって発掘され、保存された。これは長さおよそ11メートルのキプロス船で、建造にはキプロス産の銅釘が使われ、優美な片爪錨〔海底に食い込む爪が単一の錨〕を搭載していた。この沈没船から回収された数多くの陶器の中には、水差しや調理用の陶器の壺があり、ブドウ、イチジク、オリーブや大麦などの食品も残っていた。これらの食品はトルコ南西部で産出したものと考えられている。それらは積荷だった可能性もあるが、その一部と、おそらく水差しや陶製の調理用鍋は航海中に乗組員が使ったと考えていいだろう。[21]

　この時期のもうひとつの沈没船は、トルコ沿岸のエーゲ海に浮かぶキオス島付近で発見され、紀元前３５０年頃のものと考えられている。キオス島は何千年にもわたって海戦や虐殺など、激しい争いの舞台となってきた。この沈没船の特に興味深い点は、この船がワインと風味づけされたオリーブオイルの積荷とともに沈んでいたことだ。オリーブオイルは大型のアンフォラに入っていたため、乗組員の食事用ではなく積荷だったと考えられる。しかしこの時代のキプロスの船乗りは、オレガノを加えて風味づけしたキプロス産のオリーブオイルを航海中に食べていたかもしれない。オレガノは風味づけの目的で加えられただけでなく、オリーブオイルを長持ちさせる役割もしただろうと指摘されている。[22]

　最も有名な古代の沈没船は「キレニア船」と呼ばれている。これもキプロスの船で、全長およそ14メートルの帆船である。この船は就航してから約80年間活躍した後、紀元前３００年頃に沈んだと見られている。キレニア船の貨物には、明らかにロードス島やサモス島で産出されたワインを入れた４００本以上のアンフォラ、29個の石臼、およそ９０００個のアーモンドがあった。船首からおよそ３００個の釣り用重りが発見されたことから考えて、乗組員は少なくとも食べ物の一部を釣った魚で補っていたようだ。青銅の大鍋や「大型の蒸し焼き鍋」など、調理道具もあった。ホメロスの『オデュッセイア』が示唆するように、これらの道具は明らかに上陸して乗組員の食事を調理するために使われた。食事をする道具として、木製のスプーン4本、油を入れる容器4個、塩を入れる皿4個、コップ4個も見つかっている。キレニア船の最後の航海には4人の乗組員が乗っていたらしい。スプーン、油の容器、塩入れの皿は各自の持ち物だったのだろう。[23]

キレニア船は1960年代に引き揚げられ、現在はキプロスのキレニアの町に展示されている。数隻の複製船が建造され、その姿はキプロスのコインに刻まれている。キレニア船は最も有名な古代の船のひとつと言えるだろう。

現在までに知られている証拠によれば、地中海とエーゲ海では、少なくとも長さ18メートルを下回る船の場合は、陸上で調理していたことが判明している。ローマ人は小型船に厨房を作っていた痕跡がある。たとえば紀元前2世紀の船で、全長15～16メートルの商船「クレティエンスC」には、明らかに天井がタイル張りの厨房が船首にあった。[24] これは、少なくともこの時期には船上での調理を可能にする船の建造が始まっていたという説を支持する証拠になる。

ローマ人はこれよりはるかに大きな貨物輸送用帆船を建造した。彼らは大型船には船上で調理できる設備を作ったようだ。北アフリカ、エジプト、小アジア産の穀物をローマ帝国まで輸送するために、巨大な帆船が建造された。紀元後200年頃には、これらの帆船は340～400トンの大きさになっていたと考えられている。これらの船はローマが20万人の貧しい男性市民に穀物を、後にはパンを無料で配給する制度を支えた。この恩恵にあずかった者の多くは、失業した小規模農家の息子たちである。[25] これらの巨大な穀物運搬船には、調理設備を置く余裕が十分にあったに違いない。ローマ時代の船に関する考古学的証拠は限られているため、ローマの船の上でどのように調理していたのかは、まだ知られていないことが多い。[26]

本書の執筆時には、ジェノヴァ近郊の漁村ヴァラッツェの湿地で発見されたローマ船はまだ解明が進んでおらず、これからの調査が期待される。この沈没船には食品を入れたアンフォラが積まれていて、アンフォラの蓋は松脂で固定され、中身が空気に触れないようになっていた。これらは乗組員の食べ物ではなく、おそらく貨物だったのだろう。この沈没船の調査が進めば、どんなことが明らかになるか非常に楽しみだ。[27]

ヤシ・アダ沈没船群——厨房があった船

船に厨房があったという確かな証拠は、ビザンチン時代の船から見つかっている。この船はエーゲ海南東部のトルコ沿岸からほど近いヤシ・アダ島の沖で、それより古い4世紀の沈没船の近くで発見された。この沈没船の中にあったコインによって、この船の最後の航海は625年か626年頃だったことがわかる。船体はこの地域の古い沈没船と同じ外板優先工法（プランク・ファースト）で造られ、実に見事な船首を持ち、船幅と船長の比は1対4とかなり細身である。船長はおよそ20・5メートルで、積載量は60トンだったと推定されている。

ビザンチン時代の船に関しては、それ以前の海運活動に比べて豊富な記録による証拠が手に入る。7世紀か、それより少し後のロードス島海洋法には、職種の異なる乗組員それぞれに関する規則と報酬が定められている。船主または船長は2単位の配当を受け取った。次に舵手、船首係（おそらく見張りや釣り、あるいは錨の上げ下ろしを担当した）、船大工、甲板長は1 5単位、水夫の配当は1単位だった。報酬の点で最も下位に位置するのは、炉や鉄格子(グリル)の管理者で、配当は0・5単位だった。この人物が実際に料理人だったかどうかを疑問視する意見もあるが、特にヤシ・アダ沈没船のように船上に厨房を持つ船の場合は、料理人と考えるのが論理的だろう。[28]

これらの船員の階級のうちいくつかは、600年より前の文献にすでに記録がある。オールで漕ぐガレー船に特有の階級として、漕ぎ手にストロークの指示を出す漕手長、水夫または兵士、両舷の船尾に最も近い場所でオールのテンポを整える調整手、オールのテンポをそろえるためにアウロスという木管楽器などを吹く係がいた。[29]

ヤシ・アダ船の厨房は巧妙で複雑な構造になっていて、船の厨房が長い時間をかけて発展してきたことをうかがわせる。厨房は船尾の一部を占め、厨房を覆う小さな甲板室から煙が外に排出される仕組みになっている。厨房の広さはおよそ3×1・5メートルしかない。調理設備は1辺が23～24センチの四角い炉床タイルをおよそ25枚敷き詰めた木製の台である。タイルと一緒に鉄の棒が見つかっている。この棒は調理用鍋を火から離して加熱するための格子(グリル)だったかもしれないし、大鍋を支える道具として使われたのかもしれない。炉床タイルは甲板室を覆う陶製のS字形の瓦と同様に不揃いで、さまざまな場所からかき集めたように見える。炉床タイルの1枚をよく見ると、子供の足跡の一部が残っている。炉床は100×75センチの大きさと推定される。沈没船内で発見された2つの大鍋を火にかけるのに十分な広さだ。[30]

厨房のタイル付近で20個の調理用鍋が見つかっている。それらは火にあぶられて黒ずんでいたので、おそらくこの船は乗客を乗せていたのだろう。[31] この船が貨物だけでなく乗客を乗せていたと考えれば、船体の貴重な空間の一部を船上での調理に使っていた理由の説明がつく。

帆のあるカラッハ

8世紀にヴァイキングがフェロー諸島に現れたとき、そこにはすでにアイルランドの修道士が入植し、羊の放牧を開始していた。[32] シェトランド諸島やアイスランドでも似たような状況だった。これらの場所では、アイルランドの影響が地名となって残っている。地名に含まれる「pap」や「papar」は、古スカンジナビア語でアイルランド人修道士を指す言葉だ。聖ブレンダン〔5世紀のアイルランド人聖職者で、祝福された土地への航海で名高い聖人〕の伝説によれば、これらの諸島や遠く離れた島々へのアイルランド人の入植は、帆のあるカラッハに乗って達成された。カラッハは木の骨組みに皮を張った船で、手で漕ぐことも帆で走ることもできた。アイルランド人冒険家のティム・セヴェリンは、1976〜1977年にかけて仲間とともに帆のあるカラッハ「ブレンダンⅡ」に乗って航海し、アイルランド人修道士による入植の旅が現実に可能かどうかを検証した。はるか昔のカラッハに乗った人々が何を食べていたかは謎のままだが、穀物と、おそらく何らかの乳製品も食べていただろう。皮張りの船の上で調理するのはおそらく無理だが、アイルランド人修道士が上陸して調理した可能性は考えられる。

ヴァイキングの時代

中世初期にスカンジナビアから押し寄せた侵略者であり商人でもあったヴァイキングは、発見された多数の船の他に、船を棺として、あるいは副葬品として用いる船葬墓が数カ所で発掘されたことでも知られている。ニュダム船は4世紀の、クヴァルスンド船は7世紀の船で、どちらもクリンカービルト（鎧張り。外板を少しずつ重ねるように張る工法）と呼ばれる工法で造られた細身の手漕ぎ船であり、ヴァイキングが建造したロングシップの発達を象徴している。[33] オーセベリ船は豪華な装飾が施された9世紀の船で、おそらく陸に囲まれた比較的波の穏やかな海を航行する目的で造られたのだろう。この船はある裕福な女性の棺として埋葬されていたのが発見され、死者が死後の世界で使うために供えられた豪華な副葬品で埋め尽くされていた。その中には折りたたみ式の鉄製の三脚（鍋を吊るす道具）や、鋲が用いられた鉄製大鍋があった。[34] さらに航行能力の高い船は10世紀のゴクスタ船である。この船は、「ヴァイキング船」と聞けば誰もが思い描くような外観の船だ。１８９３年にゴクスタ船を再現した船が建造され、28日間で大西洋を渡った。[35]

オーセベリ船やゴクスタ船は最もよく知られたヴァイキング船だが、ヴァイキング船には他にもいろいろな種類がある。時代が進むと、ヴァイキング船は目的に応じた特殊化が進んだ。細長いロングシップは帆を張ることもできたが、主に手漕ぎで戦うために造られた。絵にも記録にも残されているが、実物がほとんど発見されていないのは、クナール、またはクノールと呼ばれる船だ。これは喫水が深く幅の広い船で、帆を用いて貨物を長距離輸送する目的で造られた。[36]

ヴァイキング船の料理人

古スカンジナビア語の「matsveina」は、普通「旅行者の料理人」と訳され、11世紀に登場した言葉である。アイスランドに伝わる『エイルの人々のサガ』によると、船の乗組員は誰が料理するかを決めるためにくじを引いたという。「当時、商人には旅行者の料理人を連れて航海する習慣はなく、食事を共にする人々が毎日くじを引いて、誰が料理するかを決めた」と書かれている。11世紀末になると、特定の人間が料理を任され、その仕事で賃金を得るようになった。その頃になると、多くの船が「アフターボート」、すなわち本船の後に従う給仕船を牽引するようになった。料理人は調理用の鍋と、おそらく三脚、そして空の水樽を給仕船に乗せ、数名の部下とともに陸に漕ぎ寄せただろう。陸に木が生えておらず、流木も手に入らない場合は、薪も持っていく必要があったに違いない。上陸すると彼らは二手に分かれ、一組が海岸で料理をしている間に、もう一組は水樽に入れる新鮮な水を探しに行っただろう。ノルウェーの法では、船の料理人のために1日3回の上陸を定めている。1回は水の補給のため、2回は食事を用意するためだ。[37]

船上には普通、水を入れた蓋つきの容器が置かれ、乗組員はそこから水を汲んで飲んだ。平均すると1日ひとり当たり4リットルの水を消費した。船上に水を運び込むために樽が使われた。ロングシップや初期のヴァイキング船の場合、船上で利用できる空間に合わせて、樽は比較的小さくなければならなかったと推測されている。王家の船はビールを積んでいる場合もあったが、ヴァイキング時代の船ではたいてい飲み物と言えば水だった。[38]

ヴァイキング時代のスカンジナビア人の交易船や襲撃船の通常の航海では、オデュッセウスや、おそらくキレニア〔キプロスの商港〕など昔のエーゲ海や地中海の船の乗員と同様に、島々や海岸に定期的に立ち寄って水を補給し、海岸で食べ物を調理したようだ。薪の採集や運搬は、北ヨーロッパでは南ヨーロッパより重大な問題になっただろう。北方の海岸には木がほとんど生えていないからだ。ブリテン諸島の中で襲撃や交易を行うときは、シェトランド諸島やオークニー諸島、ヘブリディーズ諸島などにたくさんの島があり、ヴァイキングはそこで錨を下ろすか、船を海岸に引っぱり上げた。あるいは「アフターボート」を派遣して、水を補給し、温かい食べ物を調理することができた。

薪が使用されていたのは、『グリーンランドのサガ』で明らかにされている。985年か986年に、サガに登場するビャルニ・ヘルヨルフソンと乗組員たちは、風に吹かれてグリーンランドに向かう航路から外れてしまった。ある海岸にたどり着いたとき、彼らは「樹木に覆われた低い丘陵が広がる」海岸を発見し、さらに「平坦で緑豊かな」陸地を見つけた。これらの土地はおそらく北アメリカだと考えられている。乗組員は上陸したがり、「薪と水が足りなくなっていると訴えた」。ビャルニはどちらも間に合っていると主張し、上陸させなかった。乗組員が水だけでなく薪を手に入れるために上陸したがったところを見ると、彼らは料理するつもりがあったのだろう。船上では料理しないとしても、おそらく次の上陸のときに料理する予定だったのかもしれない。[39]

食べ物

ヴァイキングが船の上で食べる物は、ネストやファーネスト（航海の食べ物）、ハフネスト（シーフード、つまり海で食べる食べ物という意味）と呼ばれた。オーセベリの船葬墓で三脚とともに発見された鍋のように、食べ物は鋲打ちされた金属製の鍋で調理された。『マグヌス・エーリングソンのサガ』によると、船上の料理にはポリッジ〔穀類の粥〕や小麦粉、バターが含まれていたらしい。ときにはオヒョウ〔カレイ科の魚〕の干物やタラの干物（2種類の自然乾燥させたタラ）、そしてパンが運ばれることもあった。乗組員には880グラムの大麦粉と、285グラム相当のバターが支給された。[40]

長距離航海

スカンジナビア人がアイスランドやグリーンランド、北アメリカの間を往復するときはどのようにして食事をしていたのか、疑問はまだ解明されていない。これらの海域には、航海途中に上陸できる小さな島がほとんどない。このような航海に使用された船はほとんど現存しないので、調査は困難だ。11世紀にデンマークのロスキレ・フィヨルドを封鎖するために5隻の船が意図的に沈められた。そのうちスカルデレフ1と呼ばれる船は、ヴァイキング時代のスカンジナビアで造られた喫水の深い帆船の現存する唯一の例である。スカルデレフ1に厨房があったという証拠は見られない。長距離航海用の船は、ロングシップや沿岸貿易船よりはるかに多くの水を、大樽か多数の小さな樽に入れて運んでいたはずだ。

デンマークのロスキレにあるヴァイキング船博物館は、ロスキレ・フィヨルドで発見された5隻の11世紀の船だけでなく、これらの船やヴァイキング時代のその他の船の複製を建造する積極的なプログラムを実施している。実験考古学の興味深い一例として、10世紀のスラヴ船ラルスヴィーク2を復元した「ビアリー・コン（白馬）」号に乗ったアントン・エングラートと乗組員は、オーセベリ船で発見されたのと同じような大鍋をバラスト石の上に置き、その鍋の中で火を焚いて、大鍋の中に小型の鍋を設置して、その中で食べ物を調理した。乗組員たちはこのやり方で船の上で火事を起こさずに調理に成功した。[41] この調理法が使えるのは比較的穏やかな海に限られ、それが実行されていたという直接的な証拠は見つかっていない。しかし、ヴァイキング時代の調理用鍋を使って船上で調理できるのは間違いない。上陸して海岸で調理できる島が付近にない場所では、この方法で船上で調理した可能性は否定できない。

ビアリー・コン号の乗組員が実験したように、鍋をバラスト石の上に置いて焚き火台として使う方法がアイスランドやグリーンランド、北アメリカへの長距離航海で使われていたとしたら、ビャルニ・ヘルヨルフソンの乗組員が未知の海岸で薪を集めたいと主張した理由が説明できる。

大三角帆

その頃地中海では、新しい帆の形が発達した。ローマ時代には、いくつかの船、主に小型船は、船の船首と船尾に「スプリットセイル」〔四角形の対角線に沿った支柱を持つ縦帆〕か三角形の縦帆〔船の中心線に沿った方向に張られる帆〕を備えていた。[42] ヤシ・アダＩと呼ばれる沈没船は、厨房のあるビザンチン時代の船の近くで発見され、大三角帆を備えていたと証明できるおそらく最古の沈没船である。西ローマ帝国の滅亡後、この地域の海で横帆〔船の中心線と交差する方向に張られる帆〕は次第に大三角帆に取って代わられた。大三角帆はあらゆる種類の帆船が船首を可能な限り風上に近づけた進路で帆走し、風上に向かってより速度を上げることを可能にした。この特長のおかげで、順風での航行力は落ちるが、大三角帆は地中海やアラビア海で数百年もの間好まれた。[43]

アラビアのダウ船

大三角帆を持つ船の中にアラビアのダウ船がある。アラビアのダウ船や、大三角帆を持つ他の船は、貨物を乗せてペルシャ湾やインド洋を何世紀もの間航海していた。古代地中海で用いられていたのと同じような食べ物を利用し、天文学の要素を取り入れた航海技術を採用して、アラビアの船乗りは遠く中国沿岸まで出かけて行ったかもしれない。ティム・セヴェリンは1980〜1981年にかけて、そのようなダウ船の航海を再現した。セヴェリンと乗組員は9世紀のダウ船を復元してオマーンで建造された船「ソハール号」に乗船し、インドを経由して中国の広州に到達した。

ポリネシアとミクロネシアの航海

ポリネシアとミクロネシア諸島への入植は、大昔の船乗りが成し遂げた最大の偉業のひとつだ。マルケサス諸島のミカ・ヒヴァ島にあるハアチュアチュア・バレーでの発掘によって、紀元前130〜紀元後370年頃の間に到着した初期のポリネシア入植者の生活の詳細が明らかになった。開拓者たちはブタ、イヌ、そして（おそらく不注意のせいで）ネズミを島にもたらした。彼らはヤケイ〔キジ科の鳥〕も持ち込んだ可能性がある。この鳥は鮮やかな色の羽根が特徴で、1100年頃にはすでにミカ・ヒヴァ島に生息していた。ココナッツ、タロイモ、ヤムイモ、パンノキの果実も彼らがもたらしたのは確かだ。ハアチュアチュア・バレーで発見された遺物の中には、これらを調理する道具も残されていた。魚の骨や食用の貝の殻が遺跡に点々と散らばっていた。真珠層で作った釣針や、赤い素焼きの陶器もあった。これらの食べ物は航海の途中で食べられたものかもしれない。いずれにしても、これらはみなマルケサス諸島の初期のポリネシア人入植者が輸送した積荷だった。[44]

島の住民は浮材（アウトリガー）のついた伝統的な帆のある丸木舟で島々の間を航行し続けた。船上に積みこまれた物資のリストを調査してみると、面白いことがわかる。カロリン諸島のプルワット島では、1960年代から現在まで、蓋のない鉄製の箱が1個〔第二次世界大戦中に沈没した日本の軍艦の装備の中からよく回収される〕積荷に含まれ、海で釣った魚の調理に使われている。この箱は短い航海では砂が詰められ、長い航海のときは空っぽのまま運ばれる。乾燥したココナッツの殻は調理用の燃料として輸送される。釣り糸と釣針は流し釣り〔潮の流れに乗せて船を流しながら釣る漁法〕と手釣り〔釣竿を使わずに釣り糸を手で手繰って釣る漁法〕の両方に使うために船に積まれる。大きな瓶やガラスの浮きにはいざというときに備えて飲料水が詰めてある。航海に持っていく食べ物は、陸上での普段の食事と変わらない。取れたてのタロイモやパンノキの実を出発当日の朝に叩いて大きなパンノキの葉で包んだもの、保存用に加工したパンノキの実〔長期航海用〕、食べるための熟した丸のままのココナッツ、主として飲料用の未熟で青いココナッツなどだ。[45] ピケロト島に航海するときは、航海者は3〜6匹の生きた亀を持ち帰る。魚はそれを釣った船乗りの所有物と考えられているが、プルワット島では亀は共同体の財産とみなされ、長老によって島の全世帯と客人の間で分配される。[46]

魚を調理するための鉄板製の箱は画期的な道具で、もしこれがマゼランやコロンブスの時代に知られていたら、航海に加わった乗組員の間であっという間に広まっただろう。彼らも砂を詰めた金属製の焚き火台で魚を調理していた。もちろん、ポリネシア人にとって金属は異文化との接触後に取り入れた素材であり、異文化と接触する前の太平洋諸島民がどうやって釣った魚を調理していたのか、あるいは調理したのかどうかも疑問が残る。鉄板が手に入る前から、異文化接触前の航海用丸木舟には調理用の火を焚く設備があったとも考えられる。トゥアモトゥ諸島（現在の仏領ポリネシアに属する）沖の大きな双胴船を描いた17世紀ヨーロッパの絵画には、甲板の前方に調理用の火がはっきりと確認できる。[47]この絵が正確だとすれば、ポリネシア人は大型の双胴船の上で、ときどき調理していたことがわかる。

ジャワの船乗り

9世紀のジャワのボロブドゥール仏教寺院遺跡に残る浮彫り彫刻には、アウトリガーつきの巨大な丸木舟か船のようなものが見られる。この規模の船にはきっとかなりの食料が積まれていただろうし、船上で調理する設備も備えていた可能性がある。この船について調査してみれば、きっと素晴らしい発見があるだろう。[48]

シチリア晩禱戦争でのカタルーニャ・アラゴン連合艦隊

ガレー船は敵艦に突っ込み、乗組員が敵の船に乗り移る目的で設計された細身の手漕ぎ快速船で、古代ギリシャ・ローマ時代から中世にいたるまで、地中海における海戦の主役だった。1282〜1293年にかけて、カタルーニャ・アラゴン連合艦隊のガレー船は、シチリアとその周辺の戦略的地域の支配をめぐって、シチリア晩禱（ばんとう）戦争でシャルル・ダンジューのガレー船と戦った。カタルーニャ・アラゴン連合艦隊の記録は細部まで綿密に書かれており、その多くは現存して、ガレー船による中世の戦闘の詳細な状況を知る手がかりとなっている。

当時のガレー船自体は、ギリシャ・ローマ時代のガレー船と非常によく似て、長く細身で喫水の浅い船だった。舳（へさき）には衝角〔船首前方にある角のような突起で、敵船に突撃して破壊するために使う〕があり、当時は単一の船尾舵ではなく、一対の舵取りオールが使われていた。この船尾舵は北部の発明品で、地中海では徐々に採用された。帆の形が四角から大三角帆になったのは、千年前のガレー船からの最も明確な変化である。より実質的な変化は、中世のガレー船に乗っている兵士の大半は弩（いしゆみ）射手だったことだ。この時代には、ガレー船の漕ぎ手は自由市民が担う軍事奉仕のひとつだった。捕虜にした敵を奴隷にしてガレー船を漕がせる習慣は、16世紀から始まった。カタルーニャ・アラゴン連合艦隊の典型的なガレー船には116本のオールがあり、150人の乗組員が乗船していた。[49]

カタルーニャ・アラゴン連合艦隊は、この遠征期間中の船上での食べ物について詳細な記録を残している。配給される食品は、13世紀の地中海艦隊の典型と言っていい。乗組員に支給される食べ物は次の3種に分類される。

1 飲み物
2 ビスケット
3 チーズ、肉、サルサ[50]

飲み物は赤ワインか白ワインで、アルコール含有量や産地はさまざまだった。カタルーニャやシチリアのガレー船乗組員は、敵のアンジュー家の船乗りに比べて酒を控えていたようだ。この遠征中、カタルーニャ・アラゴン連合艦隊の乗組員は1日に0・3～0・4リットルのワインの配給を受けていたのに対し、敵兵は1日2リットル以上のワインを支給されていた。[51]

ビスケットはこの時代とその後の数世紀にわたって船上での主要な食べ物だったため、特筆する価値がある。ビスケットは、イタリアではビスコッティと呼ばれる。ラテン語で「2度焼く」という意味の語源が示すとおり、これは船上で長持ちするように2度焼きして作られる硬く締まったパンを指している。軍の配給食料であるハードタックと呼ばれる堅パン、長期保存可能なパイロットクラッカー、さまざまな種類の乾燥した硬いパンだけでなく、現代のイタリア人がコーヒーに浸して食べるほのかに甘いおいしいビスコッティも、中世の地中海で食べられていたビスコッティに起源がある。ビスケット（ビスコッティのフランス語や英語での呼び名）は、「2度焼かれているために日持ちがよく腐らないため、輸送に適した非常に軽いパン」と説明されている。ビスコッティは「塗装された」布袋に入れて保管された。おそらく布をオイルクロスのように防水加工したのだろう。袋はグラニティと呼ばれる特別なひもで結ばれた。[52]

シチリア晩禱戦争から3世紀後のスペイン軍では「肉の日」、「魚の日」、「チーズの日」があったように、ビスケット以外の配給は日によって変化したようだ。14世紀の海事慣習法集であるコンソラート・デル・マーレには、兵士は日曜、火曜、木曜に肉を、他の曜日にはコンパナージュ〔「添え物」の意味〕、すなわち「チーズ、タマネギ、イワシなどの魚」を受け取ると規定されていた。[53] 日替わりで食品が支給される別のシステムでは、日によって兵士の半分が肉を、残りの半分はスープだけを受け取り、日曜日には全員が肉を支給されると決まっていた。シチリア晩禱戦争では、生魚については何も記述がない。生魚は釣るか、干物にするか、購入したのかもしれない。金曜と土曜にサルサであえた肉が支給される場合もあった。[54]

チーズはおそらくペコリーノ・サルドのようなものだったと思われる。これは羊の新鮮な全乳を子羊か子ヤギのレンネット〔凝乳酵素〕で凝固させて作る非加熱の硬いチーズで、軽く燻製してから冷蔵して熟成させ、火であぶって外皮を作る。[55]

サルサについても語るべきことは多い。ここで言うサルサは、現代のメキシコやラテンアメリカ料理の代名詞とも言える生トマトで作るサルサ・ピカンテとは似ても似つかない。このサルサはソラマメ、ヒヨコマメ、オリーブオイル、ニンニク、タマネギ、塩、スパイス（おそらくショウガや、手に入る物なら何でも）を混ぜたシチューのような料理だ。日によって、少量の（ひとり当たり10グラム程度）の塩漬け肉が塩抜きして加えられる場合もあった。[56] 13世紀のスペイン本土ではソラマメを他の材料と一緒に調理する習慣がなかったから、その点でもこのサルサは面白い食べ物である。[57] 当時の戦闘用ガレー船は過密状態だったにもかかわらず、調理に使える火や鍋はひとつしかなかった。そのため、調理しなければ食べられない豆は、他の材料と一緒にサルサに加えるしかなかった。

塩漬け肉はおそらく塩水につけた牛肉または豚肉で、ガレー船の乗組員の主要な食べ物だった。肉が配給されない日には、ガレー船の乗組員は「チーズ、タマネギ、イワシなどの魚」を支給された。[58]

地中海の船の漕ぎ手は大量の水分を必要とした。その量は1日8リットルと推定される。水が腐敗するのは、キリスト教徒のガレー船艦隊にとって深刻な問題だった。わずか16日間の航海で水が腐ったという記録が残っている。漕ぎ手による水の大量消費と水の腐敗の問題は、中世のガレー船艦隊の活動範囲を制限する原因となり、戦略的にも戦術的にも計画を立てる上で無視できない要因となった。この点で、この時代のイスラム教徒の艦隊は有利だった。彼らは水を貯蔵するために、まだ陶器のアンフォラを使用していたからである。キリスト教徒が使用していた水樽は軽くて壊れにくかったが、イスラム教徒のアンフォラほど水の鮮度を長い間保つことはできなかった。[59]

13世紀のガレー船のようにすし詰めの状態でさえ、サルサは船上で調理された。調理設備は一度に150人分のサルサを調理する余裕があったに違いない。6世紀前のヤシ・アダ沈没船のタイル張りの調理台に似ていたか、200年後にコロンブスが乗ったカラヴェル船の鉄板製の焚き火台のようなものだったかはともかくとして、カタルーニャ・アラゴン連合艦隊〔そして多分アンジュー家の艦隊も〕のガレー船には船の上で調理できる設備があったはずだ。14世紀の商人が乗ったガレー船は、主甲板にレンガの炉床を設けていた。それより1世紀前の戦闘用のガレー船にも、同様の設備が普及していたとみて間違いないだろう。

ヴェネツィア国立文書館には14世紀のコンシリオ・デイ・ロガティ〔ヴェネツィア共和国の上院もしくは貴族院に相当する〕が発した決定や命令が保管されており、その多くはガレー船艦隊の人員配置や配給食料に関する内容である。ビスケットは、はるばるブルガリアから輸入されていたため、彼らは慢性的なビスコッティ不足に悩まされていた。1350年代にヴェネツィアの艦隊がボスポラス海峡に遠征した際は、総遠征費用のおよそ56パーセントが食料の支給に費やされた。[60] 16世紀後半にヨーロッパで食料価格が高騰した後、手漕ぎのガレー船が衰退したのは、食費の負担が原因となったとみて間違いないだろう。

帆船の設計上の発展

手漕ぎのガレー船は中世初期の形からほとんど変化しなかったが、ヨーロッパの帆船は進化を続けた。地中海では、船は「カーヴェル」（平張り）工法で建造された。この工法では、まず竜骨（キール）に船首材、船尾材を取りつけ、肋材（ろくざい）、つまり骨組み（フレーム）を組み立ててから、船体の外板の端と端をしっかり合わせて並べていく。北ヨーロッパでは、横帆とクリンカー（鎧張り）工法が主流だった。クリンカー工法は板の端が重なり合うように外板を並べて、後から肋材を取りつける方法である。北ヨーロッパでは、１２００年頃から舵取りオールに代わって船尾舵が使われるようになったが、地中海では船尾舵が受け入れられるまでにもう少し時間がかかった。この頃になると船殻（ハル）は全面的に甲板で覆われ、船尾と、ときには船首にも、甲板の上に一段高い壇が造られた。この壇の幅が左右の舷側まで達したものが船楼（せんろう）であり、船首楼や船尾楼と呼ばれる。１４００年頃までに、船には1本かそれ以上のマストが設置されるようになり、追い風に乗って、あるいは風上に向かってよりすぐれた航行性能が得られるように、横帆や大三角帆が張られた。[61]

ハンザ同盟とコッグ船

1200年頃にドイツのいくつかの商業都市が団結して商業組合を結成し、ヨーロッパ北部の貿易を支配した。ハンザ同盟の港湾都市はさまざまな種類の船を利用したが、最も典型的な船はコッグと呼ばれる。これは直線状の船首と船尾を持つ船で、船倉は深く容量が大きい。時代が進んで大型化するにつれて船首楼と船尾楼が造られ、1本マストに横帆を備えていた。コッグ船の乗組員に関する記録によれば、ひとりの料理人が昼夜どちらの当直にも食事を出した。料理人が11人の船員の11人目を務める場合もある。発掘されたコッグ船には調理用の炉があった証拠が見つかっている。これは狭い木製の箱に土を敷き詰めたもので、箱の表面にレンガが敷かれている場合もある。その上で火が焚かれ、陶器や金属製の調理用鍋がかけられた。13～14世紀のヨーロッパ北部では、船員名簿の中に専門の料理人が加わり、中規模や大規模な船には恒久的な調理用の炉を造る習慣が確立していたことがわかる。[62]

アイスランドの干し魚

タイセイヨウダラは長期保存に向く用途の広い魚だ。脂肪が少ないため、他の魚と違って腐りにくく、空気乾燥させて干物にするのに適している。ヴァイキングが北大西洋のアイスランドに入植したとき、塩を使わずにタラを保存する方法を発達させたのは当然の成り行きだった。アイスランドの入植地では塩が希少だったからである。古ノルド語やアイスランド語でスクレイシ

（skreidh）と呼ばれる干し魚は、内臓と骨を取って切り身にしたタラである。この切り身を屋外に吊るし、風や太陽光、空気に当てて乾燥させる。この工程には何種類かあるが、アイスランド語で「ハルズフィスクル（硬い魚）」と呼ばれる干しタラはアイスランド伝統の珍味だ。

ヨーロッパのキリスト教徒の食習慣のために、アイスランドは中世ヨーロッパ全体にとって持続的な食品供給国となった。敬虔なキリスト教徒は金曜には肉を食べず、代わりに魚を食べる習慣があった。地元で生魚を手に入れられる者はそれを食べたが、ヨーロッパの大部分はアイスランド産の干し魚に頼っていた。ハンザ同盟もイングランドもアイスランドと定期的な貿易を行い、金曜日の食事のために船に干し魚を満載して持ち帰った。長持ちする乾燥食品である干し魚は、ヨーロッパ、とくに北部で、船で食べる主要な食べ物になった。[63]

15世紀のイングランドで書かれた政治詩『英国政策に対する申し立て *Libelle of Englyshe Polycye*』はアイスランド貿易に関する意見を述べたものである。この詩にはこう述べられている。「干し魚を除けば、アイスランドに特筆すべきことはあまりない」。「針と石」とは、天然磁石によって磁気を帯びた鉄の針、すなわち磁気コンパスを意味している。

アイスランドについて書く必要はほとんどない
干し魚を除けば。しかし死の安らぎのため
ブリストウといくつもの浜辺を出て
船乗りは針と石を使って

しばらくの間進んだ
12年間、危険もなく
行っては戻る、昔からそうしてきたように
スカボローの寒々とした海岸へ[64]

イングランドとフランスの百年戦争

長い間続いたこの戦争〔1337〜1453年〕については、1340年のスロイスの戦いも含めて、英仏両軍の食料配給の記録が残されている。1346年のフランス海軍の支出の記録には、カレーに食料を輸送する50隻の小さな輸送船団への支払いが含まれている。[65] ルーアンはフランス海軍の供給の中心地で、1355〜1385年の文書には、食器、調理器具、飲料用の容器、ビスケット、水などの飲み物、食用油、大麦、ろうそく、包帯などの配給が記録されている。士官や弩射手は牛肉、豚肉、ワイン、塩漬けの魚や干し魚、乾燥させたエンドウや豆類、塩、タマネギ、ニンニクも支給された。1385年には、北フランスのアルフルールから出港した船21隻、サン・ヴァレリーから出発した1隻、スペイン船32隻が、1隻当たり1〜2樽のビスケットを受け取った。[66] フランス側の文書や記録の大半はビスケットに関する内容だが、ジャン・ドピタルという人物による1346〜1347年の記録には、50個の小さなチーズが記入されている。[67]

イングランド王ヘンリー5世の治世に、サウサンプトンはイングランド海軍の供給の中心地として建設された。[68] 当時のイングランド船はパンと小麦粉、牛肉、羊肉、塩漬け肉、塩、生魚、ビールとワインを支給されていた。ダートマスのトマス・ガイルは1440年に93名の乗組員を乗せたクリストファー号でガスコーニュに行くようにヘンリー6世から命じられた。彼は小麦粉、ビール54樽、牛の骨27本、カワメンタイやメルルーサなどタラ科の魚の干物、追加の塩、オートミール4ブッシェル（1ブッシェルは36・37リットル）の配給を受け取ったと記録している。[69]

これらの記録を見ると、フランスとイングランドの食料に対する好みの違いが浮き彫りになる。イングランドの配給食料にはビールとワインが含まれているのに対して、フランスにはワインしかない。フランスの食料にはタマネギやニンニクが登場する一方で、イングランドの食料にはオートミールが入っている。

鄭和（ていわ）と中国の宝船

中国の海運は衰退と興隆の時期があった。中国は唐（618〜907年）と宋（960〜1279年）の時代に航行能力の高い大型の船を建造した。これらの船は東南アジアや、ときにはインド洋との間さえ、積荷を積んで往復した。中国の船と帆の設計は、向かい風より順風に乗って航海するのに適していた。東アジアの海では、季節風は夏と冬で逆方向に吹くため、往路でも帰路でもほとんどの風が順風になるように長距離航海の計画を立てることが可能だった。

明（1368〜1644年）の時代には、海軍司令長官の鄭和などが率いる大艦隊がインド洋への航海に乗り出し、アフリカ東海岸から生きたキリンなどの積荷を中国に持ち帰った。イギリスの作家ギャヴィン・メンジーズは、中国人が1420年代にもっと遠くまで航海したと主張した〔中国人がアメリカ大陸に到達したと唱えた〕。彼の説は、他では説明がつかない考古学や地図作成学上の謎を解明する内容だった。中国人による探検と発見の範囲がどこまで広がっていたにせよ、明王朝の艦隊は長い航海中に新鮮な食料を支給する独創的な方法を考案したと言われている。彼らは、たとえば船上で大豆を発芽させたり、ショウガを鉢で育てたりした。新鮮なショウガはビタミンCとAが豊富で、壊血病にすぐれた効果があり、船酔いにも効くと言われている。中国船はザボン〔大型の柑橘類〕などの果物も積んでいた。2匹が協力して魚を網に追い込むように訓練されたカワウソを連れていたとも信じられている。また桶でカエルを飼い、檻で家畜を飼育していたとも考えられている。玄米はビタミンB_1が豊富なので、脚気を防ぐ効果があったはずだ。

中国人には野菜を長期間保存する長い伝統があり、それが長い航海で役に立ったに違いない。明王朝の艦隊がどこまで航海したかについては議論が続いているが、中国人には長期の航海で乗組員に食料を支給する十分な能力があった。食事の観点から言えば、この時代の中国の船乗りはヨーロッパの船乗りに比べて、陸に停泊せずに長い航海を続けられる条件が整っていたと言えるだろう。[70]

戦闘用ガレー船の衰退

16世紀に地中海では戦闘用のガレー船がどんどん大型化した。1本のオールをひとりの漕ぎ手が漕ぐ代わりに、1本の巨大なオールを5人で漕ぐようになり、漕ぎ手が船内でオールを握る環境は過酷になった。キリスト教徒のガレー船艦隊は衝突した。キリスト教徒（主としてスペイン人、ヴェネツィア人、ジェノヴァ人）とイスラム教徒のガレー船艦隊は衝突した。最も有名な1571年のレパントの海戦では、キリスト教徒の艦隊はオスマン帝国艦隊を撃破した。この時代になると、捕虜にした敵を漕ぎ手として使うのが一般的な習慣（普遍的だったわけではない）になっていた。したがって、キリスト教徒のガレー船の漕ぎ手にはかなりの割合でイスラム教徒がいたし、逆のケースもあった。ガレー船の漕ぎ手は、上陸すると、バニョと呼ばれる宿舎に分かれて宿泊した。北アフリカのアルジェのバニョにはキリスト教徒が礼拝をする部屋があり、イタリアのリヴォルノのバニョにはモスクがあった。[71]

16世紀のガレー船の乗組員の食べ物は、13世紀からほとんど変化がなかった。1538年に、スペイン艦隊のシチリアのガレー船漕手に配給された食料は、1日におよそ740グラムのビスケット、1週間のうち3日はおよそ113グラムの肉、残りの4日はサルサ、すなわちシチューだった。16世紀に西ヨーロッパでは食品の価格が高騰し、肉の配給はどんどん減った。食品が値上がりするにつれて、ガレー船艦隊はますます維持費がかかるようになった。こうした理由やほかの事情も加わって、地中海とエーゲ海を4000年以上にわたって支配してきた手漕ぎの快速軍艦は、新しい設計の軍艦に道を譲ることになった。[72]

塩漬けニシンと塩漬けタラ

紀元前3000年頃のデンマークの遺跡からニシンの骨が発見され、ニシンはヨーロッパ北部で長い間食料として利用されてきたことが明らかになった。ニシンは脂肪が多いため、釣った後ですぐに食べるか、塩漬けにする必要がある。1350年かその前後に、オランダ人はニシンを塩水に浸ける方法を発明した。言い伝えによれば、ゼーラントまたはフランドル出身の漁師か魚屋のウィルヘルム・ブケルゾンの発案だったようだ。[73] 塩をまぶすにせよ、塩水に浸けるにせよ、ニシン産業は大量の塩を必要とした。中世のデンマークやフィンランドなどでは、海水を蒸発させて濃い塩水にした後、それを煮詰めて塩の結晶を生産した。中世後期にハンザ同盟は塩の供給を管理し、ときには塩漬けニシンと塩を交換する取引をした。

バルト海のニシンの漁獲量は中世の間に減少し、北海のニシンの群れの重要性が高まった。オランダもイングランドも、この旬の食材を獲るために専用の釣り船を開発した。オランダ人は彼らの長細いニシン漁の船を「バージ（buises）」と呼んだ（英語では通常「バス船」と称される）。これらの船は流し網漁法で魚を獲り、船上で魚を処理して樽に詰めた。バス船は、ニシン漁のシーズンが終わって次のシーズンが始まるまでの間は、小型の貨物船として使われた。オランダ人は海水を蒸発させてから煮詰めるという伝統的な方法で生産された塩を、ポルトガルやスコットランド東岸のファイフにある製塩所から買った。バス船は樽に詰めたニシンを「ヤーハー（jagers）」（「狩人の船」という意味）に売り、ヤーハーから樽や塩、食料を補給した。[74] 1614年にイングランドで発行された小冊子には、オランダのバス船の食料はビール、パン、バター、ベーコン、エンドウだと書かれている。[75] ニシン漁師も、獲れたてのニシン、そして網にかかったニシン以外の魚を食べたと思われる。[76] オランダとイングランドのニシン漁船団の競争や衝突は、17世紀半ばに公然とした戦争にまで発展した。[77]

アイスランドで空気乾燥させて干物にしたタイセイヨウダラは、中世ヨーロッパでは欠かせない食べ物だった。中世の間に、バスク地方の漁師はタラを獲って塩漬けにし始めた。14世紀までに、塩漬けのタラはアイスランド産の空気乾燥による干物に代わって、ヨーロッパの主要な食品になった。フランス王フィリップ6世とシャルル5世に仕えた料理長で、「タイユヴァン」の呼び名で知られる料理人のギヨーム・ティレルは、この時代の最も影響力のある美食家である。タイユヴァンは塩漬けのタラにマスタードソースか、溶かしバターをつける食べ方を推奨した。また、彼は塩漬けのタラを水に浸して塩抜きするよう勧めているが、長時間浸し過ぎてもいけないと注意した。[78]

十字軍と巡礼

1095年から始まった数回の十字軍は、「歴史上最も雑多で、最も無秩序な運動」と言われ、セルジュク・トルコから聖地を解放するという明白な目的をもって西ヨーロッパからパレスチナを目指した。[79] 十字軍兵士の大半は、典型的な地中海の商業用帆船に乗って南フランスから旅立った。初期の十字軍では、この船は2本マストで大三角帆を艤装した大型船で、舵が両舷側についていた。船上の食べ物は、おそらく13世紀にアラゴン家とアンジュー家のガレー船で食べられていた食事とあまり変わらなかった。

中世の船に乗り込んだ種々雑多で膨大な数のもう一種類の乗客は、巡礼者である。巡礼者は、表向きは魂の救済を求めて遠路はるばる聖地を目指して旅をした。彼らは旅をするだけの資産の余裕があり、聖地で信仰を深め、少なくとも旅によって晴れ晴れとした気分になって帰途につきたいと願っていた。中世の巡礼に関する文献を読むと、時代が進むにつれて巡礼に観光旅行の要素が芽生えているのがわかる。チョーサーの『カンタベリー物語』は、春の雨が大地を生き返らせ、人々の胸に「巡礼に出たい」という衝動を掻き立てる生き生きとした描写で始まる。チョーサーの描いた巡礼はイングランドの巡礼地として名高いカンタベリーへ陸路で向かうが、中世の巡礼の多くは海路で旅をした。10世紀以降、スペイン北部のガリシアにあるサンティアゴ・デ・コンポステーラの聖ヤコブ廟は人気のある巡礼地となった。中世の巡礼者の多くは、コンポステーラを訪れた印として、ホタテ貝の殻を身につけた。

中世の帆船に乗った満員の巡礼者のために食事を作るのは大変だったはずだ。調理場は、ハンザ同盟のコッグ船に見られる厨房より広く作られていただろう。おそらく16世紀のメアリ・ローズ号〔イングランドの軍艦〕のように、船倉の底に大きなレンガの炉があったと思われる。巡礼者の寝る場所は布か板で仕切られていた。15世紀のイングランドで書かれた詩、『巡礼の航海と船酔い *The Pilgrims Sea-Voyage and Sea-Sickness*』は、サンティアゴ・デ・コンポステーラに向かう巡礼船の船旅を描いている。帆が張られると、ひどい船酔いで食べられない巡礼者もいるが、船長は料理人に食事の準備を命じ、司厨長にビールを持ってくるように言う。その間に船酔いした巡礼者が器に嘔吐し、楽になるためにホットワインを持ってきてほしいと言う。船酔いした巡礼者が吐いたものを必ず船べりから海に捨てたわけではないだろう。そのせいで、船底にたまる汚水をかい出すポンプの排水はひどい臭いがした。スペインに到着するまでに巡礼者の船酔いが治り、食欲を取り戻してくれるのを期待するしかなかった。

はらみ綱引け！　帆脚索(ほあしづな)繰り出せ！
コックはすぐに食事の準備だ！
巡礼たちは食欲がない
神よ彼らに安らぎを与えたまえ
舵を取れ！　おーい！　それ以上船首を風上に向けるな！

司厨長！　ビールを出せ！
皆様、もうすぐごちそうが来ます
乾杯をどうぞ

その間に巡礼たちは横たわり
器を引き寄せ
ホットワインを求めて叫ぶ
「どうか彼らが元気を取り戻しますように」

なぜならわれらが寝床に行くとき
ポンプが寝床の側にあるからだ
われわれは死んだも同然だ
悪臭がすさまじいから

第2章　探検の時代

15世紀になると、ヨーロッパ人は何世紀も航海し続けた故郷の海を越え、慣れ親しんだ海岸の向こうにある大海原を探検し始めた。スペイン、ポルトガル、続いてフランス、イングランド、オランダの探検家たちは、インド、東インド諸島、中国、日本への新しい航路を探し求めた。

これらの地域からの物資は、数世紀にわたってジャワ人やアラブ人などの船乗りによって西アジアに輸送され、そこから陸路でレヴァント〔現代のイスラエルおよびパレスチナ、レバノンを含む地域〕に運ばれ、ヴェネツィアやジェノヴァの商人によって買い取られた。南アジア、東南アジア、東アジアの高価な品物は、ヴェネツィア人やジェノヴァ人の仲介によってヨーロッパ各地に伝わった。コショウ、クローブ、シナモンなど、非常に貴重なスパイスは、このルートを経なければヨーロッパに届けられなかった。さらにヨーロッパで用いられる金や象牙の大半はアフリカ産で、その交易も同じイタリアのふたつの都市国家によって独占されていた。

15世紀に、ポルトガルのエンリケ王子はアジアや他の異国の品物の交易がヴェネツィアやジェノヴァによって実質的に独占されている状況を打破しようと決意した。ポルトガル人はカボ・ボハドール〔西サハラの岬〕から南下してアフリカの海岸線を探査し、金、象牙、黒コショウ貿易でイタリアの優位を崩すと同時に、アフリカを回ってインド洋に到達する航路を探そうとした。その過程で彼らはメレグエッタコショウ（学名 Aframomum melegueta）と呼ばれる新種の黒コショウを発見し、ヨーロッパ諸国に販売した。

赤道以南では航行術上の問題が生じた。北半球では北極星が緯度を知るための天上の道しるべとなるが、南半球では北極星が水平線の下に沈んでしまうからだ。15世紀末になると、ポルトガル人は正午の太陽高度を測り、その日の太陽の赤道からの角度を使って緯度を測定する方法を考案した。ヴァスコ・ダ・ガマなどのポルトガル人探検家はインド回りの航路を発見し、スペインはコロンブスやマゼランなどを西方に派遣して別の航路を探そうとした。

イベリア人の海運の歴史

15世紀に新しい航路を探検し始めたのは、イベリア半島に住むスペイン人やポルトガル人だった。それには十分な理由がある。彼らはヨーロッパ北部や南部から、すぐれた造船技術、帆のデザイン、航海術の多くを受け継いだ。カラヴェル船などの船や、マルティン・コルテスによる『航海術 *Arte de Navegar*』などの航海の手引書によって、地中海から北大西洋やバルト海への航行が可能になり、イベリア人、そして最終的にはヨーロッパ人の水平線が広がった。

15世紀までに、イベリア人船はしばしば鉄板製の箱か盆を積み、天気がいい日はそれを使って安全に調理用の火を焚けるようになった。この道具はスペイン語でフォゴン〔ストーブの意〕と呼ばれ、英語では普通、「焚き火台（ファイヤボックス）」と訳される。甲板にレンガを並べ、その上に焚き火台を置いて砂を中に敷き詰める。カラヴェル船での調理はフォゴンを使って行われただろう。[1]

イベリアの探検船を率いるコロンブスなどの指導者は、乗組員に司厨長を加えた。司厨長は食べ物、飲み物、薪、砂時計、ろうそく、ランプの配給に責任を負う下士官のことだ。司厨長が見習い水夫を訓練し、30分ごとに砂時計をひっくり返して時間を告げたり、方位磁針の差す方角を読み上げさせたりする船もあった。[2]

コロンブスによる乗組員の記録には、料理人について何も書かれていない。1492〜1493年のコロンブスの航海や、この時代の他のスペイン船では、専門の料理人がいなかったようだ。おそらく船員が交代で調理したか、当直ごとに誰かが食事の準備を任されたのだろう。[3]

スペイン船やポルトガル船は、船旅で食べる主要な食品として、長い伝統のある食べ物を積んでいた。塩水に漬けた牛肉や豚肉、そしてシップス・ビスケットと呼ばれる堅パンである。ポルトガルではシップス・ビスケットを焼くのは王家の管轄であり、この目的のために作られたオーブンがリスボンの王宮近くにあった。塩味のついた小麦粉も船に積まれ、熾火でバノック〔発酵させずに焼く丸い平たいパン〕が焼かれた。現在でもアラブの船乗りにはこの習慣が残っている。[4] チーズ、タマネギ、乾燥させたエンドウや豆類、ヒヨコマメなども食料のリストに加えられている。[5]

果物も船に積み込まれた。コロンブスは進路を西に向ける前に、カナリア諸島でたくさんの果物を貯蔵した。16世紀にジョン・ホーキンス〔イングランドの私掠船船長・海軍提督〕は、オレンジを積んで

1492年にスペインから出港するコロンブスを描いた16世紀の絵画。セオドア・ド・ブライ（1528～1598年）作。服装や船はコロンブスの時代より1世紀後のスタイルで描かれているが、コロンブスの船出がどのようなものであったかをかなり正確に伝えている。ミセラニアスアイテムズ・イン・ハイデマンド・コレクションより。複製番号LC-USZ62-102010。資料提供：アメリカ議会図書館。

長期の航海に出た。これが乗組員の健康に役立ったのは疑いない。ドライフルーツが積まれる場合もあったが、それらは士官のための贅沢品だっただろう。[6]

イベリア人の探検船には保存用に加工した魚が積まれた。これらはサーディンやアンチョビ（どちらもイワシを保存用に加工しているが、イワシの種類が異なる）、塩漬けのタイセイヨウダラだった。北部の探検船はおそらく干し魚（乾燥させたタラ）、塩漬けのタラや塩漬けのニシンを乗せていただろう。

コロンブスは航海日誌にサンタ・マリア号と2隻のカラヴェル船の寄港地となったカナリア諸島での食料調達について記録した。１４９２年9月3日に、コロンブスは必要な薪と水をすべて積み込んだと書いている。コロンブスのリストには、すでに調達済みの食料、たとえば塩、ワイン、糖蜜、蜂蜜も含まれていた。他の食料品がまだ準備できていないため、数日の待機を余儀なくされたという記述もある。[7] 翌日、コロンブスは乾燥肉、塩漬けの魚、果物を船に積み、貯蔵したと記録した。コロンブスは、航海が3週間を超えると果物は腐るため、早めに食べなければならないと述べている。後日、彼らはビスケットを積み込んだ。[8] 薪は焚き火台で調理する燃料として使われたのだろう。塩は帰りの航海の食料として肉や魚を塩漬けにするために必要だったと考えられる。果物は生だったようだ。

新鮮な魚は航海中に釣り糸や槍で獲った。コロンブスが最初の大西洋横断航海にどちらの道具も持って行ったところを見ると、中世の長距離航海ではこれが一般的な習慣だったのだろう。[9] コロンブスの乗組員は航海の往路でも帰路でも新鮮な海産物を利用できた。１４９２年9月に往路を航海中に、ニーニャ号〔サンタ・マリア号とともに航海した船の1隻〕の乗組員はネズミイルカを銛で突いた。[10] １４９３年1月の帰路の旅では、食料の貯えが尽きかけて、魚を釣ることがいっそう重要になった。1月25日のコロンブスの航海日誌には、乗組員がネズミイルカと大きなサメを殺したと記録されている。彼らはそれらを両方とも食べた。もはや残された食料はパンとワイン、そして訪れた島々から持ち帰ったアジェしかなかったからだ。[11]

アジェとは、おそらくユカ（カリブ語でキャッサバのこと）かサツマイモを指しているのだろう。[12] 新世界やアフリカ回りでインド洋を目指すヨーロッパ船は、寄港先で手に入れられる食べ物で食料を補給した。帰路についたピンタ号（コロンブスの艦隊の1隻）やニーニャ号（サンタ・マリア号は座礁したため、放棄しなければならなかった）の乗組員の命をつないだアジェは、はるか遠くの海岸に上陸したとき、ヨーロッパの探検隊が貯蔵できる食料の長いリストの最上段にあった。

新世界の新しい食べ物

ヨーロッパ産の家畜が西インド諸島にもたらされると、日干しや燻製にした牛肉やベーコンがこの土地で人気の食べ物になった。この新しい種類の肉は、タイノ族のバルバコアと呼ばれる料理法で調理された。バルバコアはフランス語や英語ではバーベキューと呼ばれるようになった。フランス語でブカンと呼ばれる木枠に肉を載せてゆっくり焼くか、燻製にする調理法である。このブカンという言葉が語源になって、キリスト教から改宗して西インド諸島で暮らし始めたヨーロッパ人は「バッカニアーズ」（17〜18世紀に西インド諸島でスペイン船や植民地を荒らした海賊）の異名を取った。[13] バルバコアの調理法はジャマイカに伝わり、ジャーク（肉に塩やスパイスをまぶして乾燥させ、ゆっくり火を通すか燻製にする調理法）という名で知られるようになった。ジャークした鶏肉や牛肉は、それ以来ジャマイカ料理の定番になっている。[14] ゆっくり火であぶった肉は世界中でバーベキューと呼ばれるようになった。

キャッサバ（学名 Manihot esculenta）は西インド諸島での偉大な発見のひとつだ。調理には少し手間がかかるが、キャッサバ粉は海の上で非常に長持ちする硬いビスケットを焼くために使える。キャッサバは原産地から遠く離れた土地への移植に成功し、移植された場所で住民の主要な食料になり、食料が必要な船乗りの基本的な食品になった。

キャッサバの説明と調理法のひとつが記された文書を紹介しよう。これはキャッサバの調理法に関する比較的新しい解説で、船がリオ・デ・ジャネイロに停泊していた18世紀の船乗りが書いたものだ。

> この国で「よい生活（グッド・リビング）」と呼ばれるのは、ジャーク・ビーフとファリーナだ。ファリーナはマニオク（フランス語でキャッサバのこと）と呼ばれる木から作られる。この木は、植えるとおよそ10フィート（約3メートル）の高さに成長し、16〜18カ月を過ぎれば利用できる。根はヤムイモやジャガイモのような芋になるが、大きさはそれらよりずっと大きい。皮をむいたキャッサバをホースラディッシュと同じようにすりおろすが、彼らは大量に生産するため、粉砕機を使っている。すりつぶしたキャッサバの汁を絞り、その汁をこして、専用に作られた大きな陶製の平鍋に注ぎ、火にかけて乾燥させる。これで出来上がりだ。[15]

すりつぶしたり圧搾したりする過程で、苦みのあるキャッサバに含まれる有毒な青酸配糖体が除去され、安全に食べられるようになる。この文書を書いたジェイコブ・ネーグルは、ジャーク・ビーフ（バルバコア）とキャッサバのパンを食べて、「よい生活」を享受した。どちらの食べ物も長持ちし、船の貯蔵食料を補給するありがたい食べ物だった。[16]

ヤムイモはアフリカの海岸で手に入る食品で、かなり長持ちした。アフリカを離れた後、少なくとも2週間は利用できる便利な食べ物だった。新世界原産のヤムイモはヤムピー（学名 dioscorea trifida）と言い、おいしいが、かなり小さい。そのため、ホワイトギニアヤムやキイロギニアヤム（学名 dioscorea rotundataおよびdioscorea cayenensis）がスペイン人によって西インド諸島に移植された。17世紀になると、さらに大きいダイジョ（学名 dioscorea alata）と呼ばれるヤムイモが原産地のインドからアフリカにもたらされ、続いて西インド諸島に移植されて、現地での主要な食品となった。[17]

ニワトリ以外の家畜を船に乗せ、航海中に屠畜して食べる習慣は、15世紀にはまだ一般的ではなかった。そのため、15～16世紀の長距離航海では、後の時代の船乗りが長い航海中に食べていた生の肉は手に入らなかった。スペインでは１６２１年に、家畜の輸送を禁止する勅令が発布された。つまり、それ以前にはおそらくニワトリより大きい家畜を船に乗せ、食料が乏しくなったら海上で屠畜したスペイン船があったのだろう。[18]

コロンブスの2隻のカラヴェル船のような小型船では、空容器に海水を満たして船を安定させ、バランスを取ることが欠かせなかった。コロンブスは１４９３年2月14日の航海日誌にこの作業をしたと記録している。[19] これは遠距離航海、特にポルトガル船がアフリカ回りでインド洋に向かう非常に長い航海では、標準的な習慣となった。

コロンブスの1492〜1493年の航海は、比較的短い間隔で上陸を繰り返した。当時の航海で本当に危険なのは、ヨーロッパから喜望峰を回ってインド洋に入り、インド、東インド諸島、中国、日本を目指す旅だった。食料は欠乏し、乗組員は栄養失調で体調を崩した。壊血病など栄養不足が引き起こす病気は、アフリカ回りでインド洋へ向かう航海では常に恐れられた。1497年からヴァスコ・ダ・ガマなどのポルトガル人探検家がアフリカ回り航路でインドへ向かうようになると、乗組員のうちかなりの割合が壊血病で死亡し、壊血病による死者は他のどんな死因よりも多かった。[20]

ポルトガルのインド航海

航海がどれほど危険だろうと、ポルトガル人はアフリカの角〔アフリカ大陸東端の半島〕を回る航路を通って、カラックと呼ばれる大型帆船をインドや他の地域に向けて派遣し、ゴアに交易の中心地を建設する目標をあきらめなかった。この大型帆船は乗組員120人と多数の乗客、そして定員外人員を運んだ。経験を積んだ船員の数は少なく、訓練の大部分は航海途上で実施された。あるポルトガル人船長は右舷と左舷の区別がつかない新米乗組員に手を焼いて、右舷の手すりにタマネギを、左舷の手すりにニンニクを吊るして目印にした。[21]

この満員の船の上には、ランプの手入れをし、メッセージを届け、ポンプを動かす仕事をする見習い水夫や、4時間おきに当直の交代を告げ、メインマストで死者の持ち物の競売が始まるのを知らせる3〜4人の雑用係がいた。しかし専門の料理人がいたという記録はどこにもない。船上にいる全員がそれぞれ基本的な食料を配布されていたようだ。ワイン、水、パンが毎日配られ、塩漬け肉、食用油、酢、塩、タマネギが毎月支給された。船体中央のメインマストの根元に調理用の炉があり、メリノ（下士官）が毎朝火を起こし、ふたりの見張りがついた。火は午後4時に消された。調理は各自でしていたようだ。おそらく数名が自主的に集まって、そのうちひとりが仲間の分まで炉で調理したのだろう。[22]

フィダルゴ、すなわち家柄のいい若い冒険者は、おそらく召使に調理させた。船が赤道を越えるときはお祭り騒ぎになった。この伝統は現在まで続いている。船が喜望峰を通過するときも祝宴が（手持ちの食料で）開かれた。旅の途中で壊血病などの病気にかかって死ぬ者は多かった。初期のポルトガル商船は命がけの旅で、航海に出る勇気ある人々のうちかなりの割合が命を落とした。[23]

船体中央の船倉に大きな調理用の炉を設置するのは、安定性の点ではよかったが、不都合や危険もあった。煙がハッチを通って船倉に充満してしまうからだ。船の調理用の炉に煙突がつくのは、数世紀後である。炉に火が焚かれている間、甲板の下にいる人は全員、煙たい空気を吸っただろう。さらに、この位置にある厨房から出火すれば大惨事になりかねなかった。ポルトガル人は船に専門の料理人をひとりも置かなかったにもかかわらず、火の見張りと消火のためにはメリノをふたり配置した。[24]

メアリ・ローズ号

1545年、フランスはその前年のイングランドによるブローニュ侵攻に対する報復として、イングランドの海岸都市ポーツマスを攻撃した。この戦闘でヘンリー8世が誇る軍艦が転覆し、乗組員もろともソレント海峡の浅い海に沈没した。数世紀後に沈没船から大砲が引き上げられ、1982年に船体の残骸が回収された。沈没船はポーツマスの博物館に展示され、遺物や当時の姿の復元を見ることができる。

この船はメアリ・ローズ号といい、船員と兵士全員が乗船した状態で戦闘中に沈没したという点で、きわめて重要な発見だった。この船がソレント海峡の海底の泥にはまっていて、船体の大部分と中の遺物がそっくりそのまま引き上げられたのも運がよかった。メアリ・ローズの発見のおかげで、1545年当時の船上生活について、長弓や取っ手付き大ジョッキ、大砲や船の構造にいたるまで、これまでにないほど豊富な知識が得られた。メアリ・ローズは探検船ではなく、母国から近い海を航行する軍艦だった。この船は1545年の海の世界を閉じ込めたタイムカプセルであり、16世紀の船上生活をこれ以上ないほど詳細によみがえらせた。[25]

メアリ・ローズとともに、乗組員の遺骨が引き上げられた。メアリ・ローズは長い航海の途中

メアリ・ローズ号で発見された木製の大ジョッキ。資料提供はメアリ・ローズ・トラストのピーター・クロスマン。2009年。Wikimedia Commons. http://commons.wikimedia.org/wiki/File:MaryRose-wooden_tankard1.JPG.

ではなかったため、栄養不足の心配はなかったはずだ。それでも多くの乗組員が栄養不良に陥り、壊血病やくる病など、栄養不足が原因の疾患にかかっていた証拠が見つかった。陸上での食生活が原因でこうした疾患にかかっていた可能性は十分考えられる（特に、普段から船に乗っているわけではない長弓兵の場合はその可能性が高い）。当時の労働者階級の大多数は、常にビタミンが不足している食事をしていた。[26]

メアリ・ローズから牛や豚の骨が入った樽が9個見つかっている。牛や豚は屠畜され、細かく切断されて保存されていたことがわかる。樽に保存されていたところを見ると、牛肉や豚肉はおそらく塩水に漬けられていたのだろう。かごから見つかった魚の骨は、魚が乾燥させた状態で運ばれたことを示している。塩漬けのタラか、風に当てて干したタラのどちらかだろう。[27]

メアリ・ローズには料理人がいて、大工の棟梁や砲手長と同等の給料を受け取っていた。大ジョッキや器に刻まれた文字から判断すると、料理人はナイ・コップ、あるいはナイ・コイプという名前だったようだ。[28] この船には船倉にふたつの調理用の炉があり、それぞれに非常に大きな真鍮の大鍋が置かれていた。大型帆船では、かなり前から厨房はこのような構造になっていたのかもしれない。船体の同じ場所に鉄製のかまどが設置されるようになるまで、200年たっても厨房の設計は変わらなかった。[29]

マーティン・フロビッシャーとイングランドの探検家

オランダ人やイングランド人の探検家は、東洋に到達するために北西航路や北東航路を探索した。その目的は果たせなかったが、スティーブン・ボロウによる1553年と1556年の探検や、マーティン・フロビッシャーによる1576～1578年の探検によって、モスクワ大公国（ロシア）との間に交易関係が生まれ、ニューファンドランドのセントジョンズ港のように、イングランドが新大陸に進出する足がかりが築かれた。彼らの航海やそれと類似した航海の食料リストが残っている。リストには、ビスケット、ビール、シードル、牛肉、魚が記載されている場合もあれば、ビール、パン、牛肉、魚、ベーコン、エンドウ、バター、チーズ、酢、オートミール、アクアヴィータ〔ウイスキー、ブランデーなどの強い酒〕、薪、水が記載されている場合もある。[30] 1553年にイングランドの航海家セバスチャン・カボットは、肉、魚、ビスケット、パン、ビール、ワイン、食用油、酢などの食料の報告書を毎週作成するように、各船の司厨長と料理人に命じた。[31]

マーティン・フロビッシャーは1576～1578年に北西航路探検と金の探索をする間に（フロビッシャーは「愚者の金」と言われる黄鉄鉱を本物の金と間違えた最も初期の、そして最も有名な探鉱者のひとりである）、乗組員に大量のビールを支給した。フロビッシャーは毎日ひとり当たりおよそ3・8リットルのビールを支給したと記録している。[32] フロビッシャーの1577年の第2回航海に関しては、特に詳細な食料の記録が残っている。毎日ひとり当たりビスケット約454グラム、ビール約4・5リットル、肉の日には塩漬けの牛肉か豚肉がひとり当たり約454グラム、肉食が禁じられる断食日には4人ずつに干し魚（塩を使わずに乾燥させたタラ）一切れが支給された。4人に一切れの干し魚を配るのは、イングランド船では一般的な習慣だったに違いない。イングランド海軍の船ゴールデンライオン号の乗組員が1587年に書き残した食事に関する不満の中に、同様の記述がある。フロビッシャーは、貯蔵した干し魚が尽きた場合、断食日にオートミールか米が支給されると明記している。1日ひとり当たり約113グラムのバターと約227グラムのチーズ、そして甘味を加えるために蜂蜜が配られた。フロビッシャーは、120人の乗組員が航海を乗り切れる量として、大樽（ホグズヘッド）1杯〔約238・5リットル〕の「サラダ油」〔おそらくオリーブオイル〕と、大樽（パイプ）1杯〔約473リットル〕の酢を支給した。もし手に入れば、生魚や野鳥、猟獣の肉で食料が補充された。[33]

調理用炉の設置場所

エリザベス1世時代のイングランド海軍で測量士を務めていたウィリアム・ウィンターは、船の厨房を船体中央から船首楼に移すよう進言した。[34] この案には利点と欠点があった。後の時代の商船と違って、船首楼はまだ一般的な乗組員の居住区になっていなかったし、主甲板より高い位置にあるので、煙を気にする必要はなかった。万が一火事になっても、この場所なら船体内に備蓄された物資に燃え移る心配はなかっただろう。しかし、タールを塗った横静索（シュラウド）（右舷と左舷の両側からフォアマストを支えるロープ）に燃え広がった場合は、非常に危険だった。大きな欠点はふたつあって、ひとつは高いところに重いレンガを積んだ炉があれば船が不安定になること、もうひとつは、当時ロワーヤード（帆を張る横棒）は使わないときは下げられており、フォア・ハリヤード（帆を上げ下げするロープ）は通常、船首楼内のナイトヘッド（補強した柱の上に固定された角材）に装着されていたことである。レンガの調理用炉が船首楼にあると、この重要なロープの操作の邪魔になる恐れがあった。

1582年以降、イングランドの500〜800トンのガレオン船の給与台帳に料理人が加わった。船長、甲板長、操舵員、艇長、司厨長、船大工、砲手長にはすべてひとりかそれ以上の同僚がいた。船医にさえ「部下」がいたが、料理人はあきらかにひとりで仕事をしていたようだ。[35] 料理人は彼の裁量で乗組員が火の側で衣服を乾かしたり、体を温めたりするのを許可する権限があった。[36]

ドレイクのカディス襲撃

スペインは1587年に「イングランド経営計画」の準備を進めた。大艦隊がイギリス海峡を目指して出帆し、妨害するイングランド船を撃退して、ネーデルラントでパルマ公の指揮下にあるスペイン軍を乗せた艀（はしけ）と合流し、彼らを乗せて北海とイギリス海峡が出合う地点で上陸し、イングランドを攻撃して征服する計画である。この計画にはいくつもの欠陥があったが、イングランドにとっては憂慮すべき問題だった。そこで1587年にフランシス・ドレイクは、スペイン船が無敵艦隊を結成するために集結していたカディスに先制攻撃をしかけた。

ドレイクのカディス襲撃は1587年4月29日から5月1日にかけて行われた。ドレイクはおよそ26隻の船を率いて到着した。そのうち4隻はイングランド海軍の軍艦で、大型帆船のエリザベス・ボナヴェンチャー、ゴールデンライオン、ドレッドノート、レインボーである。ロンドンのレヴァント会社が提供する3隻の大型船もあった。これらの船も大きく、十分な武装を整えていた。さらにドレイクは7隻の武装した小型船、11隻か12隻の小型の斥候船を率いていた。カディスを防衛するのは8隻のガレー船で、ドレイクの帆船の艦隊の前にはなすすべもなかった。この戦闘で、機動性に富んだ帆船がすぐれた指揮官に率いられた場合、ガレー船に勝ち目はないことが証明された。スペインのガレー船艦隊はドレイクの艦隊からポルトガルのカラヴェル船1隻を奪い返したが、ドレイクの船はイングランド艦隊を狙うジェノヴァ人が所有するか、借り上げて使用していた大型の武装「商船」を撃沈した。イングランド軍はカディスに上陸しなかった。上陸は彼らの目的ではなかったからだ。その代わり、彼らは港に停泊していた船の大半を調査した。その多くはスペイン無敵艦隊を建造するための物資を積んでいた。ドレイクはこの襲撃によって、カディス港で24隻（スペイン側の記録）から37隻（ドレイクによる記録）の船を拿捕または破壊した。スペインのイングランドに対する目前の計画は、大幅な後退を強いられた。[37]

ドレイク軍がカディスで焼き払った船は、ほとんどが「イングランド経営計画」のための物資や食料を積んでいた。イングランドへの帰途、ドレイク艦隊はポルトガルを襲撃し、サン・ヴィセンテ岬にある要塞化した修道院のサグレス城とヴァリエラ城を制圧して、銃や物資を奪った。イングランド軍は100隻を超える釣り船と（地元のマグロ・クロマグロ漁業にとって大打撃だった）、多数の沿岸航行貨物船を破壊した。貨物船の多くは樽材を運搬していた。[38]この樽材はおそらくスペイン無敵艦隊の食料を運ぶ大小の樽を作るために使われる予定だったのだろう。樽材の損失は戦略的に重大な意味を持っていた。なかなか手に入らないよく乾燥した樽材をドレイクが焼き払った結果、無敵艦隊の食べ物や飲み物は、まだ新しく、十分に乾燥していない木材で作られた樽で運ばれた。そのような樽の多くは漏れたり、入れた食品が腐敗したりした。無敵艦隊の船はブリテン諸島を回ってスペインに帰る航海中に、食べ物と飲み物の深刻な不足に苦しめられた。[39]

イングランドとスペイン船の食料、１５８７～１５８８年

１５８８年にスペイン無敵艦隊が経験した食物の腐敗は、海軍の歴史上、食料に関する重大な事件だった。１５８７年のドレイクによる樽材の破壊は、翌年のスペイン無敵艦隊の敗北の重要な一因となった。

１５８７年にカディスを襲撃したドレイクの艦隊にも不満を持つ者はいた。ゴールデンライオンの乗組員は反乱を起こし、イングランドへ引き返してしまった。反乱者たちは弁論書の中で、食料の不足を訴えた。

> 夕食に４人で半ポンド〈約２２７グラム〉の牛肉や、４人で１週間に半切れの干し魚が一体何になるというのか。その上、他に足しになるものは何もない。いや、あるにはあるが、ポンプの排水よりひどい飲み物がほんの少しだけだ……われわれは一人前の人間ではなく、家畜同然の扱いを受けている。[40]

この文章はドレイク艦隊の乗組員の食べ物について興味深い一面を明らかにしている。１５８７年にゴールデンライオンの船上では、乗組員は４人一組の食事仲間に分けられていたようだ。彼らに配られる魚は干し魚、つまり空気乾燥させたタラだった。もうひとつ言えるのは、

イングランド船では食べ物に関して必ずしもすべてが順調だったわけではないということだ。アルマダの海戦に参加したリチャード・ホーキンスは、エリザベス女王の治世の20年間で、壊血病だけで1万人のイングランド兵が死亡したと推定している。[41]

翌年、スペイン無敵艦隊はイングランドを目指して出港した。彼らは食べ物と飲み物を生乾きの樽材で作った樽で保存するしかなかった。スペイン船が食料不足に陥っていたのは確かだった。出港したリスボンや寄港したコルーニャの港ですでに足りなかったのか、あるいは腐敗のために食物の大半を廃棄したせいなのかはわからない。両艦隊が英仏海峡で相まみえたとき、スペインのガレオン船のサン・サルバドル号は船尾で起きた火薬の爆発のために部分的に損傷しており、イングランド軍に拿捕された。サン・サルバドルには64人の船員と319人の兵が乗船していた。イングランド軍に拿捕されたとき、サン・サルバドルには53樽のワインがあったが、牛肉はわずか3樽で、すでに腐敗しかけていた。他には豆1樽があるだけだった。[42]

イングランド艦隊では、勤務する乗組員に与えられる食料が正式に決められていたが、実際の配給はしばしば規則を下回り、4人分の食料が5〜6人に与えられた。

肉の日――ビスケット約454グラム、ビール約3・8リットル、塩漬けの牛肉約907グラム

魚の日――ビスケット約454グラム、ビール約3・8リットル、チーズ、タラの干物4分の1切れ

週1回――ハム約454グラム、豆約0・57リットル[43]

ビスケットやハム、豆が追加されているとはいえ、この食事は前年のゴールデンライオン号で支給された食料とほぼ同じである。豆は何種類もの寄せ集めで、現在では珍しい種類もあった。伝統的に、豆は豆粥にして食べた。豆粥はイングランドやヨーロッパ北部の主要な食べ物で、濃い豆のスープにしばしば風味づけとしてハムやベーコンが加えられた。ハムが豆と一緒に支給されたのは当然と言えるだろう。

軍隊付き司祭で地理学者、作家でもあったリチャード・ハクルートは1598年に、当時の船乗りについて、「この国において、これほど深刻で継続的な危険の中で何年も過ごす職業は他にあるまい……多くの者が白髪になり……居心地の悪い船室、冷えた塩漬け肉、とぎれとぎれの睡眠、かび臭いパン、気の抜けたビール、湿った衣服、火が使えない状態」と書いている。[44]ハクルートが指摘するとおり、この時代の船員生活で最も耐え難いのは食事で、ときには質の悪い食べ物、ときには冷えた食べ物を口にしなければならなかった。

調理用炉の位置と携帯用食器セット

イングランド船内の調理用炉の位置は、少なくとも次の3つのうちいずれかにあった。最下層

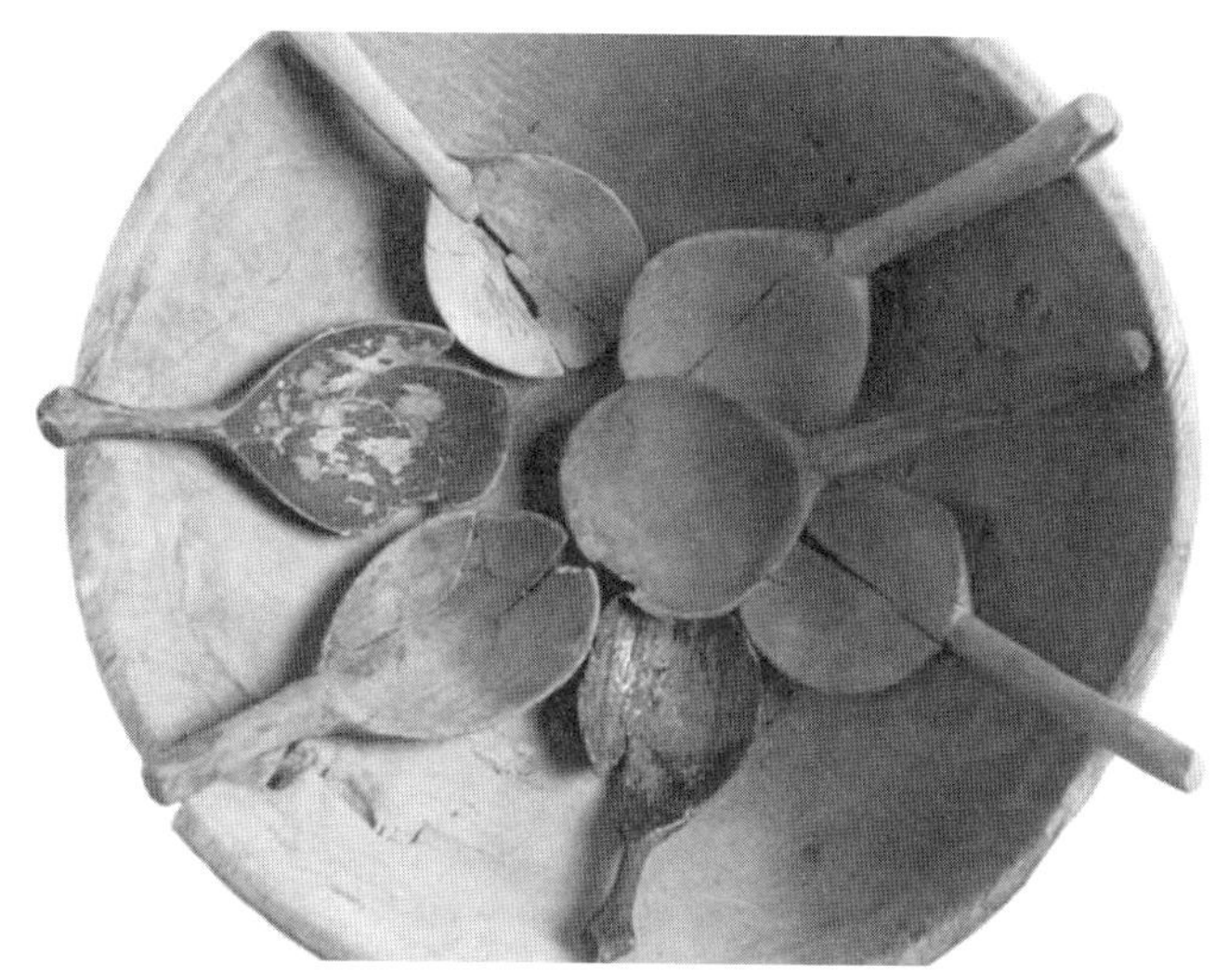

1628年に沈没したスウェーデン海軍船のヴァーサ号から発見された「キッド」と呼ばれる配食用手桶と、ストンカ（取っ手・蓋・注ぎ口のついた木製容器）、共用椀、7人分のスプーン。一組の食事仲間に支給された道具の初期の例だと考えられている。資料提供は写真家のアネリ・カールソン。スウェーデンのストックホルムにあるヴァーサ号博物館所蔵。

補助甲板か、メインマスト前の船倉の底、あるいは船首楼内である。1628年にストックホルム港で沈没したスウェーデン海軍船ヴァーサ号は、メアリ・ローズ号と同様に船倉の底に調理用炉があった。ヴァーサ号の調理用炉に使われていたレンガのひとつに、子豚の足跡がついていた。ヴァーサ号から発見された興味深い遺物に、大きな共用の椀と、ストンカと呼ばれる木製の蓋つき大ジョッキ、7本の木製スプーンが入った樽がある。ヴァーサ博物館の館員は、これは7人一組の「食事仲間」に支給された携帯用食器セットであり、一組の食事仲間に与

ヴァーサ号で発見されたスプーン。 資料提供は写真家のアネリ・カールソン。
スウェーデンのストックホルムにあるヴァーサ号博物館所蔵。

えられる海軍の道具の初期の例だと考えている。「キッド」と呼ばれる手桶も見つかっている。キッドとは、食事仲間の食事を厨房から運ぶための手桶を指す海軍用語だ。ヴァーサ号では旋盤加工された小さな木製の食事用の椀が発見されたが、これらには個人の所有者の印がついていたので、船員の個人的な持ち物だったのだろう。ヴァーサ号は処女航海に出航した直後に転覆したため、沈没するときにはまだ民間人の建築請負業者が乗船していた。そのため、発見された私物入れとその中身は乗組員用ではなく、建築業者の携帯用食器だった可能性もあるが、「乗組員の携帯用食器セット」だったという解釈が一般に受け入れられている。[45]

ウィリアム・ウィンターの提言があった後も、イングランドの船大工は、ヴァーサ号と同様に、調理用炉を船倉の底に設置し続けた。

1620年頃のイングランドの造船に関する論文で、ピーター・キルシュの『ガレオン船――無敵艦隊時代の大型船 *The Galleon: The Great Ships of the Armada Era*』に引用されている箇所では、やはり調理場は船倉の底に置かれている。

下部甲板の下でマストの後部に当たる部分には、他にふたつの区画がある。ひとつはパン貯蔵室で、もうひとつは司厨長室である。船倉のこの区域の残りの部分はすべて食料の貯蔵のために使われ、料理人室が船倉の最下層補助甲板の上に設けられている船は、海軍船のごく一部に限られていた。[46]

その後も何世紀もの間、ヨーロッパ北部の船は大きな調理用炉を船倉の一番下に設置していた。

スペイン海軍のガレオン船の食べ物、1600年頃

スペイン海軍艦隊（無敵艦隊）の食料を調達するのは、各艦隊を担当する調達人（スペイン語でプロベードレス）の責任だった。[47] スペイン海軍のガレオン船での食事は、コロンブスの船とほぼ同じで、シップス・ビスケットと呼ばれる厚くて硬いビスケット、水、ワインまたはシードル、塩漬け豚肉かハム、乾燥牛肉、塩漬けのタラ、チーズ、米、ソラマメ、ヒヨコマメ、オリー

ブオイル、酢だった。これらの食品は一定の量で配給された。生の食品、たとえばニンニク、タマネギ、コショウなどは、定期的な配給には含まれなかったが、ときどき船に積みこまれ、乗組員に分配された。[48] 食料の配給に関するスペインの文書には、食料価格の高騰について記録されている。たとえばシップス・ビスケットの場合、16世紀の間に値段は5倍になった。すでに述べたとおり、食料の値上がりは、手漕ぎのガレー船が実用的な戦艦としての役割を終える大きな原因となった。[49] フランドル産の塩漬け豚肉やアンダルシア産のオリーブオイルや酢の値上がりは比較的穏やかで、どちらも2・5倍にとどまった。[50] インド諸島に向かうスペイン船の航海では、ヒヨコマメ、ソラマメ、米が重要な役割を果たした。米はヴァレンシアで栽培されていたから、そこから取り寄せたのだろう。魚は通常干物や塩漬けのタラ（バカラオ）で、スペイン船の主要な食べ物だった。[51] 南北アメリカ大陸に航海するスペイン船にとって、往路で食べ尽くした食料の代わりに現地でとれる食べ物を補給するのはいつものことだった。コロンブスが最初の航海の帰路に新世界から持ち帰った食べ物として語ったのはアジェだけだが、1600年までに、南北アメリカ大陸からの帰路につくスペイン船は、ビスケットの代わりにカサバ（キャッサバ）のパンを、肉の代わりにトルトゥーガ（亀）の肉を積み込んだ。[52]

長い航海に出たスペイン船は、帆や甲板上の天幕などの布を利用して、定期的に雨水をためた。[53] インド諸島に向かう船は雌鶏を乗せ、卵は士官や病人のごちそうになった。支給するビスケットが足りなくなると、ビスケットのかけらをかき集めて、手に入る材料を何でも入れてシチューやマザモラと呼ばれる薄い粥を作ることもあった。[54] 当時スペイン船で出されていたもうひとつの料理は、メネストラと呼ばれる米と豆類のシチューで、多くの場合ソラマメとヒヨコマメが使われた。[55] メネストラ、そして油と酢は、魚の日である水曜と金曜と土曜日に、魚と一緒に配られた。[56] 日曜、月曜、火曜、木曜は習慣的に肉の日とされていた。[57] チーズは魚や肉に比べて積み込まれる量が少なかった。慣習的に、チーズが配られるのは戦闘が迫っているときか、悪天候で調理できないときだった。[58] ビールを積んでいるのはネーデルラントから食料を供給された船だけで、ビールはシードルの代用品と考えられていた。ワインの方が一般的な配給食料で、スペイン産のワインだけでなく、フランス産のワインも用いられた。あるスペイン人提督は1557年に、フランス産ワインはナバラ〔スペイン北部の地域〕産のワインほど長持ちしないため、最初に支給するべきだと述べた。[59]

1620年代のスペイン船での調理に関しては、謎の部分が残っている。長い航海のために建造された海軍の船は、フォゴン、すなわちコロンブスや同時代の人々が使用していた鉄板製焚き火台を2台しか備えていなかった。200人の乗組員に対して2個の焚き火台では、調理できる量はあまりにも少なかったと思われる。[60] おそらくその頃には、スペインのガレオン船はポルトガル、イングランド、スウェーデンなどの船と同様に、レンガの調理用炉を搭載していただろう。したがってフォゴンは補助的な調理設備にすぎなかった。この時代のスペイン海軍のガレオン船は、重さ18～20キロもある巨大な銅製の大鍋を積んでいた。だとすれば、携帯用の鉄板のフォゴンよりも、もっとしっかりした調理用炉が使われていたはずである。おそらく1620年代までに、フォゴンという言葉は現代の用法と同様に、レンガの調理用炉も含む幅広い意味で使われていたのだろう。

ヴァージニアへの航路を往復するイングランド船の食料

イングランドは1500年代末に北アメリカ大陸に拠点を築いた。ヴァージニアへのイングランド人の入植と居住は、1584年のフィリップ・アマダスとアーサー・バーロウによる調査目的の探検や、1585~1586年のリチャード・グレンヴィルとラルフ・レーンによる軍事遠征から始まった。イングランド人は1587年に新世界における最初の入植地を、現在のヴァージニア州にあるロアノーク島に建設した。ロアノーク植民地はうまくいかず、総督のジョン・ホワイトは1590年にイングランドから食料を補給して入植者を救おうと試みた。しかしそれも失敗して、ロアノークは「失われた植民地」となってしまった。当時、ヴァージニアとの間を往復するイングランド船は西インド諸島を中継地とし、新鮮な水や食べ物を補給していた。ヴァージニア新植民地への航海に関する16世紀末の記録には、たいてい西インド諸島に立ち寄り、そこで船員が真水や塩、食料を補給したと書かれている。1584年4月27日にイングランドを出発したアマダスとバーロウの探検隊は、5月10日までにカナリア諸島に到達し、6月10日に西インド諸島に着いた。彼らは、この島々そのものは「気候が体に合わない」と感じたが、そこで物資を補給し、「おいしい水と新鮮な食料で生気を取り戻して出発した」と書いている。[61]

ヴァージニアを目指す探検家にとって、真水の確保は重大問題で、西インド諸島は必要な物資を集めるための格好の寄港地だった。1585年にリチャード・グレンヴィルは、「セント・ジョン島に近い……コテサに錨を下ろし、上陸して、丸一日かけて食料を補給した」と報告している。[62]食料の補給はしばしば大仕事で、島から島へ移動して適当な水源を探し回る必要があった。真水が手に入るという期待が裏切られることもまれではなく、イングランド人の船乗りは探索を続けるか、危険を承知で濁った水を飲むかの選択を迫られた。1587年にロアノークに向かう航海で、ジョン・ホワイトの一行はサンタクルス島で適当な水源を見つけられず、「よどんだ池で」濁った水を飲まざるを得なかった。

その水はひどい代物で、仲間の多くはその水を飲んで具合が悪くなった。この水で顔を洗っただけの者も何人も病気になった……彼らの顔はほてって腫れあがり、目ははれぼったくなって、5、6日、あるいはもっと長い間ものを見ることができなかった。[63]

彼らは食料調達隊をふたつのグループに分け、ひとつのグループがようやく「とても澄んだ泉」を見つけた。彼らは3本の瓶にその水を入れて持ち帰り、入植者全員で味見をした。[64]しかし、この良好な水源を見つける前に、「われわれはおぞましい臭いのする池の水を飲んだ」とホワイトは書いている。[65]ホワイト一行は西インド諸島の島から島へ移動しながら真水を探し続けた。セント・ジョン島では3日間探し続けても水が手に入らず、「その間、手に入る水よりも多くビールを飲んでいるうちに」、他の物資も使い尽くしてしまった[66]。船員たちはしばしば水を求めて地面を掘らなければならなかった。１５９０年に、ホワイトの一行がイングランドからロアノーク植民地に補給物資を持ち帰る航海の途中で、水が底をついた。船員たちはハッテラス島（ノースカロライナ州のアウターバンクス）に上陸し、「砂丘を掘ったところ、水がこんこんと湧き出た[67]」。ロアノーク植民地に到着したとき、居住地はもぬけの殻になっていた。ホワイトは入植者の行方を追って別の場所に船を向けた。彼らは出発前に、戻ってきたときのために「新鮮な水を入れた樽をロアノーク島の海岸に」残しておいた[68]。

イングランド人の船乗りは、しばしば西インド諸島でスペイン人に遭遇した。多くの場合、この出会いは緊張をもたらした。外交術がものをいう場合もあった。イングランド人の目的は水と食料だけだとスペイン人が納得すれば、流血沙汰は避けられた。１５８５年5月22日にリチャード・グレンヴィル一行とスペイン人騎兵がコテサで遭遇したときは、武力衝突が起きる可能性があった。しかしイングランド人の「主な目的は水と食料などの物資を……公正で友好的な手段によって補給すること」だと説明されると、スペイン人は「ありったけの礼儀と好意を約束して」イングランド人の要望に応えた[69]。

イングランド船は塩の不足にも絶えず悩まされた。１５８５年5月26日、グレンヴィルの船員たちはセント・ジョン島の南西側に「塩を手に入れるために」遠征した[70]。ラルフ・レーン船長は塩を採取するために20人の船員を連れて小型快速船に乗り、海岸の浅瀬の砂の上で「みずから溝を掘り」、偶然にも「溝の中にある岩塩丘のひとつを掘り当てた[71]」。スペイン人騎兵部隊がこの様子を見て、レーン一行が「塩を運び、小型快速船に積み込む」のを遠くから監視していた。[72] 3日後、レーンの船はグレンヴィルの艦隊に合流するために帰途についた。グレンヴィルの船の船員は、たとえ外国人からの情報でも、塩が手に入りそうな手がかりがあれば出かけて行った。6月9日、彼らは「ひとりのポルトガル人の宣伝と情報」に基づいて、「塩の池」を探しにカイコス島に上陸した。[73] 彼らはしばしば、塩を捜索する間に別の食料を発見した。1587年7月6日、ホワイトの部下たちはカイコス島で塩を探している間に、ハクチョウなどの水鳥も捕らえることができた。[74]

ヴァージニア探検隊は旅に備えて釣った魚を海岸で汲んだ海水に入れて保存した。グレンヴィルは、船員たちが「一度の満潮で、ロンドンで売れば20ポンドは稼げそうな量の魚を獲った」と報告している。[75] ホワイトが率いた1587年の入植者は、サンタクルス島で「大きな亀を5頭」捕まえた。あまりに大きかったため、「屈強な男たちが16人がかりで1頭を海岸から船室に運ぶだけでへとへとに疲れた[76]」。1590年にイングランドからロアノークに戻る航海中、ホワイトは西インド諸島とヴァージニアの両方で、1587年と同じ海で釣りをさせたかもしれない。1590年8月、「ヴァージニア」(現代のノースカロライナ)の海岸付近で、彼らは「真水を採取し、浅瀬で大量の魚を捕まえた[77]」。

西インド諸島に到着した船は、大量の果物を食料に加えることができただろう。果物は壊血病の予防におおいに役立ったはずだ。ジョン・ホワイトが1588年に描いたスケッチには、パイナップル、「ホーンプランテイン」〔バナナ〕、「マメイリンゴ」〔テリハボク科の植物で食用の実をつける〕

の絵がある。[78] １５８４年の初めに、アマダスとバーロウは初めてヴァージニアに到達したとき、「ボートに船員を乗せて」、新しい土地を探検した。彼らはそこで、「襲いかかる波のうねりのように、たわわに実るブドウ」を発見した。[79] ときにはワクワクしながら果物を口に入れて、その選択を後悔するはめになった。ジョン・ホワイトは１５８７年にサンタクルス島で、「何人かの男女が青リンゴに似た小さな果物を食べた途端、口の中がひりひりし、しゃべれないほど舌が腫れあがった」と報告している。[80] この症状は24時間たてば収まったが、授乳中の赤ん坊にも影響を与えた。「母親の乳を飲んでいる子供のひとりは、同時に口の中が焼けつくようになった。当時はなぜ子供に同じ症状が出るのか不思議に思われていた」[81]。こうした経験にもへこたれず、ホワイトに率いられた植民者は「オレンジ、パイナップル、マンメア〔マメイリンゴの別名〕、バナナの苗を採集し」、ヴァージニアに植樹した。[82]

ヴァージニアに到着すると、イングランド船の船長はイングランドへの帰路に備えて、現地で手に入るもので物資を補給した。１５８７年8月18日、ジョン・ホワイトの船団はプランター（入植者）の所有物を船から降ろし、「薪や真水を積み込み、船の外板の隙間をふさぎ、積荷のバランスを調整した」[83]。イングランドへの帰路の旅で、船団はまたもや食べ物と水が不足した。彼らは物資を補給するために西インド諸島に立ち寄り、同じ手順を繰り返した。失敗に終わった１５９０年の航海でも、ホワイトの船団は「真水、そして新鮮な食べ物」を手に入れるために西インド諸島に停泊した。[84]

帰りの航路で、島ひとつない大海原で物資が不足する場合もあった。１５８７年8月半ば、ロアノークに植民者を残してイングランドに向かったジョン・ホワイトの船は、水漏れのせいで真水が不足した。船員は船上に残る液体をすべて集めて混ぜ合わせた。「悪臭を放つ水、ビールの澱、残ったワインの澱で作った飲み物はたった3ガロン〔1ガロンは約4・5リットル〕しかなく、われわれは海の上で物資の欠乏で死ぬしかないと覚悟した」[85]。ホワイトと乗組員にとって幸運なことに、彼らは西アイルランドに上陸し、そこで出会った他の船に「真水、ワイン、新鮮な肉」を分けてもらい、イングランドに帰り着くことができた。[86] 臭い水とビールやワインの樽の澱を混ぜ合わせた3ガロンの飲み物は、胸が悪くなるような代物だっただろう。

ジョン・スミス——1600年頃のイングランド船の暮らし

この時代のイングランド船で過ごす船上生活がどのようなものだったかは、ジョン・スミスの記録に詳しく書かれている。ジョン・スミスは経験と知識の豊富な冒険家だった。スミスはジェームズタウン植民地の統率によって最もよく知られているが、彼は職業軍人、探検家、そして指導者として長い経験を積む間に、東ヨーロッパ、フランス、ネーデルラントに赴き、何よりも名誉あるニューイングランド提督の称号を獲得した。脚色や誇張を割り引いて考えるとしても、スミスの生涯は並外れたものだ。1627年にロンドンで出版されたスミスの著作『海洋入門 *Sea Grammar*』は、この時代のイングランド船員の習慣に関する非常に詳しい記録である。スミスは、おそらく中世にまでさかのぼる船乗りの伝統に関する多くの興味深い批評とともに、イングランドの船上生活について詳しく書いている。見習い水夫に与えられる食事、訓練、懲罰について、スミスは次のように説明している。

甲板長は毎週月曜日に私物を入れる収納箱の前で見習い水夫の点呼をし、方位磁針を読ませ、1週間分の違反に対して罰を受けさせる。それが終わると、彼らはカンと呼ばれる容器4分の1杯分のビールとパンを入れたパン籠を与えられる。甲板長が彼らを罰する前に食事を始めた場合、彼らは無罪放免になる。[87]

これは若い船員の訓練に関する非常に興味深い観察であり、20世紀まで途切れることなく続いた伝統と、この時代のイングランドの船員生活の興味深い伝統を示している。20世紀初めまで、見習い水夫や練習生は「方位磁針を読む」、すなわち方位磁針の32方位を読み上げる習慣があった。18世紀以来、方位磁針には角度だけでなく、方位の目盛が刻まれていた。数多くの伝統の中でも、角度ではなく方位の呼び名で舵を取る操船技術は第1次世界大戦まで続いた。1627年でも1927年でも、方位磁針を「読み上げる」ときは、このような言葉が唱えられた。

・北、北微東、北北東、北東微北、北東、北東微東、東北東、東微北
・東、東微南、東南東、南東微東、南東、南東微南、南南東、南微東

・南、南微西、南南西、南西微南、南西、南西微西、西南西、西微南、

・西、西微北、西北西、北西微西、北西、北西微北、北北西、北微西、北

見習い水夫の違反行為に対する懲罰は興味深い。罰は違反者の背中を木の棒で叩くことだったようだ。スミスの記録にある「カン」とは、樽材の側板に底板をはめ、箍（たが）で締めて作られるマグカップで、蓋が蝶番で取りつけられたものが多く、メアリ・ローズ号からいくつも発見されている。「パン籠」とは、ブレッドバージと呼ばれるパンを入れる木箱の前身のようだ。これについてはこの後のふたつの章で詳しく述べたいと思う。

下士官とその任務――司厨長

スミスは司厨長、補給係将校、樽職人、料理人の任務について説明している。また、その中でイングランド船の貯蔵、配給、調理についてさまざまな情報を提供している。「司厨長の仕事は、船長の指示に従って食料を出し、状況に応じて4～6人の食事仲間に分配することである」[88]。この場合の司厨長は食べ物を乗組員に分配し、おそらく船長や航海士に届ける役割もしていたようだ。この文章の中で特に注目に値するのは、乗組員の中に一緒に食事をする「食事仲間」を作っている点だ。これは海軍の伝統の中で何世紀も続いた風習で、イングランド船では1627年に

はすでに確立していたことがわかる。

補給係将校

1627年において、補給係将校は船体のバランスを調整するために船倉の積荷を管理する責任があった。また、彼らは当時、当直員の役割も果たしていたようだ。

補給係将校は船倉と……当直の組を管理する責任があり……ポーギー、カツオ、ドルフィンフィッシュ（イルカではなく魚）、つまりシイラを獲るためのセイン〔地引網、または網〕、フィスギグ〔やす〕、ハーピンアイアン、釣針、そしてサバを釣るための釣り糸を補給する責任がある。[89]

スミスは4時間周期の「当直」と、そこで果たすべき仕事について言及し、この任務につく船員を「スクアドロン（組）」と呼んでいる。数世紀後には、この任務につく船員だけでなく、任務中の期間も「当直（ワッチ）」と呼ばれるようになった。[90]「フィスギグ」は返しのついた三叉の道具で、スペイン語の「フィスガ」が語源である。ハーピンアイアンは、ハープーン、すなわち銛のことだ。カエルを突いて獲るための三叉の道具は、現在も「ギグ」と呼ばれている。これらの道具や釣針、地引網や網を使い、スミスの主張どおりに食料を補給した船は、獲れたての魚や海産物によって食料の貯えを補充できたに違いない。

樽職人

樽職人は、樽だけでなく、船上にある樽のような構造をしたものすべてに責任を負っていた。樽状の容器は、「ワイン、ビール、シードル、水以外の飲料、真水、あらゆるアルコール飲料」の保存に使われた。[91] 1627年には、船の樽職人は大忙しだった。船上には数えきれないほどの樽があっただけでなく、「浸し樽」（後の時代の帆船で使われた「ハーネスキャスク」の前身で、塩漬けの牛肉を真水に浸けて塩抜きするための小さい樽）や、水夫が使う樽状のジョッキなど、無数の容器があった。1627年に、あるイングランド船で樽に入れて運ばれたと思われる飲み物には、ビールや真水だけでなく、ワインやシードルもあった。

料理人

料理人は、コロンブスの船員リストやポルトガルのインド行きカラック船には見られなかった乗組員の役職である。ヨーロッパ北部では、中型または大型船には11世紀から専門の料理人が乗っていた。

料理人は食料を調理して配る仕事であり、料理人はクオーター・カン〈クォーターは穀物の容量単位で約280リットル〉、小さいカン、皿、スプーン、ランプなどの備品を管理し、残数を報告する義務がある。[92]

スミスは数カ所で、「やかんで湯を沸かす」という表現を使っている。これは今でもイギリス英語で、「紅茶を淹れる」という意味で使われる言葉だ。たとえば海戦が一時休止状態になったときに、この表現が使われている。安全に「やかんで湯を沸かす」ことができるときはいつでも、スミスは乗組員に何か熱いものを飲むか食べるかさせたかったようだ。

乗組員の組織

スミスは乗組員がどのようにして当直を分担したかを、例によって詳しく説明している。

彼らは船上で全乗組員をどのように分け、当直を配置し、統制したのだろうか……キャプテンまたはマスター〈船長〉は、甲板長に命じて全乗組員を召集させる。右舷の当直の責任者であるマスターが乗組員ひとりの名を呼び、次にマスターの片腕を務める左舷の1等航海士が別の名前を呼び、全員がどちらかに分かれるまでそれを続ける……。それから時と場合を見ながら、人数と仕事量に応じて彼らを組に分ける。各組は交代で舵を取り、帆を調節し、ポンプで水を汲み出すといったすべての仕事を行う。全乗組員の半分、あるいは各組は、砂時計8回分、すなわち4時間の当直を務める。[93]

スミスが描写するこの手順は、商船では1920年代まで続けられた。乗組員が召集され、ふたりの当直リーダー（スミスの時代にはマスター／キャプテンと1等航海士で、19～20世紀には1等航海士と2等航海士がこの任に当たった）が交互に当直の人員を選ぶ。1627年にはすでに右舷当直、左舷当直と呼ばれていた。スミスは当直の仕事について解説し、4時間の当直、すなわち「当直の交代」は、彼の時代には標準的な習慣だったことを明らかにしている。各乗組員は「メイト、またはコムラードと呼ぶ仲間を選ぶ……しかし、コムラード同士が同じ当直につかないように注意する必要がある。そうすると休息をとる船室が足りなくなってしまうからだ[94]」。当直を交代するふたりの乗組員が同じ寝台を共有する「ホット・バンク」は、1627年には標準的な習慣だった。ハンモックはまだ普及しておらず、ふたりの「コムラード」は、ひとりが当直勤務についている間、もうひとりが同じ寝棚やベッドで交互に眠った。

スミスは食べ物を分配するにあたって、乗組員をどのように組織するかについても解説している。「次に、乗組員を4人ずつひとつの食事仲間に分け、それぞれの食事仲間に4分の1カンのビールと、ひと籠分のパンを与える。これはやかんで湯を沸かすまでの間に空腹を満たしておくためである」[95]。スミスは、ひとつの食事仲間は4人だと述べており、この習慣は1587〜1588年にも標準的だったのがわかる。その後の何世紀かで食事仲間は海軍内で制度化された。ただし、人数は4人よりもずっと多かったようだ。パンまたはビスケットを入れた籠は、数世紀後のブレッドバージと呼ばれる木箱と同じ用途で使われた。乗組員は温かい食べ物を待つ間、籠から自分でビスケットを取って食べた。スウェーデン海軍の軍艦ヴァーサ号には、食べ物に関して乗組員が同じような組織を持っていた証拠がある。スミスはこのように書いている。

彼らはまず祈りを捧げ、それから食事をする。午後6時になると、讃美歌を歌い、「主の祈り」を唱えて、船長と彼の組が当直につく。当直以外の者は午前0時まで思い思いに過ごす。深夜になると、1等航海士と左舷のグループが讃美歌と主の祈りとともに交代して午前4時まで当直を務め、その後は8時と12時にそれぞれ交代する。突風や嵐、にわか雨、あるいは不測の事態に見舞われて全員の手助けが必要になったとき以外は、このように交代で勤務する。多くの航海で、不測の事態はたいてい楽しく食事をした後に起こった[96]。

この文章には、17世紀初期のイングランド船における人員の配置と時間割、そして食事時間について非常に多くの情報が含まれている。船長と右舷当直員、そして1等航海士と左舷当直員

ゴードン・グランド著、『船が見える——ウィンドジャマー・スケッチ、船首から船尾まで(Sail Ho!: Windjammer Sketches Alow and Aloft)』より、「年老いた捕鯨船員」(ニューヨーク、ウィリアム・ファークワー、1930年、78)。このスケッチはスミスの時代よりずっと後のものだが、船首から突き出た棒の上に立って、フィスガ、つまり銛で魚を突く漁法が描かれている。コロンブスやスミスの船の乗組員も間違いなくこのような方法で漁をしたはずだ。

は、交代で勤務についている。当直は午前0時、4時、8時、正午、そして午後6時に交代し、ふたたび午前0時まで勤務する。この当直の交代制はその後の数世紀の制度とよく似ている。違っているのは、午後4時から8時までの4時間を2分割してドッグワッチと呼ばれる2時間の短い当直を入れる〔右舷当直と左舷当直の担当時間帯が毎日同じにならないようにするため〕代わりに、正午から6時までと、6時から午前0時までの6時間の長い当直がある点である。この1日5交代制の当直によって、右舷当直と左舷当直の当直時間帯は日によって変わる。その後の数世紀の間にドッグワッチが設けられ、1日の当直はやはり奇数の7交代制となった。食事は当直の交代時間の午前8時、正午、午後6時になる。スミスが指摘しているとおり、風が強まり、嵐が水平線に迫ってくると、帆を縮めるために「オールハンズ（総員甲板に出ろ）！」の号令がかかる。すると気楽でのんびりした空気は一気に吹き飛ぶ。

スミスは司令官の目から見たスペイン船との戦闘を描いている。砲弾を何発か撃ち合った後、夜になる。朝日が昇ると、司令官は料理人に朝食の用意を命じる。「料理人（コック）、指示どおり朝の当直に備えろ。見習い水夫（ボーイ）、おーい、やかんに湯は沸いているか。イエ、イエ。甲板長、水夫を集めて祈りを唱え、朝食をとらせろ。ボーイ、貯蔵庫に行って飲み物を取ってこい。船首から船尾まで、みんなの健康を祈る。戦闘再開に備えて、私の心に勇気を」[97]。この後、彼らはふたたび戦いを開始した。

この文章は、『海洋入門 *Sea Grammar*』が全体的にそうであるように、部分的に会話文で書かれているが、引用符は使われていない。船長は8時に右舷当直と左舷当直の両方に朝食を出せるように、料理人に朝食の用意を命じている。そしてやかんに湯が沸いているか、温かい料理の支度ができているかを見習い水夫に確かめさせる。見習い水夫はやかんに湯が沸いているのを確認する。「イエ、イエ」は彼の返事だ。後に英語圏の船乗りの習慣的な用語となった「アイ、アイ」とほぼ同じである。船長は貯蔵庫から飲み物（おそらくワインか蒸留酒）を取ってきて、士官も水夫もみんなで分かち合うように命じる。そしてふたたび勇敢に戦おうと彼らに挨拶する。

スミスは食事の質や乗組員の快適さに十分注意を払わない司令官を非難している。乗組員に快適な食事をとらせることが重要だと思わない者もいるが、以下の食べ物に関しては司令官が「目こぼしする」か、まったく記録を残さないことが重要だとスミスは考えている。

しっかり密封された上質な小麦粉、米、スグリ、砂糖、プルーン、シナモン、ショウガ、コショウ、クローブ、新ショウガ、食用油、バター、オランダ産チーズ、あるいは熟成チーズ、ワインビネガー、カナリア諸島産甘口白ワイン、強い酒(アクアヴィータ)、最高品質のワイン、最高品質の水、壊血病対策のレモン果汁、白いビスケット、オートミール、ベーコン、乾燥させた牛タン、酢漬けの牛肉、細かく切ってシチューにした羊の脚肉を陶器の壺に入れて溶かしたスエット〔獣脂〕かバターで密閉したもの。[98]

これらの食品は、賢明な司令官なら乗組員の食料を補うために貯蔵しておきたい「お楽しみ」だとスミスは考えている。精白小麦粉、スグリ、砂糖、プルーン、スパイス、食用油、バター、チーズ、酢、酒精強化ワイン、アルコール飲料、真水、精白小麦粉で作ったビスケット、ベーコン、乾燥させた牛タン、酢漬けの牛肉。こうした食べ物が普段の食事にときどき加われば、戦闘態勢にある乗組員の士気を保つのにきっと役立ったに違いない。この中でふたつの食べ物は特に注目に値する。羊の脚肉を細かく刻んでシチューにし、陶器の壺に入れて溶かしたスエットかバターで密閉したものは、おそらく船上でしばらくの間保存できただろう。脚肉の使用と、調理法全体は、18世紀の英国海軍の「携帯用スープ」の先駆けである。携帯用スープの前身ともいえるこの食べ物は、出港して1〜2週間たった頃に出される特別なごちそうのひとつだったのだろう。壊血病対策のレモン果汁も特筆に値する。海軍司令官の多くは、壊血病の原因は栄養の偏った食事だと気づいていたし、スミスのように症状の軽減だけでなく予防にも柑橘類が役立つと理解している者もいた。たとえばジョン・ホーキンスは、長期の航海に出るときは船にオレンジを積んだ。ジョン・スミスがこの療法を勧めた後も、残念ながらほとんど200年近く船乗りは壊血病で命を落とし続けた。スミスは海軍司令官が「来訪者をもてなすために、マーマレード、砂糖菓子、アーモンド、コンフィット〔ドライフルーツやナッツを砂糖がけの衣で包んだ菓子〕など」を蓄えておくよう勧めている。これらは特別な客をもてなすための美味である。

1588年以降、戦闘で死ぬよりも、飢えや病気、栄養不良で死んだイングランド人船員の方が多かったとスミスは指摘し、病気の乗組員、あるいは全乗組員にときどき食べさせるべき特別なごちそうを描写している。「シナモン、ショウガ、砂糖各少々で風味をつけたバターライス、ひき肉少々、あるいはローストビーフ、煮たプルーン数個、新ショウガ、フラップジャック、カン1杯分の水にシナモン、ショウガ、砂糖少々を加えたもの」。フラップジャックとは、もちろんパンケーキを指している。シナモン、ショウガ、砂糖で風味づけした水は珍しい。紅茶やコーヒー、ココアは、まだ一般には手に入らなかった。水は「カン」に入れて出される。カンは樽状の木製ジョッキで、この飲み物は温めず、冷たいまま飲んだようだ。ここに書かれているのは、特別な機会に乗組員に出されるごちそうである。

スミスは、彼の時代のイングランド船で食べられていた通常の食事についても記録している。プア・ジョン少々か、食用油とマスタードを添えた塩漬けの魚、あるいはビスケット、バター、チーズ、魚の日にはオートミールのポタージュ、肉の日には塩漬け牛肉、豚肉、6シリングのビールとエンドウ。以上が通常の船で支給される食事であり、調子のいいときはこれで十分だが、船乗りの調子がいい状態は、いつも（頻繁に）あるわけではない。

ここに書かれた食事はおそらく、スミスの時代のイングランド人船員が実際に配給されていた食べ物にかなり近いだろう。「プア・ジョン」は特定の魚の名称か、下級のタラ、あるいはより一般的に干物か塩漬けの魚を見下して言う言葉だったかもしれない。塩漬けの魚に食用油とマスタードを添えて出す食べ方は、14世紀フランスでも推奨されていた。その後1世紀の間、オランダ海軍では魚にバターとマスタード、スパイスで作ったソースを添えて出していた。

嵐の後、気の毒な船乗りたちはずぶ濡れになり、着替えができるほど衣服をたくさん持っていない者は、寒さで震えていた。しかしながら、健康を保つにはカナリア諸島産の甘口白ワインや蒸留酒を少し飲む方が、少量のスモールビールや、たとえ甘みがついていたとしても冷たい水よりははるかにいいと言う者は、彼らの中にはほとんどいないだろう。[99]

「スモールビール」はアルコール分の低いビールで、何世紀もの間イングランドの主要な飲み物のひとつだった。きつい仕事をしたあげく、苦労と引き換えにずぶ濡れになった船員には、酒精強化ワインや、それ以上に強い飲み物を与えるべきだというスミスの助言は、当時は少なくとも一部の人々からは無視されたようだ。しかし、その後の数世紀のうちに、彼の助言が取り入れられた。

スミスはさらに、食料の供給について重要な主張をしている。賢明な司令官は必需品だけでなく、贅沢品もしっかり蓄えておくべきだという点である。これは船主やスミス自身の印象をよくするために、来訪者を丁寧にもてなす上で欠かせないというだけではない。スミスがすでに述べたとおり、最も激励が必要なタイミングで、乗組員を元気づけるためである。

結び

船上で食べ物を保存し、調理し、配給する習慣が、ヨーロッパや世界で正式に整えられたのは、15世紀から17世紀初期である。イベリア人は専任の料理人を雇いたがらなかったように、国による違いはまだ存在した。海上での飲み物として、ワインを好む国もあれば、ビールを好む国もあった。それでも、１６２０年代までに確立された船上で食べ物を保存し、調理する基本的な方法は、それから数世紀の間受け継がれた。

本章の締めくくりとして、１５８８年のスペイン無敵艦隊について歌ったイングランドの物語詩(バラッド)を紹介したい。

スペイン、ビスケー、ポルトガル、トレド、グラナダ、みんなでそろって艦隊を作り、アルマダと名づけた。配られた食べ物はマスタードに豆とベーコンだった。

第3章　海軍の帆船

17世紀に国家が運営する海軍が誕生した。この時期までは、海軍は君主に所属する船を中心に、民間人が所有する雑多な船で補強されていた。民間船は海軍が有償または無償で借りるか、海戦への参加を強要された船だった。海軍が発達するにつれて、海軍船に乗る船員に食料を供給する部門も発達した。故郷を遠く離れて航海し、戦闘に従事する新型の軍艦の食事の必要性に応えるために、食品の保存と調理の新しい技術が開発された。この章では、大砲、戦争、そして軍艦を操船する乗組員の進歩について考察したい。次に大砲や船とともに発達した食事と調理の習慣についていて見ていこう。

海軍――帆走軍艦の発達

帆走軍艦の発達は重要な出来事であり、食べ物の調理と配給に関わる長期的な組織が誕生する契機となった。そのため、これから数ページを割いて、大砲を積んだ帆走軍艦の発達と、それを取り巻く組織の発達について述べておきたい。船の種類や海軍組織の発達について触れた後、それらが船上での食事の性質をどう変えたかを明らかにしたい。

海軍の発達は、帆走軍艦の発達によって促進された。この変化を促したのは、武装船に積まれた武器の変化である。中世スカンジナビアや中世の地中海にはすでに、戦争目的で造られた戦艦が存在した。オールによって高速で航行するのを主な目的として設計された船として、ロングシップやガレー船がある。ガレー船は、地中海での戦争用の船として17世紀まで存続し、それ以降は限られた地域と目的で使用され続けた。中世ヨーロッパ北部では、海戦は、商船としても戦艦としても使える船同士の戦いだった。船首楼や船尾楼に射手を乗せ、引っ掛け鉤を装備し、敵船から乗り移って来る部隊と戦うために船体中央部に武装した乗組員を配置すれば、商船は戦艦に早変わりした。[1]

15世紀以降、大砲の導入が戦艦のデザインを決定的に変えた。変化はゆっくり進んだ。まず、既存の船体に大砲が追加された。小型の大砲の砲列がカラックなどの帆船の船尾楼甲板に沿って配置され、乾舷（かんげん）〔満載喫水線から上の部分〕に開けられた常設の砲門から発射された。ガレー船は船首に大砲を一門だけ積むように改造され、弾丸は衝角の上から発射された。[2] 陸上で使用する大型の大砲が開発されるにつれて、砲門は戦闘用に建造される船の船殻（せんこく）に設置されるようになった。基本的な砲門のデザインは既に存在した。中世に描かれた帆船の絵には、蝶番で開閉できる蓋のついた荷役口が描かれている。おそらくハッチを通して貨物を引き揚げずに、この荷役口から材木や家畜などの上げ下ろしをしていたと思われる。[3] すでに存在したこの荷役口のデザインが大砲に応用された。砲門が下甲板の舷側に開けられると、船の重心が上部に偏らずに大型の大砲を搭載できるようになった。この発明、あるいは応用は、1501年にひとりのフランス人によって考案された。[4] 砲門の上には蝶番で開閉できる蓋がつけられ、航海中は閉じて穴をふさげるようになっていた。しかしいったん海上で戦闘やにらみ合いが発生した場合は、すぐさま蓋を開いて大砲を突き出し、発射することができた。[5] 16世紀前半には、君主の船、あるいは貴重な貨物が積まれ、武力による防衛が必要な船は、ますます舷側にずらりと砲門を並べるようになった。

同時に大砲そのものも、大きさだけでなく基本的なデザインの面で発達を続けた。15世紀の兵器のほとんどは、砲身の後ろから弾薬をこめる後装式と呼ばれる構造だった。着脱式の薬室に火薬と詰め物、弾丸（通常は石）を装填し、鉄を鍛造して造られた砲身の後ろにこの薬室を装着し、楔で固定すれば発射準備は完了した。後装式の大砲は、発射ごとに砲身を後ろに下げる必要がないという利点があるが、大きさと威力に限界があった。16世紀前半には、鉄製の後装式の大砲に代わって、鋳造の青銅製の前装式大砲がますます多く使われるようになった。青銅製の前装式大砲は、発射するときに燃焼ガスの漏洩が少なかった。また、鋳造によって丈夫で厚い砲尾の形成が可能で、大型の大砲が製造できた。16世紀末までに、小型船を除くすべての船の大砲は前装式の鋳造砲になった。フランスの青銅製の大砲には、しばしば「Ultima Ratio Regis」というラテン語の標語が記されていた。これは「国王の最後の主張」という意味である。

前装式大砲は帆船同士の海戦を一変させた。以前は、海戦は船同士が接近して互いに矢を放ち、引っ掛け鉤で相手の船を捕らえて乗り移り、白兵戦で雌雄を決するものだった。前装式大砲は、海戦を砲兵同士の争いに変え、個々の船や船団が敵に向かって立て続けに砲弾を打ち込む戦い方になった。船が沈むか、火薬庫が爆発して吹き飛べば、勝敗は決まった。あるいは一方の船が旗を降ろして降伏する場合もあった。複数の船が入り乱れる戦いや、一対一の船同士の戦いにおいて、敵船に乗り移って白兵戦によって決着をつける場合もまだ残っていたが、もはや白兵戦は、考えられるいくつかの結末のひとつにすぎなくなった。1550年頃までは、白兵戦こそが海戦に決着をつける唯一の手段だったのである。[6]

こうして、戦闘を目的とした帆走軍艦が誕生した。引っ掛け鉤のついた兵員輸送船の時代は終わり、軍艦は砲台と化した。甲板に大砲がずらりと並び、舷側に砲門が開かれた。帆走軍艦の変容にともなって、船上で勤務する船員の役割も変わった。戦闘中に大砲を操作するのは船員で、兵士ではなかった。海上に浮かぶ砲台は、多大な人力を必要とした。発射するたびに大砲を砲門から出し入れし、砲身をクリーニングし、弾を装填し、火薬を詰めるには、大砲1台につき5人以上の人手が必要だった。16世紀初期の軍艦には、操船を受け持つ乗組員とほぼ同数の兵士（主に射手と火縄銃兵）が乗船していた。17世紀初めまでに、軍艦の乗組員はほとんど水兵で占められ、その大半が大砲を担当した。マスケット銃兵の小隊も乗組員に加わった。彼らは甲板や檣楼（しょうろう）――マスト上部にある物見台から敵兵を狙い撃ち、戦いの最終局面となる白兵戦ではおおいに役立った。戦闘のないときは、マスケット銃兵は士官を反乱から守り、規律を保つために船上の警備員や警察の役割を果たした。マスケット銃兵の小隊は、次第に海兵隊に発展した。[7]

帆走軍艦は徐々に海上の砲台へと変化を遂げた。この変化は16世紀の間に進み、変化の途中でさまざまな型の船が誕生した。大砲と船のデザインの変化は、各国の海上貿易を保護する常設軍の発達を促した。常設海軍が創設されたのは17世紀である。16世紀の君主は大砲を備えた数隻の船を所有していた。これらの船は、たとえばスペインが新世界で産出する銀のように高価な積荷を輸送し、護衛した。

1588年のスペイン無敵艦隊と、対戦相手のイングランド艦隊は、数隻の国王の船を中心に、それよりはるかに数の多い民間船で構成されていた。民間船はチャーターしたり、購入したりした船もあれば、強制的に戦闘に参加させた船もあった。17世紀後半までに、フランス、イングランド、オランダなどの国々は海軍を発足させた。国王が所有する船を中心とした民間船の艦隊と違って、これらの海軍は常設の組織であり、常時勤務する乗組員と、陸上で管理と支援に当たる多数のスタッフがいた。海軍は大規模な「戦列」艦隊（全艦が縦一列の隊形を敷く）を擁していた。その他に小型で快速のフリゲート船や、それよりもさらに小さい多数の船が所属していた。

体積が小さく高価な貨物を輸送するために、商船と軍艦の機能をあわせ持つ一種のハイブリッド船が造られた。最もよく知られているのはイースト・インディアマンと呼ばれる船で、東インド諸島から高価な貨物を積み、略奪行為を武力で撃退しながら貴重な積荷をヨーロッパの海に持ち帰った。イースト・インディアマンは、オランダ、イングランド、フランスのどの国の船であろうと、船倉が深く、砲列甲板は一層だった。この甲板は軍艦の下層砲列甲板より比較的高い位置に設けられていたため、より多くの貨物を積む空間が確保できた。軍艦より船殻内の高い位置に大砲を配置するため、イースト・インディアマンの大砲は軽量化が必要だった。ボノム・リシャール号の下層甲板の大砲は18ポンド砲（重さおよそ18ポンドの鉄の弾を発射した）だったが、この時代のフリゲートの下層甲板には24ポンド砲が配置されるのが普通だった。ボノム・リシャールはアメリカ海軍のジョン・ポール・ジョーンズがアメリカ連邦議会の代理で購入した船である。[8]

砲手の食事

軍艦は大勢の人手を必要としたため、この時代の帆走軍艦は過密状態だった。乗組員の大半は船首から船尾まで並んだ大砲と大砲の隙間にハンモックを吊って眠り、同じ場所に吊り下げ式のテーブルを下ろして、そこで食事をした。

長距離探検と貿易の需要が高まった結果、長距離で長期間の航海中に乗組員に食べ物を支給する新たな必要性が生まれた。同様に、新しい帆走軍艦は、大砲とそれを操作する人員が詰め込まれた船の乗組員に食べ物を支給するために、食料の量の点でまったく新しい需要を発生させた。乗組員は毎朝ハンモックを下ろし、ひもで縛って舷墻〔上甲板より上の舷側の波よけ板〕の上の手すりにかけた。固く丸めたキャンバス地のハンモックは、砲弾から船を守る役割も果たした。起床の号令は、「結んで収納しろ！」あるいは「ハンモック上げろ！」だった。食事時になると、吊り下げ式テーブルを引き下ろし、衣類をしまう収納箱やベンチを持ってきて座った。こうしたテー

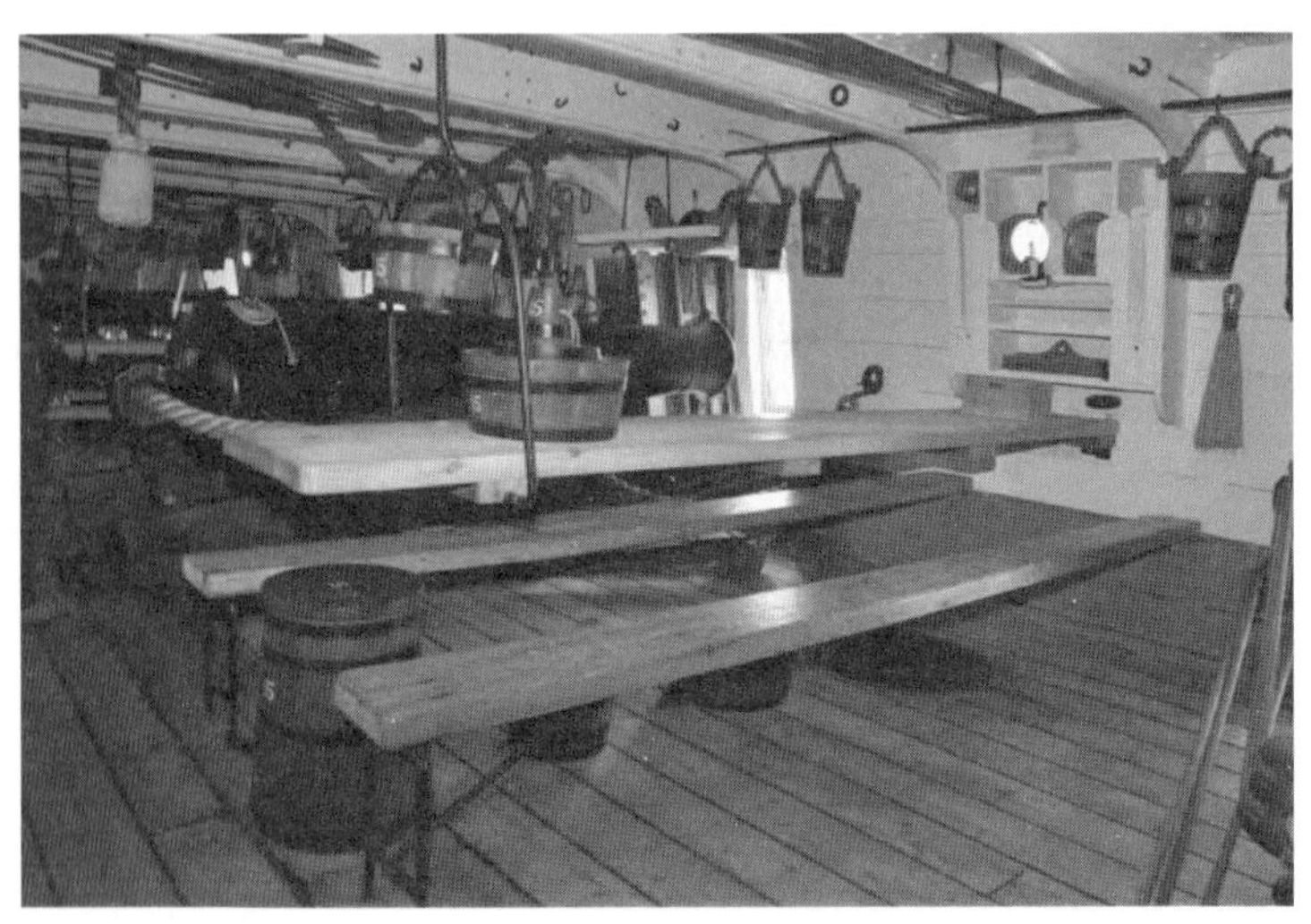

ウォーリア号の吊りテーブル。クリストファー・ロシュ撮影。2014年。

ブルは海軍特有のデザインで、蒸気船時代まで使い続けられた。テーブルの端は蝶番か留め金で舷側に固定された。船内側の端は上の甲板から吊り具で吊るされていた。吊り具は最初はロープだったが、後に鉄製になった。船内側の端に1本の脚が蝶番で取りつけられる場合もあった。この脚を甲板に下ろせばテーブルを支えることができる。これらのテーブルは新しい軍艦を就役させるときに、船大工とその助手によって造られた。[10] イギリス海軍のレダ級フリゲート（その一例であるトリンコマリー号は、建造当初の姿に修繕され、現在もハートルプールの港に浮かんでいる）のように砲列甲板の下に下甲板を持つ例外的な船もあったが、帆走軍艦の乗組員の大半は食事も睡眠も大砲の側ですませた。フリゲートが砲列甲板とは別に下甲板を持つようになっても、船首から船尾まで吊るされたハンモック（就寝時）や、船側から船内へ向かって横たえられた吊りテーブル（食事時）を利用する生活は変わらなかった。

基本的な食料の確立

常設海軍が誕生すると、海軍に勤務する水兵に食べ物を適切に支給するために基準を設ける必要が生じた。イギリス海軍の食料経営は、最初はひとりの軍需食料監督官によって監督されていた。１６８３年に、この体制に代わって軍需食料検査委員会（Board of Victualling Commissioner）が設立された。この組織は定期的に会合を開く７名の委員と、艦隊に支給される食料を検査する70余名の事務官で構成されていた。軍需食料検査委員会は定期的に集まり、事務官、パン職人、そして国外の仕入れ担当者など、多数の職員を監督した。[11] サミュエル・ピープス〔詳細な日記を残したことで知られる17世紀のイギリス官僚〕は１６６５年に軍需食料監督官に任命され、１６７７年に水兵の基本的な配給食料を規定する軍需食料契約を立案した。

基本的食料として定められたのは、１日にビスケット約454グラムとビール約４・５リットル、１週間に牛肉約３・６キロ、あるいは牛肉約１・８キロとベーコンまたは豚肉約９０７グラムで、豚肉には約１リットルのエンドウが添えられた（前章で見たとおり、豚肉とエンドウの組み合わせはそれ以前からあったが、イギリス海軍にも受け継がれた）。肉は月曜、火曜、木曜、日曜に提供された。水曜、金曜、土曜日は魚の日で、生のタラか干物のタラ、塩漬けのタラ、あるいは塩漬けのメルルーサが配給された。配給される魚にはバター約57グラムと、サフォークチーズ約57グラムか、チェダーチーズ約76グラムが添えられた。[12] サフォークチーズは、「3度脱脂した」牛乳から作られるチーズで、ひどく評判が悪かった。このチーズは腐りにくいが、あまりにも硬くて、ネズミさえかじらないと言われる代物だった。時間がたつと、サフォークチーズにシミミズ（学名 Eisenia fetida、レッドワームやチーズワームの異名がある）が湧いた。1758年に、軍需食料検査委員会はついにサフォークチーズを配給食料から除外し、代わりにチェシャーチーズ、チェダーチーズ、グロスターチーズ、またはウォーリックシャーチーズを使うことに決めた。これらのチーズはサフォークチーズほど日持ちしなかったが、サフォークチーズに比べれば評判がよかった。[13]

1733年に海軍本部が「英国海軍に関する規則と通達」を発表し、イギリス海軍の水兵の基本的配給食料が改定された。この文書に記された食事のガイドラインは、帆走軍艦の時代が終わるまで通用した。

ビスケット　7常衡ポンド〔約3キロ〕
ビール　7ワインガロン〔約26・5ミリリットル〕
豚肉　2常衡ポンド〔約907グラム〕
エンドウ　2ウィンチェスターパイント〔約1・1リットル〕

オートミール　3ウィンチェスターパイント〈約1・7リットル〉
バター　6オンス〈約170グラム〉
チーズ　12オンス[15]〈約340グラム〉

イギリス海軍がますます遠洋で活動するようになるにつれて、海軍本部は国外の拠点にいる乗組員が故郷の海にいるときと同程度の栄養を確実に摂取できるように、現地で調達可能な食べ物を代用品として配給するためのガイドラインを作成した。ガイドラインは水兵が十分な食料を与えられ、バランスの取れた食事ができるように配慮している。

「他の種類の食料または上記に対する代用品を配給する必要が生じた場合、それらは下記の比率で供給されるべきものとする」。

・ワイン1パイントはビール1ガロンに相当する。ワインの量は全体の4分の1を超えてはならない。
・小麦粉4ポンド、または小麦粉3ポンドと干しブドウ1ポンドは、塩漬け牛肉4ポンドに相当する。
・スグリ半ポンド、または牛脂半ポンドは、干しブドウ1ポンドに相当する。
・生の牛肉4ポンド、または羊肉（脂肪の多い部位）3ポンドは、塩漬け牛肉4ポンドに相当する。

・生の牛肉または羊肉3ポンドは、エンドウを添えれば、豚肉2ポンドに相当する。
・豆類（ヒヨコマメ、あるいはフジマメ）、またはレンズマメ（インドでは「ダル」と呼ばれる）1パイントは、エンドウ1パイントに相当する。
・米1パイントは、パン1パイント、エンドウ1パイント、オートミール¼パイント、またはチーズ1ポンドに相当する。
・小麦または大麦1パイントは、オートミール1パイントに相当する。
・糖蜜5¾ポンドは、オートミール1ガロンに相当する。
・砂糖1ポンドは、オートミール2クォート、バター1ポンド、またはチーズ1ポンドに相当する。
・油（たとえばオリーブオイル）1パイントは、バター1ポンド、またはチーズ2ポンドに相当する。
・ココア半ポンド、または紅茶¼ポンドは、チーズ1ポンドに相当する。[16]

これらの代用品は、地中海、インド洋、バルト海などでの活動中に、水兵にバランスの取れた食料を配給するためのガイドラインとなった。代用品の中には、たとえばチーズ1ポンドに対して紅茶¼ポンドなど、カロリー摂取量の点で疑問視されるものもある。しかし紅茶は高価な贅沢品だったので、この比率には価格が考慮されたのだろう。船乗り自身は固形の食品の必要性を理解していた。アメリカの船乗りジェイコブ・ネーグルは、独立戦争中にアメリカの私掠船に乗り、その後は私掠船、商船、そしてイギリス海軍で活躍した。ネーグルはヴァージン諸島で乗った商船のスループ型帆船ジェームズ号の食料不足について日誌に書いている。「コーヒーと砂糖はたっぷりあるが、それではまったく腹の足しにならない[17]」

軍需食料検査委員会のリストに記載されていない代用食品は、船長の裁量でその場しのぎに決められた。たとえばヤムイモやジャガイモが別の食品の代わりに配給された。現地で獲れたカメも生肉の供給源になった。ジェイコブ・ネーグルはカリブ海のサント・ドミンゴ沖に停泊中の大砲20門を積んだ私掠船で配給された肉について、このように記録している。「ここに停泊中、われわれの暮らしはまずまずで、ある日は生の牛肉、翌日はカメが配給された。ここの島々には魚やカメがたくさんいる」。ネーグルと船員仲間は、スコットランドへの帰路の航海でもカメを食べ続けた。「船上には75頭の大きなカメがいたが、寒すぎる天候のせいでスコットランドに到達するまで生き残ったカメは1頭もいなかった。おかげでわれわれは航海中に健康的な暮らしができた[18]」

セントヘレナ島とアセンション島は、西アフリカから喜望峰を回ってインド洋を日指す船にちょうどいい寄港地を提供した。喜望峰回りで航海するイギリス船は、セントヘレナ島で壊血病の予防や治療に役立つクレソンを収穫し、魚を獲り、物資を補給する重要な機会を得た。ジェイコブ・ネーグルの日誌を読むと、この遠く離れた小さな島で手に入れられる食料の一端がうかがえる。

すべてのインディアマン〔17～19世紀ヨーロッパ各国の東インド会社によって用いられた貿易船の総称〕は、

帰路の航海でこの島に貯蔵品を放棄せずにはいられなくなる。サバ、カツオ、ビンナガが豊富に泳いでいる。これらはこの島で獲れる主要な魚だ。クレソンはいくらでも生えていて、航海中に食べれば壊血病に効果がある。[19]

海軍生活の食料——ビスケット

ビスケットは海軍の帆船に勤務する水夫の食事の中で最も重要な食品だ。これは硬く締まったパンで、シップス・ビスケット〔堅パン〕と呼ばれている。シップス・ビスケットは陸上で、デトフォードやポーツマス、プリマスにある多数の海軍製パン所で焼かれた。ときには契約した業者から追加を仕入れる場合もあった。船上の調理設備の性能が向上するにつれて、ビスケットは船上で焼けるようになった。レシピは単純で、材料は小麦粉（今日では全粒粉として知られる種類）、水（小麦粉のおよそ半分。柔らかいパンに使用する量より少ない）、そして塩少々である。糖蜜を加えてもいいが、その場合は保存期間が短くなる。18世紀のイギリス海軍では、ビスケットは四角、丸、あるいは八角形で、通常はフォークでつついて穴を開け、イギリスの官有物であることを示す「ブロードアロー」と呼ばれるマークと製パン所を特定する文字が押されていた。この工程によって中央が圧縮され、端よりも中央の方が硬くなる。端の部分が欠けたり、端の方を飲み物に浸したりした場合、水夫は残った硬い中央部分を「事務長の木の実（パーサーズ・ナッツ）」と呼んだ。[20]

ビスケットは通常、配給された状態では硬くて噛めなかった。そこで肉や野菜を煮出して作ったスープや水に浸して柔らかくするか、縁の部分をスープや水に割り入れて、ゆっくりすすった。ビスケットの主な利点は長期保存がきくところだ。しかし長く置きすぎると、「ゾウムシ」に似た害虫（実際にはジンサンシバンムシ、学名 Stegobium paniceum）が発生する。船乗りが堅パンをテーブルの上で軽く叩く習慣は、この害虫を少しでも取り除きたいからだと考えられていた。[21] イギリス海軍では、風通しのいいパン貯蔵室の方がビスケットが長持ちすると信じられていた。しかし実際には、新鮮な空気とともに入って来る湿気がビスケットの腐敗を促進した。オランダやアメリカ海軍では、ビスケットは必要なときまで密封されていたので、長い間保存できた。1812年に開戦した米英戦争の間、アメリカ産のビスケットはイングランド産よりすぐれていると評されたが、おそらくこの保存法の違いが原因だろう。[22]

イギリス海軍のローストビーフ

海軍の食事に欠かせなかったもうひとつの主要な食品に、ローストビーフがある。屠殺されたばかりの牛の肉は、「ランダー」（肉を細い長い一切れに切る係）と「メッサー」（さらに細かく切る係）と呼ばれる職人によってぶつ切りにされ、水分を含まない塩をまぶしてから、塩水に漬けておく。牛肉を適切に保存するためには、牛肉が浮くくらい塩水濃度を濃くし、腐敗を防ぐために喫水線より下の船倉に貯蔵する必要があった。硝石（硝酸カリウム）を塩水に添加する場合もあった。こうすると肉に塩がよく染み込むと信じられていた。硝石はボツリヌス中毒の危険を減らした可能性もある。また、硝石は肉の発色をよくする働きがあった。樽に入れた塩水が漏れて肉が空気に触れてしまうと、肉は腐って使用できなくなり、廃棄するしかなかった。[23] イギリス海軍の塩漬け牛肉の大半は、アイルランド南西部の都市コークのように、特定の牛肉生産地から供給された。故郷から遠く離れたイギリスの船や小艦隊では、塩漬け牛肉が足りなくなった。購買担当者はこれらの船の牛肉を補充するために、牛を群れごと買い取った。さまざまな家畜を船上で飼育し、必要なときに屠殺することは、当時の一般的な習慣だった。[24] 豚肉は牛肉と同じように塩水に漬けられ、イギリスや他の国々の海軍の主要な食べ物になった。

ヴァーノン提督の遺産

すでに述べたとおり、ワインや蒸留酒はビールの代用品として使えた。蒸留酒は単独で飲むと非常に酔いやすいため、1740年8月21日、または1743年3月24日（記録によって差がある）に、エドワード・ヴァーノン提督は彼の船に乗る船員に、ラム酒を水で割るように命じた。提督は「グロッグ」、すなわちグログラン（畝織（うねおり）の絹）製のコートを着用していたため、「オールド・グロッグ」とあだ名されていた。そこで船員たちはラム酒と水を混ぜた飲み物をグロッグと呼ぶようになった。この工夫によって、ヴァーノン提督の船に乗る船員の健康状態は向上したようだ。アルコールと一緒に水を摂取するのだから、当然と言えば当然である。後に、グロッグにライムジュースやレモン果汁が徐々に加えられるようになった。司令官の中には、壊血病の予防として全乗組員にライムジュースを配給するのではなく、すでに壊血病に苦しんでいる船員に治療としてほんの少しずつしか与えない者がいた。この誤った節約のしかたによって、19世紀の最初の10年間を通じて、壊血病はイギリス海軍を悩ませ続けた。「グロッギー」〔日本語ではグロッキー〕という言葉は、アルコールや睡眠不足で注意力が散漫になっている状態を意味するようになった。[25]ラム酒と水の割合は時代とともに変化したが、イギリス海軍では1970年までラム酒の水割りはグロッグと呼ばれていた。

ラム酒は「ネルソンの血」とも呼ばれた。トラファルガー海戦の後、戦死した海軍提督ホレーショ・ネルソンの遺体は故国イギリスに埋葬されるため、腐敗しないように蒸留酒の樽に漬けて運ばれた。実際にはこの酒はブランデーだったが、船員たちはラム酒だと信じていたので、イギリス海軍ではラム酒を「ネルソンの血」と呼ぶようになった。船員の間では、蒸留酒の水割りを表現する独特の名前が生まれた。「真北」は「割っていない酒」、「真西」は「真水」、「北西」は「1対1で混ぜた酒と水」、そして「南」は「空のグラス」という意味だ。[26]

グロッグが配給されると、ときにはバイオリン弾きや横笛奏者が「ブランデーの滴」という曲を演奏して乗組員に知らせた。この曲は8分の9拍子の陽気な旋律で、今でもイギリス中で演奏されている。後に、甲板長の笛を合図に「アップ・スピリット！」という特別な号令が発せられて、グロッグの配給が知らされるようになった。

料理人と厨房

イギリスの軍艦の料理人は准士官（アメリカでの下士官に相当する）だった。彼らは水兵として勤務している間に片脚や片目など体の一部を失って年金受給者となったが、海上勤務経験があり、グリニッジ年金受給者のひとりとして施設で暮らすより、料理人として海に戻るのを選んだ者たちだった。大型船では料理人にメイトまたはアシスタントと呼ばれる助手がついた。[27]

塩漬け牛肉は樽の中で水に浸して塩抜きされた。19世紀になると、この樽は「ハーネスキャスク」というしゃれた名前で呼ばれるようになった。銅鍋で調理した牛肉が配られた後、鍋に残った脂肪（スラッシュ）はかき集められて、「スラッシュ・タブ」と呼ばれる容器に保存される。スラッシュの半分は料理人がさまざまな用途に使い、残りの半分は船の索具に塗布するために取っておかれた。[28] 帆柱や帆桁などの円材には定期的に脂肪が塗られ、マストフープやスタンスル・ブームなど、円材に沿って移動する部品との摩擦を減らした。船員は「スラッシュする」ためにスラッシュ入りのバケツと刷毛を持って高いところに上り、ときには円材に座ってそこにスラッシュを塗った。「廃物の脂肪を表面に塗りつける」という意味の動詞として「スラッシュ」を使う用法は、１８０７年までさかのぼると言われている。[29] 後に、軍艦でのちょっとしたお楽しみの費用を賄うために不

ゴードン・グランド著、『船が見える——ウィンドジャマー・スケッチ、船首から船尾まで』より、「スラッシング・ダウン」（ニューヨーク、ウィリアム・ファークワー、1930年、27）このスケッチはネルソンの時代より1世紀後のものだが、作業のやり方や道具は18世紀とほぼ同じだっただろう。

要品や余剰物資を売って得た資金を、イギリス海軍では「スラッシュ・ファンド」（「横流し金」や「裏金」と訳される）と呼ぶようになった。この言葉が最初に文献に登場するのは1864年である。[30] 最終的に、この言葉は賄賂や不正な出費のために使われる資金を指すようになった。

18世紀初期のイギリス海軍船の調理設備は、メアリ・ローズ号やヴァーサ号と似たり寄ったりの構造で、レンガの炉の上に銅製の湯沸かしが置かれていた。1545年に沈没したメアリ・ローズ号や1628年に沈没したヴァーサ号から最も大きく進歩した点は、煙を甲板に排出する煙突がついたことだ。鉄製のかまどは1728年に軽量化のために導入され、海軍委員会は1757年に、さまざまな大きさのかまどについて推奨される寸法を決定した。[31]「コッ

軍艦ウォーリア号に設置されたかまど。銅製の鍋がのっている。この船は19世紀半ばのイギリスの軍艦だが、かまどや調理器具のデザインは、これより50年前の形からほとんど変わっていない。クリストファー・ロシュ撮影、2014年。

パー」と呼ばれた銅製の大鍋は、驚くほど大きかった。アメリカ人船員トマス・ドリングは、独立戦争中にニューヨークに停泊していたイギリスの囚人船ジャージー号に捕らえられていた。この囚人船は、かつては64門の大砲を積んだ戦列艦で、ドリングはジャージー号の大鍋の容量を2～3ホグズヘッド〔約480～720リットル〕、または120～180ガロン〔約540～810リットル〕と見積もった。[32] アメリカの私掠船フェンス号はメイン州で引き揚げられたブリッグ型帆船〔横帆の2本マストの帆船〕で、容量が約306リットルの大鍋を使っていた。通常、こうした大鍋には蓋があり、蓋自体にもくぼみがあって、小型の湯沸かしや鍋として使えた。[33]

イギリス海軍において、調理に関する最も画期的な進歩はブロディー・ストーブと呼ばれるかまどで、スコットランド人のアレクサンダー・ブロディーの発明品である。ブロディーは1780年に独創的なデザインの鉄製のかまどの特許を取得した。このかまどはボルトで組み立てられるので、解体することができ、壊れた部品を取り換えられた。ブロディー・ストーブは錬鉄、鋳鉄、銅の組み合わせで作られ、羊や豚が丸ごと1匹焼けるくらい大きな焼き串があった。この焼き串は鎖歯車と鎖を用いて、煙突内の換気扇が回る力で回転させる。焼き串を回転させるこの仕組みは、18世紀の陸上の厨房で用いられていた「クロックジャック」（重りやゼンマイを動力として焼き串を回転させる装置）にいくらか似ている。火の上に複数の鍋を吊るしておけるフック（囲炉裏の上に吊り下げる自在鉤のようなもの）がある。パン焼き用オーブンがあり、「煮込み用かまど」の上には格子がのっている。このかまどは金属製の火鉢のようなもので、小さな鍋を残り火で温めることができた。ボイラーには栓がついていて、底から水を排出できるようになっていた。さらに少量の蒸留水を作れる復水器まで備えていた。装置全体は甲板から少し持ち上がるように、4本の短い脚で支えられていた。[34]

配給食料の調理――ロブスカウス、バーグー、シーパイ、さまざまなダフ

配給食料に指定された食品は、さまざまな方法で調理された。想像力に富んだ料理もあれば、

ありきたりな料理もあった。ここで紹介するのは、この時代の海軍で最も普遍的に食べられていた船の食事である。

ロブスカウス

ロブスカウスの起源はよくわかっていない。この料理と料理名は、バルト海沿岸地域やノルウェー、イギリス、ドイツの全域で見られる。この名前の由来にはいくつかの異なる説があり、それぞれの説によって料理の起源はラトヴィアおよびリトアニア、スウェーデンおよびフィンランド、ノルウェー、イギリス、またはドイツに分かれる。ロブスカウスはスカンジナビアでは標準的な料理で、薄切りにしたジャガイモと薄切り牛肉、タマネギを交互に重ね、塩とたっぷりの黒コショウで味付けして作られる。水を加え、蓋つきの鍋で蒸し焼きにする料理だ。別の作り方では、ロブスカウスはシチューに近い料理で、火にかけて、ときどきかき混ぜながら煮込んで作る。それとよく似たイギリスで作られる料理は、「スカウス」または「ロビー」と呼ばれる。ロブスカウスは、しばしばリヴァプールの名物と考えられている。おそらくこの港町と海は深いつながりがあるからだろう。海の上ではジャガイモの代わりにシップス・ビスケットを使い、「ハーネスキャスク」、つまり塩抜き用の浸し樽から取り出した塩漬け牛肉を使用する。ロブスカウスは何世紀もの間、船上での主要な食べ物だった。アメリカ人の大好物であるコンビーフ・ハッシュは、本質的にロブスカウスを炒めてアメリカ風にアレンジした料理である。[35]

バーグー

イギリス海軍で調理されるオートミール粥は、通常この名前で呼ばれる。最も単純な作り方では、オーツ麦と水を1対2の割合で混ぜ、塩をひとつまみ加える。給仕するときに、バター、クリーム、ミルク、砂糖などを加えてもよい。

シーパイ

シーパイは、ときにはロブスカウスの別名とみなされている。しかし、ロブスカウスがシチューのように調理される場合もあるのに対して、シーパイは必ず焼いて作られる。そのため、シーパイはジャガイモまたは砕いたビスケットと塩漬け牛肉が層になっているのに対し、ロブスカウスでは普通、すべての材料が混ざっている。面白いことに、スカンジナビアに今も伝わるロブスカウスはジャガイモと肉が別々の層になっている。18～19世紀の英語圏の船乗りが「シーパイ」と呼んだ料理は、おそらくこれに近いと思われる。

ダフとその派生形

ダフは脂肪（スエット）を使ったプディングで、通常は袋に入れて、ゆでて作られる。イギリス海軍では、この袋は食事仲間ごとに割り当てられていた。主な材料は小麦粉と脂肪、そして水だ。18世紀末から19世紀初期にかけて、さまざまなダフの派生形が考案され、奇妙な、ときには不気味な名前がつけられた。そのひとつがジャム・ローリー・ポーリーで、小麦粉に脂肪と水を加えて練った生地を伸ばし、ジャムを厚く塗ってから、円筒形に巻いてゆでる。[36] もうひとつは「まだらの犬（スポティッド・ドッグ）」という名のダフで、基本の生地にミルクと卵を加え、スパイスで風味をつけ、乾燥させたスグリ（これがまだら模様に見える）を混ぜる。この派生形は現在もイギリスで、「スポティッド・ディック」の名で作られている。[37] しかし、もうひとつの派生形で、おそらくダフの仲間の中で最も不気味な名前のダフは、「溺れた赤ん坊」、または「ゆでた赤ん坊」だろう。これは砂糖、干しブドウ、それにスパイス少々を加えたダフだ。幸い、このダフは19世紀半ばまでに「プラム・ダフ」と呼ばれるようになった。[38] これらのダフに使われるスパイスは、シナモン、ショウガパウダー、挽いたナツメグ、挽いたクローブ、あるいはオールスパイスだった。料理人はダフに甘いソースか、トリークルまたはモラセス〔どちらも糖蜜だが、モラセスの方が風味が強く色が濃い〕シロップをかけて出すこともある。

携帯用スープ

携帯用スープは一種の濃縮食品で、１７５６年頃にデュボワ夫人によって開発されたと伝えられている。野菜を牛すね肉（これが凝固のもとになる）や内臓肉と一緒に煮込み、冷まして固まったら、板状に切って箱詰めする。これに水を加えて温めれば、スープができる。できあがったスープは壊血病の治療や予防に効くと期待されたが、その効果はなかった。このスープは遠洋航海で塩漬け牛肉やビスケットを補う食べ物として歓迎された。携帯用スープは最初は病人用だったが、乗組員の間で評判がよく、まもなく定期的に配給されるようになった。外国の拠点を目指す船の場合、乗員100人につき50ポンドの携帯用スープが配給された。ジェームズ・クック船長は携帯用スープを高く評価し、携帯用スープは18世紀末から19世紀初頭にかけてイギリス海軍の標準的な配給食料になった。[39]

ジャガイモとヤムイモ

ジャガイモとヤムイモは国外の拠点において、パンの代用品としてパン1ポンドの代わりにジャガイモまたはヤムイモ2ポンドの比率で配給された。ジャガイモは海軍の乗組員に人気が高かったが、ヤムイモはあまり好まれなかったらしい。[40]

パンノキ

パンノキは今でも南太平洋の主要な食べ物である。ウィリアム・ブライ船長の指揮のもと、イギリス海軍の軍艦バウンティ号はタヒチ島でパンノキの苗を採取し、それをジャマイカに移植する目的で航海に出た。ブライはタヒチで苗の採取に成功したが、タヒチ島を出港し、喜望峰を目指して西に向かって3週間後に有名な反乱が起きた。ブライと彼に忠実な乗組員はバウンティ号から追放され、小さなボートに乗って、ごくわずかなシップス・ビスケットで命をつなぎながら、奇跡的にオランダ領東インド〔ティモール島〕にたどり着いた。その後、パンノキはあらためてジャマイカに移植された。

イギリス海軍の伝統の始まり――ココア

ココアの配給は西インド艦隊で始まった。軍艦サンドイッチ号の船長W・ヤングは、1780年に海軍監査官に次のような手紙を出した。「西インド諸島で船員がオートミールの代わりに砂糖、コーヒー、チョコレート〔飲み物〕を支給されないのはなぜなのか理解に苦しむ。それらは船員にとってよりよい朝食であり、抗壊血病効果もすぐれている」。トロッター軍医は海峡艦隊にココアの配給を推奨した。「寒冷な地方では、ココアは非常に有益である。冬のイギリス海峡や北海で巡航中、雨の降る朝の当直を終えて濡れた甲板から戻ってきた水兵にとって、1杯の温かいココアかチョコレートはどれほど心地よい食事になるだろうか」。こうして、最初は試験的だったが、ココアはイギリス海軍の伝統になった。[41]

食事仲間（メス）、メスコック、メスキッド

ジョン・スミスは1627年に、船員4人からなる食事仲間の組織について記録を残している。食事仲間はイギリス海軍にしっかり定着した制度だが、人数は4人から、多いものでは7人までと幅があった。乗組員はどの食事仲間に加わるかを自由に選ぶことができ、大体ひと月に1回、指定された日曜日に食事仲間を変える習慣があった。[42] 食事仲間のうちひとりがメスコック、すなわち食事係になった。メスコックは週にひとりずつ交代で、食事仲間の配給食料をメスキッド（木製の小さな桶のような容器）に入れ、印のついた袋か網に入ったプディングと一緒に厨房に運んで調理した。ほとんどの軍艦では、食事仲間のテーブルは舷側にたたんでしまわれていた。メスコックはこの吊りテーブルを下ろし、長椅子や椅子代わりの収納箱を並べる。食事の用意ができると、厨房で食事をメスキッドに入れ、食事仲間のテーブルまで運び、配膳した。[43]

食器は配給品と船員の私物の両方があった。18世紀までに、海軍で支給される通常の木製の皿は四角になり、四辺に細い板が釘でつけられて、皿の縁が高くなった。四角い木皿は17世紀には一般的に使われていて、そのデザインを単純化したものが船で使われるようになったようだ。船員が陶器やピューター製の自分の皿を買う場合もあったが、高価な食器は壊れたり失くしたりす

る危険があったので、木製の皿が使われなくなることはなかった。[44]「ブレッドバージ」はお盆または浅い箱型の入れ物で、その日の配給によってシップス・ビスケットか柔らかいパンのどちらかが入れられる。シップス・ビスケットがバージ（「艀（はしけ）」という意味）に入っているので、ビスケットに発生する「ゾウムシ」（甲虫の一種で、実際にはジンサンシバンムシ、学名Stegobium paniceum）は、海軍の俗語で「艀の船員（バージマン）」と呼ばれた。[45] 動物の角（つの）に木製の底をつけたマグカップも配給された。このマグカップや四角い木製の皿を復元したものが、現在では記念艦として保存されているヴィクトリー号やフリゲート船トリンコマリー号の食事仲間のテーブルに展示されている。角製のマグカップは水や蒸留酒を飲むときはよかったが、熱い飲み物を入れるとひどい臭いがした。紅茶やコーヒーが配給されたとき、船員はどのような容器で飲んだのだろうか。飲料用にスズや陶器製の食器が配給されなかったとしたら、熱い飲み物を飲みたい場合、船員は何らかの方法で別の容器を手に入れなければならなかっただろう。

　メスコックは慣習にのっとった方法で肉を分配する責任があった。1枚の皿に肉を載せると、メスコックは「これは誰の分だ？」と言う。すると目隠しをした食事仲間のひとりが、仲間のひとりの名前を答える。メスコックは「分け前」、つまりその皿を、指名された仲間の前に置く。[46] 食後の後片付けもメスコックの仕事だった。おそらく残飯を船内の家畜に与え、それでもまだ残ったものは、ビークヘッド〔船の最先端に突き出した区画〕に開けられたトイレ用の穴から、海に直接捨てた。残飯を砲門から捨てる行為は禁止されていた。軍艦の大半は「タンブルホーム」構造、つまり喫水線より上で舷側が内側に傾斜し、船体の幅が狭くなるように造られていたため、砲門から投げ捨てた残飯は舷側を汚し、その部分を腐敗させる危険があった。言うまでもないが、帆船時代には乗組員が開いた砲門から残飯を投げ捨てる行為を知っていて目をつぶる海軍司令官はひとりもいなかった。

食事の時間

食事の時間は船長の裁量で自由に決められたが、乗組員と士官は、通常午前8時に朝食をとった。続いて乗組員は正午に、士官はその1時間後にディナー〔一日のうちの主要な食事を指す〕を食べる（船長はそれよりさらに遅い場合もある）。さらに乗組員は午後5時か5時半に、士官は6時に夕食をとる。こうして時間差を設けることで、乗組員の食事中に下士官が操舵手と見張りを引き受けられたのだろう。船によっては、食事時間は午前8時、正午、午後4時となっていたようだ。イギリスの軍艦リベンジ号はこの時間割を採用していたらしい[47]。食事時間になると、しばしばバイオリン弾き（通常は水兵のひとり）か横笛奏者（海兵隊所属）が「オールドイングランドのローストビーフ」の曲を奏でて知らせた。

士官の食卓

士官は船尾にある上級士官室か、下級士官室で食事をとった。大型船はこのふたつの部屋を両方とも備えていて、艦長や提督はひとりで、士官は上級士官室、下級士官は下級士官室で食事をした。小型船には士官の食事用の小さな区画しかなかったため、階級の統合が進んだ。士官は乗組員と同じものを食べるが、ワインや特別な食べ物を買って補うのが一般的だった。彼らは資金を共同で集めて、寄港地で買い物を担当する「メス・ケータラー」〔ケータラーは仕出し業者の意味〕に購入を任せた。戦闘準備に入ると、テーブルと椅子は手早く分解され、収納された。船のこの区画には大砲が備え付けられていて、戦闘中、士官は甲板に出ているため、士官室は砲列甲板の一部として使われた。[48] 19世紀になると、士官室は軍医が戦闘で負傷した兵の手当てをする区画になった。

士官が陶器の皿や取り分け皿など、食卓用のこまごまとした上質な品物を購入するのはよくあることだった。皿や食べ物がテーブル上で滑って移動したり、落ちたりするのを防ぐために考案されたさまざまな便利な道具を買うこともあった。たとえばテーブル上に置く「止め枠」（食器が動くのを防ぐ板や柵）、皿を立てかけておくための布で包んださまざまな大きさの楔（風を真横から受けて帆走している場合、風下側に船が傾いているときは役に立つが、縦揺れしているときには役に立たなかった）、エンドウを詰めたプディング用の袋、あるいは皿が滑らないように濡らしてテーブル上に敷く布などだった。[49]

士官は士官室で飲むためにさまざまな種類のワインを大量に買った。1761年にアルゴー号のクレメンツ船長はイタリアでワインを買い込んだ。彼の在庫目録は次のとおりだ。

メッシーナ　1バット〈約477リットル〉と、40ガロン入りの樽（ケグ）3個
ポート　2ホグズヘッド〈1ホグズヘッド＝約239リットル〉
キプロス　2ケグ、デミジョン〈編んだ枝で覆われた大型のガラス瓶〉1本、ボトル2本
ブルゴーニュ　ボトル12ダース
クラレット　ボトル12ダースと7本
フロントナック　ボトル6本
モンテプルチアーノ　1箱
フィレンツェ　8箱半
マルヴァジーア　2箱
ラム　1ダースと9本[50]

1749年に東インド諸島を航海中のハリッジ号の船長は、次のような酒を所蔵していた。

マデイラ　2パイプ〈1パイプ＝約477リットル〉、2パンチョン〈1パンチョン＝約318リット

ル〉、半リーガ〈1リーガ=約576リットル〉容器3個、⅓リーガ容器4個

アラック　1パンチョン、3ホグズヘッド、半リーガ入り容器1個、⅓リーガ容器4個

ラム　ボトルと樽で合計27ガロン〈1ガロン=約4・5リットル〉と2クォート〈1クォート=約1・14リットル〉

ブランデー　20ガロン[51]

当然ながら、こうした酒類は訪問客や士官室に集まる士官たちがともに飲むためのものだった。中には転売や取引目的で購入されたものもあっただろう。

しけのときのトゥエルフス・ナイト・ケーキ

海軍従軍牧師のヘンリー・テオンジは、1676年にアシスタンス号に乗船し、しけの間の士官室での食事風景を日誌に生き生きと書き残した。[52] 悪天候をやり過ごす士官室の面々が鮮やかに描かれているだけでなく、「王様のケーキ」、すなわち「ガレット・デ・ロワ」と呼ばれるお菓子についての初期の詳細な描写もある。

昨夜は一晩中、そして今日も丸一日大荒れの天気だった……私たちは船の上でおおいに盛

り上がった。とても大きなケーキを焼いたからだ。中に入っているインゲンマメに当たった人は王様、エンドウに当たった人は女王様、クローブなら悪漢、三股の枝は妻に不貞を働かれた寝取られ夫、布切れなら身持ちの悪い女の役になる。このケーキは艦長室で切り分けられ、1枚のナプキンに包まれて出てくる。そこからくじを引くように、各自が一切れずつ取るのだ。そしてそれぞれが自分の一切れを割って、中に何が入っているか確かめる。大尉が寝取られ夫だとわかるとどっと笑い声が起き、大しけのせいで船室内で誰かが誰かの上に倒れこんだりすると、さらに笑い声が上がった。[53]

悪天候のせいで船員が十分な食料を受け取れず、調理も限られる場合があった。次の記述はジェイコブ・ネーグルの初期の日誌からの抜粋で、彼が独立戦争中にアメリカの私掠船フェア・アメリカン号に乗っていたときの記録である。

強風は数日続いた……2、3袋の強力粉と1クォートの水を除いて、食料はまったく残っていなかった。それを使い果たしてしまうと、半パイントの小麦粉が配給されたが、水はどうしても必要だった。[54]

壊血病

壊血病はビタミンCの欠乏によって、身体の結合組織に不可欠なコラーゲンの生成が阻害されて起きる病気で、新鮮な食料を補給せずに長期間航海を続ける場合や、根拠地に長期間留まる場合には、常に深刻な問題だった。もちろん艦長は壊血病を防ぐために全力を尽くしたが、長期的な航海では壊血病は避けられなかった。1627年にはすでにジョン・スミスが「壊血病の対策としてレモンジュースを」持っていくよう提案したが、この意見は初期の海軍では一部にしか採用されなかった。この病気の実際の原因については論争が続いていた。酸敗した脂肪の摂取が壊血病の原因だという意見もあれば、塩漬けの魚を食べると壊血病になるという説もあった。[55] こうした誤解が生じた理由は理解できる。壊血病はビタミンCを含む新鮮な食べ物を食べないと発症するため、上陸せずに長期の航海を続けている間に食べる限られた保存食料が原因だと思われたのは無理もなかった。

スコットランド生まれの海軍軍医ジェームズ・リンドは1747年に壊血病に関する研究を行い、海軍を退役後、1753年に「壊血病に関する論文」を発表した。彼は新鮮な果物の摂取(1日にオレンジ2個とレモン1個)が、壊血病にかかった船員の治療に最も効果的だということを発見した。残念ながら、リンドの発見はあまり注目を集めなかった。[56]

クック船長は、イギリス海軍内で壊血病を減らす努力を推進した功績を認められている。

1768～1771年にかけて行われたクックの最初の南太平洋への航海は大成功だった。クックはイングランドからジャワまでの航海で、ひとりの船員も壊血病で失わずにすんだ。その理由のひとつに、船員に柑橘類を食べさせたことが挙げられる。クックは上陸の機会があるたびに食べられる植物を採集させ、これらの食べ物をエンデバー号に乗る船員にも士官にも平等に配給した。クックが乗組員を説得して酢漬けのキャベツ、つまりザワークラウトを食べさせたのはよく知られている。この食べ物はイギリスでは馴染みがなかったが、ヨーロッパ中部、北部、そして東部では、当時も今も主要な食べ物のひとつである。[57]最初、クックの船の船員はなかなかザワークラウトを食べようとしなかった。そこでクックは一計を案じた。ザワークラウトを士官室にいる士官だけに出したのである。ただし船員の食事仲間も、希望した者に限ってザワークラウトが与えられるようにした。1週間もたたないうちに、船員は自分たちもザワークラウトが食べたいと思い、その後はエンデバー号の乗組員全員が定期的にザワークラウトを配給されるようになった。[58]

しかし、壊血病はイギリス海軍から一夜にして姿を消したわけではなかった。ジェイコブ・ネーグルは、1789年にオーストラリアに向けて航海中の軍艦シリウス号で広がった壊血病について、克明な記録を残した。

この航海中、ホーン岬を回ろうとする頃になって船員仲間が壊血病に罹患した……喜望峰やテーブルベイが視界に入って来る頃には……数名が死亡した（1789年1月2日）。

医者が上陸して町へ行き、フルーツをたっぷり持ち帰って、具合の悪い者にも元気な者にも食べさせた。かろうじて仕事ができている船員でさえ、リンゴや洋ナシ、モモをかじれば、壊血病のせいで歯ぐきから血が出るのだ。

シリウス号がテーブルベイに入港し、羊肉、野菜、ワインを購入した後、船員は壊血病から回復し始めた。「乗組員は日に日に回復し、全員が気分も体調もよくなった。航海中に亡くなった者の代わりに、われわれは乗組員を雇った」[59]

1794年に軍医のギルバート・ブレーンの提言により、ある実験が行われた。インドへ向かう23週間の無寄港の航海で、サフォーク号の乗組員に配給されるグロッグに3分の2オンスのレモンジュースと2オンスの砂糖を加えたのである。この試みは壊血病の治療に効果を発揮した（そしてイギリス海軍のグロッグを新たな段階に進歩させた）。その結果、少なくとも近海ではレモンが配給されるようになり、イギリス海軍における壊血病の発生を大幅に減らした。しかしレモンの節約や入手困難が原因で、1790年代と18世紀初期の数年間は、すでに壊血病を発症した船員だけにレモンジュースが配給され、壊血病はイギリス海軍の船乗りを悩ませ続けた。費用と入手しやすさの点で、ときにはライムが代用品として使われた。全乗組員に配給されるグロッグにライムかレモンジュースを壊血病の予防措置として加える習慣は、1810年以降に一般化したようである。抗壊血病効果のある果汁を船員のグロッグに加えたことは、おそらく全員が間違いなくライムジュースを飲むのに役立ったはずだ。[60] 他国の水兵は、イギリス海軍船を「ライムジュース船」、その乗組員を「ライムジューサー」、あるいは短く「ライミー」と揶揄するようになった。このあだ名はやがてイギリス人全般を指すようになった。

他のヨーロッパ海軍の食べ物

フランス海軍の食べ物は、イギリス海軍のそれとほぼ同じだったが、いくつかの興味深い相違点があった。塩漬けの魚としてニシンとイワシが配給された。ブルターニュ地方の海軍の軍港ブレスト付近で操業している漁船にはしばしばイワシの水揚げがあるので、これは驚くに当たらないだろう。フランス海軍の船員に配給される食料は、1689年、1747年、1765年、1786年の「フランス航海条例」に示されたとおり、1日に約680グラムのビスケットと、ベーコン、塩漬け牛肉、魚、またはチーズの昼食、そして乾燥エンドウか豆類を油と酢で調理した夕食だった。フランスらしい興味深い特徴として、毎月カラシナの種子が配給され、船員はそれを使って自分の食べ物に風味づけした。柔らかいパン、米とプルーン（ブレスト周辺の田舎ではプルーンがペストリーに混ぜる材料として人気があった）は、主として病人のために取っておかれた。酒の配給はたいてい赤ワインだった。革命前のフランス人士官は、しゃれたテーブルセッティングをすることで有名だった。ナポレオンが率いる海軍では、士官の食事は質素になった。フランスの支配下にある大西洋岸の港がイギリスに封鎖されると、フランス軍の船乗りは食料不足に陥り、捕虜になったフランス人船員が壊血病にかかっていることも多かった。[61]

オランダ海軍は食料の配給についてはイギリス海軍と非常によく似ていたようだが、酢漬けニシン、酢漬けキャベツ、そしてタマネギが配給された記録が残っている。オランダ人水兵の配給食料の記録には蕎麦（挽き割り）が登場する。毎週約454グラムのチーズ、そしてビールがたっぷり配給された。魚にはバター、マスタード、スパイスで作ったディップが添えられることもあった。配給の魚をこのような方法で食べる習慣は、ジョン・スミスが1627年にイングランド船上での標準的な食べ物として紹介した「油とマスタードを添えた塩漬けの魚」と興味深い共通点がある。[62]

アメリカ海軍

アメリカ海軍では、1790年代に配給されるグロッグはたいていラム酒ではなくコーン・ウイスキー〔トウモロコシを原料に造られたウイスキー〕だったが、これは時と場合によって変わった。いくつかのアメリカ船では、食事仲間は食事用テーブルではなく、キャンバス地の敷物の上で食事をしたようだ。また、金属製の皿やカップを使う決まりになっていた。アメリカ船の食事は一般的に午前8時、正午、そして午後4時に出された。[63]

1798年のアメリカ海軍では、乗組員の1週間分の配給食料は次のように決められていた。

牛肉　約1・3キロ
豚肉　約1・3キロ
ジャガイモ　約907グラム
塩漬けの魚　約454グラム
パン　約3・2キロ
チーズ　約340グラム
バター　約113グラム
エンドウ、または豆類　約0・83リットル〔米乾量パイント＝0・55リットルとして換算〕
米　約0・55リットル
蒸留酒　約1・6リットル[64]〔米液量パイント＝0・47リットルとして換算〕

1801年、1805年、1806年の修正を経て、1812年のアメリカ海軍では乗組員の1週間分の配給食料は次のように決められた。

牛肉　約1・6キロ
豚肉　約1・3キロ
小麦粉　約454グラム

脂肪　約２２７グラム
パン　約２・７キロ
チーズ　約１７０グラム
バター　約57グラム
エンドウ　約０・55リットル
米　約０・55リットル
糖蜜　約０・24リットル
酢　約０・24リットル
蒸留酒　約１・６リットル[65]

１８１２年に始まった米英戦争が終結すると、アメリカの配給食料は次の一覧のようにふたたび改定された。各食料に付記された価格は、船員がその食料を受け取らなかった場合、その分として給料に上乗せされた金額だと思われる。

脂肪　約２２７グラム　６セント半
チーズ　約１７０グラム　６セント半
牛肉　約１・６キロ　29セント
豚肉　約１・６キロ　29セント

小麦粉　約454グラム　4セント
パン　約2・7キロ　30セント半
バター　約170グラム　3セント
砂糖　約198グラム　7セント
紅茶　約113グラム　12セント
エンドウ　約0・55リットル　34セント
糖蜜　約0・24リットル　3セント
酢　約0・24リットル　2セント
蒸留酒　約1・6リットル　35セント[66]

アメリカ海軍の配給食料は必ずしも良質というわけではなかった。南北戦争前にアメリカ海軍に勤務していたジャーナリストのチャールズ・ノードホフは次のように回想している。

虫が湧いたパンと、臭いを嗅いだだけで吐き気を催しそうな水に関する話は、単なるでっち上げだと私は思っていた。しかし……どちらも本当だった。タンクから樽に汲み出した飲料水はひどい悪臭がして、1～2時間ほど空気にさらしておかなければ、近づくことさえできないありさまだった。……私は防水帆布(メスクロス)の上をビスケットが文字どおり這っていくのをこの目で見た。[67]

「メスクロス」について言及されているのは興味深い。これはおそらく塗料かタールを塗布した布で、イギリス海軍のように吊りテーブルで食事をする代わりに、アメリカ海軍ではメスクロスを甲板に広げて食事をした。

結び

本章を締めくくるのは、ヴァーノン提督と彼のグログランのコート、そしてグロッグに捧げられた頌歌（しょうか）である。軍医のジョン・トロッターは1781年にヴァーノンの旗艦バーフォード号に乗船したとき、このグロッグへの賛歌を書いた。

彼は甲板に大杯を持ち出し、
縁まで酒を注いだ。
バーフォード号の雄々しき船乗りたちはこれを飲み、
神々も飲みたまう。
ヴァーノンがまとう神聖なる上着は
同じ酒に浸った。

それゆえ彼の美徳はわれらが海岸を守り、
かくしてグロッグの名は生まれり。[68]

第4章 19世紀の商船

国家による海軍がうぶ声を上げた頃、商船はゆっくりと伝統を守りながら進化を続けていた。18世紀を通じて、商船の食べ物はジョン・スミスが１６２７年に紹介した食べ物とあまり変わらなかった。南北アメリカ大陸からヨーロッパに持ち込まれたジャガイモは、船上よりも陸上の食生活に与えた影響の方が大きかった。ジャガイモは船上では長持ちしなかったからである。

われわれの海の物語を19世紀まで進めるためには、この時期に生じた人員の変化について述べることが役立つだろう。船上での食料保存の歴史に重要な役割を果たしていた人物が、19世紀になるとほぼ全面的に姿を消した。１６２７年から18世紀まで、ほとんどの船は専任の樽職人を雇っていた。樽職人は飲食物が保存されている大小の樽を修理し、手入れした。樽を点検修理するだけでなく、必要に応じて分解し、作り直す仕事もした。樽職人は習慣的に「樽の栓（バング）」というあだ名で呼ばれた。[1] 木製の樽は食品貯蔵の目的で広範囲に使われ続けたが、19世紀初期までに、大半の商船は樽職人を雇わなくなった。19世紀の商船では、樽に関して必要な仕事は何であれ、料理人、司厨長、そして必要とあれば船大工の責任になった。大きな例外は捕鯨船だった。捕鯨船は帰路の航海で鯨油を貯蔵しておくために、樽を点検修理させる目的で樽職人を雇った。１８６０

年頃から、イギリスの捕鯨船はクジラの脂肪を鉄のタンクに貯蔵した。しかしアメリカの捕鯨船は、20世紀初期まで木製の樽と船上樽職人を使い続けた。

料理人と厨房

19世紀の商船では、厨房は船体中央の甲板室に置かれた。したがって厨房の火は甲板の上にあった。ほとんどの商船の厨房は、現代のウォークインクローゼット程度の大きさで、その空間の半分をかまどが占めていた。厨房は料理人、縫帆員、甲板長など、当直につかないデイマンと呼ばれる職種の人々の居場所にもなった。彼らは4時間交代の当直につく航海士や船員とは違う時間割で働いていた。料理人や他のデイマンの寝台はたいてい厨房やかまどから防災隔壁によって仕切られた場所に、船首と船尾を結ぶ線と平行に並べられた。薪を燃料とする鉄製のかまどは船体に対して横向きに（船体の中心線と直角に交わる位置に）設置され、調理にもパン焼きにも使われた。「チャーリー・ノーブル」と呼ばれた厨房の煙突は煙を上に逃がし、可燃性の帆やロープに火の粉が飛ぶのを防いだ。チャーリー・ノーブルは煙突の上に金属板でできた球体か円筒を載せた作りになっていて、この部分にある縦の隙間から煙が排出された。この球体または円筒はたいていてい自由に回転するように作られ、かまどの火がついているときや、甲板にそよ風が吹き寄せているときは、カラカラと陽気に回転した。すぐに使う薪は厨房に置かれたが、それ以外は乾燥

イギリス船籍のバルクルーサ号を描いたチャールズ・S・モレルによる絵画の写真。ヒストリック・アメリカン・ビルディングス・サーベイ／ヒストリック・アメリカン・エンジニアリング・レコード／ヒストリック・アメリカン・ランドスケープ・サーベイによるコレクション。複製番号HARE CAL,38-SANFRA,200-142。アメリカ連邦議会図書館デジタル・コレクション提供。http://www.loc.gov/pictures/resorce/hhh.ca1493.photos.033556p/

した保管場所、たとえば船首楼や錨鎖庫の隅に貯蔵されていた。数世紀にわたって使われ続けたレンガの炉に代わって、鋳鉄製のかまどが登場したのは19世紀前半だった。[2]調理器具には鍋、平鍋、やかん、煮沸釜（ボイラー）があり、これらはかまどの購入価格に含まれていた。この他にフライパン、パイ皿、プディング袋（スズ製でもこう呼ばれていた）、ソースパン、ひしゃく、おろし金、紅茶やコーヒー用のポット、コショウ挽き、缶、ナイフ、肉切り包丁、「拷問人」の異名を取る長い肉用フォーク（肉を煮沸釜から引き上げるために使用）、お玉、穴あき杓子に加えて、おそらくコーヒーミルもあった。[3]

料理人になるのは年老いた船員が多かった。帆をたたむために横静索（シュラウド）をよじ登るには年を取り過ぎているが、航海に出て甲板で働く体力はまだ十分に残っている者が料理人になった。この場合、料理人は厨房で働くだけでなく、船員としても役に立てた。料理人は船長の友人か、過去の航海で船長と一緒に働いた経験がある者が多かった。料理人が死亡するか、外国の港で船を降りた場合、船長は現地で代わりを雇わなければならなかった。現在でも英語で「サン・オブ・シーコック（船内料理人の息子）」と言えば、軽蔑や不満を表す言葉になる。船の料理人はかつて、年寄りで疲れ果てた人とみなされていたからだ。

アメリカ人の料理人や乗組員は、ときおりオランダ語やドイツ語の航海用語を使った。たとえばチャールズ・W・モーガン号（1841年就航の現存する唯一の木造捕鯨船）の船長は、この船のかまどを「カンブース（camboose）」と記録している。[4]この言葉は現代のオランダ語では「kombuis」と綴られ、オランダ語、ドイツ語、さらに言えばポーランド語などで、船の厨房を表すために昔から使われてきた言葉である。同様に、1877年にイギリスの軍艦アクバル号上で「フォアシート船尾方向に引け！」と号令がかかったら、船員は「フォアスクート船尾方向に引きます！」と復唱し、料理人は厨房から飛び出して、風上舷から風下舷に変わる側のフォアシートを引いた。[5]「フォアスクート」とは、フォアシートを表すオランダ語とドイツ語の名称のひとつだ。オランダ語やドイツ語のアメリカ英語に対する影響は、陸上の話し言葉に限らず、航海用語にも広がっていたようだ。

船上の炉や厨房を意味する「ガレー」という言葉の語源は判然としない。「ギャラリー」のなまった形だという説もあれば、船体が長くて低い櫂走船を意味するガレー船の名称が、どういうわけか転用されたとも考えられている。どちらにしても、ガレーという言葉は船の厨房を指す用語として1750年頃に英語に定着し、同時にアメリカではドイツ語やオランダ語の「カンブース」も使われるようになった。

日誌や歌に登場する料理人

料理人はしばしば、歌の中でさえ「ドクター」と呼ばれた。1877年にアクバル号の乗組員が料理人を歌った詩の一節を紹介しよう。

　酔っ払いドクターをどうしてくれよう？
　しらふになるまで石炭庫にぶち込もう。[6]

料理人は船の上でめったに名前で呼ばれなかった。船の料理人を指す昔ながらの呼び名で、「ドクター」と呼ばれるのが普通だった。この呼び名は、乏しい材料をおいしい料理に仕立て上げる腕前に由来するのかもしれないし、壊血病の治療薬としてライムジュースを処方するからかも知

ゴードン・グランド著、『船が見える——ウィンドジャマー・スケッチ、船首から船尾まで』より、「料理人との言い争い」（ニューヨーク、ウィリアム・ファークワー、1930年）、39。短気な料理人は苦情を言う乗組員に向かって、不満なら士官室に言えと言い返す。

れない。どちらにしてもこの名前は定着し、19世紀の商船で料理人は乗組員から「ドクター」と呼ばれた。これは船上のしきたりの一部で、航海士を「ミスター」、船大工を「チップス」と呼ぶのもそのひとつだ。[7]

船の料理人は面白い人物が多く、多様性のある乗組員以上に民族的、人種的な多様性を象徴していた。1854年にクリッパー船シーサーペント号に乗って世界中を航海したヒュー・マックロック・グレゴリーは、彼の船の料理人は中国人だと日誌に書いている。[8] フレデリック・ピース・ハーローが1877年にアクバル号に乗ってニューヨークからオーストラリアとジャワまで航海したときは、ふたりの料理人がいた。最初のひとりはブレイナードという名前で、船長の友人であり、過去に豊富な航海経験があった。[9] この料理人はオーストラリアで別の料理人と交代した。この新しい料理人は、ハーローの言葉を借りれば、ニューオーリンズの出身で、「スペードのエースのように真っ黒」だった。ニューオーリンズ出身の料理人は45歳くらいで、非常に迷信深く、そして社交的な人物だった。この料理人はハーローに、それまでに経験したさまざまな不運なできごとや旅について語った。彼の母親は元奴隷で、父親は南部の農園主だった。[10] その他にもリチャード・ヘンリー・デイナやハーマン・メルヴィルなどの日記作家や小説家が、アフリカ人、アフリカ系アメリカ人、そして中国人の料理人について書いている。[11]

料理人の多くは経験豊富な船乗りだったので、彼らも綱の操作に加わった。「フォアシート船尾方向に引け！」と号令がかかると、ブレイナードは厨房から勢いよく飛び出し、厨房を通り越して伸びているロープを「どんどん高まるかけ声」とともにたぐった。ハーローによれば、フォアシートは料理人が操作できる唯一のロープで、料理人はフォースル〔フォアマストの最下段の帆〕を張るとき、あるいは船が風上に向かって方向転換（タッキング）しながら進んでいくために帆桁を操作するとき、フォアシートに責任を持つことになっていた。[12] これを裏づける記録は他にもある。乗組員から「チョウ」と呼ばれていた中国人の料理人は、船が方向転換するときにフォアシートで自分の義務を果たしながら、しばしばずぶ濡れになったという。[13]

船乗りの歌にも料理人を歌ったものがある。錨を巻き上げながら水夫が歌うキャプスタン・シャンティというはやし歌の中に、アイルランド人の船乗りが歌う「パディ・レディ・バック」というよく知られた歌がある。船によっては錨を巻き上げるために前甲板の巻き上げ機を使うが、船が錨の真上に来るまで鎖を巻き上げるには長い時間がかかった。そのため、はやし歌はしばしば、かなり長いものになる。「パディ・レディ・バック」はとりわけ長いはやし歌で、主人公が次から次へと不運や災難に見舞われる多難な航海を微に入り細にわたって歌っている。この歌はイギリスの商船の船員で、作家であり、船乗りの歌の演奏家でもあったスタン・ヒューギル（1906～1992年）が収集した。

スタン・ヒューギルが集めた歌のひとつに、料理人の辛辣な描写と、料理人に対する乗組員の無遠慮な態度をあからさまに示したものがある。

厨房の料理人はならず者、
水っぽいハヤシ料理はお手のもの。
船員そろって船尾に詰めかけ料理人に文句言い、
そいつの背中にトップマスト（スタンスル・ブーム）を叩きつけてへし折った。[14]

1986年にフランスのドゥアルヌネの港町ブレト港で開催されたフェスティバルで、スタン・ヒューギルは演奏の合間に赤ワインを飲みながら、このような歌のもっと残酷なバージョンを筆者に教えてくれた。

災難続きの物語を歌うドイツのはやし歌や船乗りの民謡には、料理人を徹底的にこき下ろしたものがある。次の例は、ドイツ語の原歌をレーニエ・M・フォン・バルゼヴィッシュが翻訳したもので、まるごと一節が料理人への悪口雑言である。

料理人はろくでなし、
マトン・チョップをサメ肉で作り、ストックホルム・タール〈アカマツやクロマツから抽出するタール〉で味をつけ、
アイリッシュ・シチューは風上にいても10マイル先からぷんぷん臭い、
ネズミやカモメのフンでプディング作る。
みんなで声上げ、万歳！
みんなで声上げ、万歳！
そんな「ごたまぜ」は当たり前。[15]

これを見ると、19世紀の帆船の「ドクター」、すなわち船上料理人がどのように見られていたかがよくわかる。極度に狭苦しい区画で、毎回食事の数時間前に薪のかまどに火を起こし、とうてい理想的とは言えない状態で数週間、ときには数カ月間も保存されていた材料を使って、何とか食べられる料理を作るのが彼の仕事だった。

ゴードン・グランド著、『船が見える——ウィンドジャマー・スケッチ、船首から船尾まで』より、「司厨長の災難」（ニューヨーク、ウィリアム・ファークワー、1930年）、41。「船長のディナーが台無しだ!」

司厨長と給仕

商船の乗組員は自分の食事を各自で厨房まで取りに行くか、軍艦で食事仲間が誰かひとりを厨房に行かせたように、当直員のひとりが仲間を代表して食事を取りに行った。士官は司厨長に食事をキャビンまで運ばせた。司厨長はデイマンのひとりで、「キャビン」（士官が食事をする部屋）と、乗客を乗せている場合はすべての乗客に食事を運ぶ仕事をした。司厨長はテーブルを整え、士官の食事を厨房から士官の食事室に運んだ。この部屋はキャビンやサロンと呼ばれ、海軍のように「士官室」と呼ばれることはめったになかった。キャビンには備え付けのテーブルが設置されていた。食事の間、司厨長はエプロンをつけ、腕にタオルをかけてテーブルの脇に控えて、陸上にあるレストランのウェイターのような役割をした。すべての船に司厨長がいたわけではなかった。フレデリック・ピース・ハーローが言うように、船員の中で物腰の柔らかい者がその仕事をさせられたのかもしれない。ハーローはアクバル号に乗船していたとき、けがをして働けなくなった司厨長の代わりを務めた。ハーローによれば、彼の役目は皿を洗い、キャビンのほこりを払って掃除をし、食事の間、上官に給仕するために白いエプロンをつけて立っていることだった。「一晩中船内にいるのは気楽だったが、甲板での当直に戻りたくて仕方がなかったとハーローは書いている。[16]

司厨長は食べ物にまつわるさまざまな仕事をこなした。新鮮な肉を手に入れるために家畜を屠殺し、陸上で食料を調達した。司厨長もまた、船乗りの歌の中でこのように歌われた。

酔っ払い司厨長をどうしてくれよう?
しらふになるまで厨房にぶち込もう。[17]

司厨長も料理人と同じくらい人種や民族はさまざまだった。1859年にクリッパー船イントレピッド号は中国人司厨長を乗せて航海した。この司厨長は船長と幼馴染だった。[18]

士官が陶器の皿で食べること以外にも、船首方向にいる乗組員と船尾方向にいる士官の間には、配られる食べ物に違いがあった。ハーローによれば、1877年のアクバル号ではキャビンと乗組員のメイン料理は同じだったが、「付け合わせ」に差があった。キャビンで出るのはシッ

バルクルーサ号の甲板室にある厨房。陶器の皿を収納する食器棚のT字型の隙間に注目。同様の棚は食料貯蔵室にも見られる。ヒストリック・アメリカン・ビルディングス・サーベイ／ヒストリック・アメリカン・エンジニアリング・レコード／ヒストリック・アメリカン・ランドスケープ・サーベイによるコレクション。複製番号HARE CAL,38-SANFRA,200-35。アメリカ連邦議会図書館デジタル・コレクション提供。http://www.loc.gov/pictures/item/ca1493.photos.033499 p/

蒸気スクーナー船ワパマ号の司厨長の倉庫と食料貯蔵室。前頁の図とデザインは違うが、この食器棚にも海上で皿が落ちて割れるのを防ぐ工夫がされている。ヒストリック・アメリカン・ビルディングス・サーベイ/ヒストリック・アメリカン・エンジニアリング・レコード/ヒストリック・アメリカン・ランドスケープ・サーベイによるコレクション。複製番号 HARE CAL,21-SASU,1-16。アメリカ連邦議会図書館デジタル・コレクション提供。http://www.loc.gov/pictures/item/ca1521.photos.013124 p/

プス・ビスケットではなく白パン(ビスケットをハードタックと呼ぶのに対し、ソフトタックと呼ばれた)で、コーヒーには糖蜜ではなく砂糖が添えられた。メイン料理はたいてい乗組員と同じだったが、ハーローによれば、いい部分の肉が載った皿は船尾のキャビンに運ばれたという。[19]

食料貯蔵室

19世紀までに、遠洋航海の大型船は調理をする厨房だけでなく、厨房の

スクーナー船セイヤー号の厨房に備え付けられた特製の食器棚。材木輸送船や漁船として活躍したセイヤー号の食器棚は、キャビンで配膳される皿をしまう独特の工夫があった。ヒストリック・アメリカン・ビルディングス・サーベイ／ヒストリック・アメリカン・エンジニアリング・レコード／ヒストリック・アメリカン・ランドスケープ・サーベイによるコレクション。請求番号 HARE CAL,38-SANFRA,199-19。アメリカ連邦議会図書館デジタル・コレクション提供。http://www.loc.gov/pictures/item/ca1506.photos.041956 p/

近くに食料貯蔵室も備えていた。キャビンに届けられる食べ物の多くは、船尾に向かう途中で食料貯蔵室を通った。食料貯蔵室は司厨長の領域だった。キャビンで出される食事は陶器の皿に盛りつけられる。皿がしまわれている特製の棚は、船が前後左右、あるいは縦横どの方向に揺れようと、皿を固定しておける作りになっていた。食器棚のデザインは船によって異なった。共通しているのは、棚の幅や奥行きが皿に合わせてちょうどよく

備え付けの食器棚と鏡のあるバルクルーサ号のサロン。士官と船客はここで陶器の皿を使って食事をした。ヒストリック・アメリカン・ビルディングス・サーベイ／ヒストリック・アメリカン・エンジニアリング・レコード／ヒストリック・アメリカン・ランドスケープ・サーベイによるコレクション。複製番号 HARE CAL,38-SANFRA,200-67。アメリカ連邦議会図書館デジタル・コレクション提供。http://www.loc.gov/pictures/item/ca1493.photos.0338481 p/

作られている点である。そのおかげで皿はぴったり収まって、船が揺れても棚の中でぶつかり合う心配がなかった。食器棚の前部を完全に覆う板が取りつけられ、板にT字型の隙間が空けてある場合もあった（157頁）。皿を積み上げる高さはT字の横線より数センチ下までと決められ、皿を取り出すにはT字の縦の部分で皿をつまんで横線まで持ち上げ、そこから引き出す。もうひとつのデザインは、棚の両側面に天板から数センチ下まで板が取り付けられている（159

頁)。どのようなデザインにするとしても、大切なのは皿から天板までの空間を十分広く取って、水平に開いた隙間から皿が簡単に飛び出さないようにすることだった。皿自体は陸上で使われる標準的な種類だった。航海用に特別にデザインされたのは食器棚の方だ。

陶器の皿を収納する食器棚のデザインは千差万別だった。ここに掲載した3点の食料貯蔵室の写真(157〜159頁)は、1880〜1910年の間の3隻の異なる船で撮影されたものだ。それぞれの写真に写っている食器棚はデザインこそ違うが、使うときに皿を取り出すことはできても、しけの海で皿が棚から飛び出すのを防ぐという同じ意図に基づいて作られている。

キャビンでの食事はテーブルに並べられた。テーブルは床にボルトでしっかり固定されていた。キャビンのテーブルにはたいてい取り外し可能な枠が設置されていた。「止め枠」と呼ばれるこの板は、皿が遠くまで滑っていかないように、テーブル面を横切るように取りつけられていた。ときにはテーブルの縁にも枠が蝶番で取りつけられた。この工夫は現在でも船上のテーブルに受け継がれている。

食事場所

帆走商船の乗組員は、同規模の海軍船の乗組員と比べてはるかに少人数だった。帆走軍艦の砲列甲板の代わりに、商船には大きな貨物室があった。商船の乗組員は船首楼(フォクスル)で生活した。船首楼は伝統的に船首の前甲板下に造られた。ハーローなどはこの区画を「トガン・フォクスル」と呼んでいる。船首楼の真上の甲板が上部甲板より一段高くなっていない場合（居住区としての船首楼が船倉にある）、船首楼は船を横切る（右舷から左舷まで）隔壁によって貨物室と分離された。それ以外の場合は、乗組員は上部甲板の上に設けられた甲板室で生活した。船長、航海士、運賃を払って乗船している客は後甲板、または船尾楼甲板と呼ばれる甲板の下に居住区があった。この居住区は居心地よく整えられ、多くの場合個室があった。料理人、船大工、縫帆員はたいてい同じ甲板室で生活したが、例外もあった。

食事の支度とスケジュール

商船の乗組員は通常2班の当直に分けられ、それぞれ第1当直、第2当直（各班を1等航海士と2等航海士が監督するため）と呼ばれた。イギリス船では右舷（スターボード）当直、左舷（ポート）当直という呼び方もあった。アメリカ船では昔の言葉を使って、左舷当直を「ラーボード当直」という場合もあった。この2班の当直は、ジョン・スミスが１６２７年に「スクアドロン（組）」という言葉で表現した集団とほぼ同じように、4時間ごとに当直（つまり勤務）に立った。この4時間の勤務時間のことも「当直」と呼ばれる。帆船時代の最も一般的な当直制度は、乗組員が「当番と非番」を次のようなスケジュールでこなした。

正午〜午後4時　アフタヌーンワッチ
午後4時〜6時　第1ドッグワッチ
午後6時〜8時　第2ドッグワッチ
午後8時〜午前0時　ナイトワッチ
午前0時〜4時　ミドル（またはミッド）ワッチ
午前4時〜8時　モーニングワッチ
午前8時〜正午　フォーヌーンワッチ

ドッグワッチと呼ばれる2時間ずつの短い当直（勤務時間）があるのは、2班の当直（船員のグループ）が当直に立つ時間帯を日によってずらすためだ。これは船員同士の協調性を保つために重要な措置である。ほとんどの船員にとって、真夜中に起きて午前4時まで勤務し、それからまた睡眠を取るよりも、午後8時から真夜中までの当直の方が楽だった。

料理人は当直が交代する前に食事が出せるように準備する。そうすればひとつの班は当直に立つ前に食事ができ、もう一班は当直を交代してから食事ができる。多くの船で、朝食は休憩中の当直に午前7時頃に出され、彼らが勤務中の当直と8時に交代すると、勤務を終えた当直はそれから朝食をとった。料理人は朝食の後片付けをしてから、昼の食事の支度を始めた。昼の食事は一日のうちで最も主要な食事で、休憩中の当直に午前11時に提供され、勤務中の当直には交代してから正午に提供された。

一日のうち3回目の食事は一般的にアフタヌーンワッチの間に調理され、午後4時頃、2つの班に交代で提供された。このスケジュールでは食事と食事の間が短く、3回目の食事を夕方早々に食べ終わってしまうため、船員は朝食前にはすっかり空腹だった。もっと遅い時間に夕食を出す船も多かった。フレデリック・ピース・ハーローが1877年にアクバル号で航海したときの記録をよく読むと、夕食はドッグワッチを交代する午後6時前後に出されたと書かれている。これは船員にとってはありがたかったが、料理人の一日は長くなった。

他の国の船はイギリスの当直スケジュールに修正を加えた時間割を使っていた。フランス船はモーニングワッチとフォーヌーンワッチを短縮し、午前4時半、7時半、そして9時に交代した。ドイツやスカンジナビアの船は5交代制の当直を採用していた。この場合は正午〜午後6時半、6時半〜午前0時、午前0時〜4時、4時〜8時、8時〜正午の時間帯を交代で受け持つ。ある船員は、この当直時間は「コンチネンタル（ヨーロッパ大陸）の食事時間」を守りやすくするためだと考えていた。[20]

食事道具

19世紀の大半を通じて、商船の船員はスズの皿や平鍋、スズのカップを使って食事をした。スズのカップは紅茶やコーヒー用のカップとしても、スープやお粥の器としても使われた。通常、船員は船首楼で各自の収納箱に腰かけて食事をした。寝台は一般的に上下2段に並んでいた。普通の収納箱（各船員の私物入れ）は長さがおよそ90センチあったので、寝台の横に置けばふたりの船員が並んで座れた。19世紀末になると、船首楼に備え付けのテーブルを持つ船も登場した。しかし一般的な船の場合は、船首楼にテーブルのない状態が20世紀になっても続いた。

商船の船員はしばしば食事道具としてナイフを使ったので、これらのナイフについて書いておこう。[21] 19世紀の船員が使ったさや付きナイフは、食事道具としても適していた。このナイフは幅が広く、背と刃のラインが平行なものが多かった。まっすぐな刃は研ぎ澄まされ、背の部分には刃をつけず、切れないようになっていた。そのため、ナイフの背をマーリンスパイク〔先の尖った細い金属製の道具〕で叩いてロープを切るような使い方ができた。通常、ナイフの先端は鈍く、直線か、丸みを帯びているか、尖った部分の幅が広かった。いずれの場合も船員のさや付きナイフの背は鈍く、刃がついていなかったので、ステーキナイフや皮剥ぎナイフ、短剣よりも、食事道具として適していた。

19世紀の商船の船員は、仕事中はさやに収めたナイフを身につけていた。このさやは刀身だけでなく、柄の部分のほとんどを覆う大きさがあった。船員用ナイフの中には帆柱やロープに登ったときの用心として、手首や腰のベルトに通しておける紐がついているものがあった。この紐は高いところからナイフが甲板に落ちるのを防ぐためで、安全のための重要な配慮だった。さやに収めたナイフは船員のベルトに留められ、「左舷側の尻」の上、あるいは背中の真ん中あたりに収まっていた。この位置なら使わないときに邪魔にならず、ロープや帆柱に引っかかる心配がなかった。[22]

さやに収めたナイフは商船の船員の道具だった。19世紀の海軍ではたいていこの種のナイフを身につけるのを禁止し、首にかける紐のついた折り畳み式ナイフを支給した。海軍の折り畳み式ナイフの刃は、多くの場合、商船の船員が持つさや付きナイフの小型版といった形をしていた。しかし、折り畳み式ナイフはサイズが小さく、蝶番の部分に食べ物が挟まりやすいという点で、食事道具としては使いにくかった。

商船の船員は、ときにはにぎやかな音を立てるために、食事の道具を打楽器のように使った。アクバル号が赤道を越えるとき、乗組員はスズの食器やスプーン、ナイフを使って騒々しい音を立て、お祭り騒ぎを始めた。[23]

本日のメニューは?

1854年にニューヨークからサンフランシスコまで航海するクリッパー船シーサーペント号に乗船していたヒュー・マックロック・グレゴリーは、船の献立表を次のように記録している。

1854年3月30日、木曜日

今日は聖ニコラス風の献立表を記録した〔聖ニコラスは船乗りの守護聖人〕。
日曜日、スカウス　ダフ　パンと牛肉
月曜日、マッシュ　スパッド　同上
火曜日、スカウス　豆　同上
水曜日、スカウス　米　同上
木曜日、マッシュ　ダフ　同上
金曜日、スカウス　豆　同上
土曜日、スカウス　ケープコッド・ターキー　同上[24]

あれをスカウスと呼ぶのは豚の餌に失礼だ。マッシュ〔トウモロコシ粉の粥〕は火が通っておらず、豆はまずく、ケープコッド・ターキー、つまり簡単に言えばコッドフィッシュ（タラ）は、これまで食べたことがないほどひどい。朝と夜にはコーヒーか紅茶が出るが、まるで泥を混ぜたような飲み物で、文明人にはとても飲めたしろものではない。しかしながら私はいつでも腹を空かせていたので、出された食べ物はなんのためらいもなく平らげた。[25]

これらの料理のいくつかは前章で紹介した。ダフ、スパッド、そして「ケープコッド・ターキー」についてては、これから本章で解説したい。ハーローも、特定の曜日に出される特定の献立について述べている。19世紀の商船ではそれが一般的な習慣だったようだ。もちろん船によって、あるいは航海によって、実際の献立は異なっていた。

航海に出て間もない頃は、乗組員の食事に新鮮な材料が多く使われただろう。ハーローがアクバル号で食べた最初の食事は羊肉のシチュー、ジャガイモ、ゆでた塩漬け豚、柔らかいパン（白パン）、ジンジャーブレッド〔ショウガ風味のケーキまたはクッキー〕、糖蜜入りコーヒーだった。帆を張り、出港した日の終わりに、ハーローは「熊のように腹ぺこで、がつがつと食べた」と書いている。[26]

塩水で保存された肉

19世紀になっても、長期航海に出た帆走商船の基本的な食料は、1627年にジョン・スミスが語った食事や前章で紹介した食べ物とあまり変わらなかった。塩と硝酸カリウムを混ぜた塩水で保存された塩漬け牛肉は主要な食料だった。ハーローによれば、アクバル号の塩漬け牛肉は300ポンド〔約136キロ〕入りの樽に入れられていた。「硝酸カリウムをたっぷり混ぜた塩水に漬けられ……樽から取り出すと、まるでフランネルのシャツのように真っ赤だった」[27]

樽から出したばかりの塩漬け牛肉は硝酸カリウムの作用で鮮やかに赤かっただけでなく、硬かったとこの時代の船員が書いている。おそらく硝酸カリウムに長く漬ければ漬けるほど硬くなったに違いない。ハーローは、キャビンに持っていくために司厨長が取り分けるのは脂肪の多い部分で、脂肪の少ない部分は乗組員に押し付けられたと述べている。時代が変われば好みも変わるものだ！　塩漬け牛肉は少しでも塩抜きするために、1〜2日ほど「ハーネスキャスク」で真水に浸された。しかしそれだけ長く浸しても、肉は硬いままだった。それでも塩漬け牛肉は海の上で非常に長持ちしたため、缶詰の牛肉が登場するまで船上の主要な食べ物として使われ続けた。ハーネスキャスクは磨かれた真鍮のたがをはめた木製の樽で、楕円形か丸い形で、底よりも上部がすぼまっていた。この樽には蓋があり、掛け金で鍵がかけられるようになっていた。ハーローは、硬い塩漬け牛肉がまるで革の馬具のようだという悪口から、この樽を「ハーネスキャスク」と呼ぶようになったのではないかと考えている[28]。

船上で塩抜き用の樽を「ハーネスキャスク」と呼ぶ理由はもうひとつ考えられる。馬肉を塩漬け牛肉として流通させるずるがしこい小売商がいたという言い伝えがある。この噂のせいで、船員は塩漬け牛肉に「塩漬け馬肉（ソルト・ホース）」というあだ名をつけた。ハーローは、「ソルト・ホースに寄せる頌歌」という詩さえあったと書いている。年老いた船員がぱさぱさの塩漬け牛肉にフォークを乱暴に突き刺そうとしたが、まったく刺さらなかったという話をハーローは聞いたそうだ。結局、この船員は肉を食器の上に持ち上げて、有名な詩を暗唱した。

老いぼれ馬よ！　老いぼれ馬よ！　お前はなぜここにいる？
サカラップからポートランドまで、
私は何年も石を運んだ。

ああ、長い間一生懸命働いたのに。
転んで背骨を折ってしまった。
人間どもは罵声を上げながら私を運び
船乗りのために私を塩漬けにした。
船乗りは私を毛嫌いし、
私をつまみ上げてののしり、
私の肉を食べ、骨をしゃぶり、
残りをデイヴィ・ジョーンズ〔海底のこと〕に捨てる。[29]

ハーローが記録したのは朗唱用の詩だが、ヒューギルはこの詩のバリエーションで、「セイラーズ・グレース」という歌を2種類紹介している。[30] 塩漬け牛肉は「塩漬けのくず肉」あるいは単に「くず肉」とも呼ばれていた。帆や旗を上げ下げするロープを手繰りながら歌う「ローランド・ロー」というはやし歌には、船長についてこんな風に歌った歌詞がある。

あいつは俺たちに真鍮みたいな硬いパンをよこす。
俺たちのくず肉はバラム〔旧約聖書に登場する預言者〕のロバみたいな塩漬けだ。[31]

この歌を歌うとき、ヒューギルはたいてい元の歌詞をいっそう辛辣にして歌った。彼が歌を披

ゴードン・グランド著、『船が見える——ウィンドジャマー・スケッチ、船首から船尾まで』より、「ハーネスキャスク」（ニューヨーク、ウィリアム・ファークワー、1930年）、37。料理人はスティープ・タブとも呼ばれる塩抜き用の樽から「塩漬け馬肉」を引き上げている。

露するために歌詞に手を加えるのはよくあることだった。

塩漬け牛肉は塩漬け豚肉と交互に出された。塩漬け豚肉も樽で塩水に漬けて保存された。また、塩漬け豚肉は19世紀の軍隊で配給された塩豚のように、空気中でも保存できた。ハーローによれば、塩漬け牛肉は硬くてぱさぱさだったが、アクバル号では週に3回塩漬け牛肉と一緒に塩漬け豚肉が出され、そのせいで塩漬け牛肉がなんとかおいしく食べられたそうだ。ハーローは、ロープを引っぱっているうちに手の皮が丈夫になるように、長い間塩漬け牛肉を食べ続けていると、舌が丈夫になるのだろうと述べている。そして「船員は飲み込めるものなら何でも消化できる」と書いている。[32]

塩漬け牛肉や塩漬け豚肉を取り出した後の塩水には薬効があると言われていた。その点では、伝統的な呼び名で「ドクター」と呼ばれる料理人が、その名にふさわしい働きをしたと言えるかもしれない。アクバル号に乗船した初日、ハーローの手の中で前檣帆(ぜんしょうほ)の帆脚綱(ほあしづな)が滑って、両掌に擦り傷ができた。料理人は伝統的な治療を施した。傷ついた手を牛肉か豚肉を漬けた塩水に浸したのである。塩と硝酸カリウムが傷にしみて、ハーローは痛みで甲板中を転げまわったが、結局彼は残りの当直時間の間中「ドクター」の処方にしたがって、塩水に浸したハンカチを手に巻いて過ごした。[33]

塩で保存された魚

塩漬けタラは大昔からある日常的な食べ物で、本書でもすでにいくつかの章で紹介した。食塩をまぶして塩漬けにした大西洋タラの切り身は、風に当てて乾燥させた干し魚(ストックフィッシュ)に代わって、長期保存できる魚として人気が高まった。西インド諸島の砂糖貿易の最盛期には、土地を限界まで砂糖生産に利用するために、奴隷はもっぱら輸入した食料によって養われていた。塩漬けタラはポルトガル語の「バカラオ」という名で呼ばれ、ニューイングランドから砂糖を生産するジャマイカなどの島々に輸出された。輸入品の塩漬けタラは現在でもジャマイカの主要な食品のひとつである。塩抜きをするために真水に浸した後、ジャマイカ人は塩漬けタラと緑の野菜を合わせてカラルーという伝統料理を作る。船乗りはしばしば塩漬けタラを「ケープコッド・ターキー」と呼んだ。それはシーサーペント号の献立表やハーローの日誌を見ても明らかだ。「クリスマスディナーは何の変哲もないダフとターキー（ケープコッド）だった。船首楼からは当然のように不満の声が湧き上がり、アスター・ハウス〔1836年に開業したニューヨークの高級ホテル〕と比較して愚痴をこぼす者が絶えなかった[34]」

生肉――豚や鶏

海軍が家畜を購入し、船上で屠殺して乗組員に肉を配給したように、19世紀の商船でも長い航海に出るときは数頭の豚を甲板上の囲いで飼う習慣があった。豚には餌として残飯を与え、航海が半ばを過ぎる頃になると、屠殺して生肉を乗組員の食料にした。この肉は長期の航海で新鮮な材料を使いつくした頃、食事に変化を与えるために重宝された。「料理人は明日新鮮な食べ物を出すために、2頭の豚を殺した[35]」。豚を屠殺した数日後に全員に配給される新鮮な肉には、すばらしい健康上の恩恵があった。厨房やキャビンから出る残飯で飼育された豚は、生ごみを新鮮な肉に変え、最も必要なときに生肉となって消費された。生肉はしばしば、航海の早い段階で消費されてしまった。「どれどれ、12頭いた豚のうち残っているのは3頭か。機会があり次第、何頭か調達しよう[36]」

1877年のアクバル号の日誌ほど、豚の屠殺の様子を生き生きと描いた記録はないだろう。

めた。[37]

オーストラリアに向かう途中、寒冷な気候の中で、ラムソン船長は食事に変化をつけるため、船で飼っていた4頭の豚のうち1頭を殺すなら今がちょうどいいと考えた。司厨長が豚の屠殺法を知っていると言った。そこで船長は土曜日に豚を殺し、日曜日のディナーにその肉を使おうと決めた。[37]

結局、アクバル号の豚の屠殺はすんなりとはいかなかった。屠殺前の豚にはよくあることだが、豚は待ち構える運命を悟ったらしく、大暴れした。豚は甲板に押さえつけられ、司厨長が首にナイフを刺した。司厨長は豚の喉笛をかき切ったと思い、豚を押さえつけている船員に手を離すよう命じた。しかし傷は喉笛をそれていた。豚は血を噴き出しながら追っ手をかわしてキャビンに逃げ込んだ。豚はキャビン中を血まみれにしてから、ようやく甲板に引きずり戻され、首を何カ所も切られて絶命した。ハーローは、これは屠殺というより何カ所も刺された挙句の「殺害」で、いくつかの刺し傷は豚を貫通して甲板の板まで達していたと述べている。[38] このぞっとするような事件の後、航海士は豚を屠殺するために司厨長が引き起こした惨事に巻き込まれた船長に同情し、慰めに自分の体験談を披露した。航海士が昔乗っていたオリヴァー・クロムウェル号には、船尾に窓があった。船員が豚を屠殺するために刺した後、豚から手を離した。アクバル号の事件と同様に、豚の傷は致命傷ではなかった。豚はキャビンに向かって突進し、ついに船尾の窓から海に向かって身を躍らせた。この窓はキャビンの換気をするために最初から開いていたのか、豚が自由を求めて突進した結果、窓枠を壊したのか、航海士は語らなかった。悪いことは重なるもので、1頭のサメが数日前からオリヴァー・クロムウェルの後をついてきていた。豚は海に飛び込んだ

バルクルーサ号の主甲板を船首楼の船尾寄りの隔壁から船尾に向かって撮影。豚を飼う囲いが見える。ヒストリック・アメリカン・ビルディングス・サーベイ／ヒストリック・アメリカン・エンジニアリング・レコード／ヒストリック・アメリカン・ランドスケープ・サーベイによるコレクション。複製番号 HARE CAL,38-SANFRA,200-33。アメリカ連邦議会図書館デジタル・コレクション提供。http://www.loc.gov/pictures/item/ca1493.photos.033447 p/

とたん、「まるでひとかけらのチーズのように」サメにひと飲みにされた。[39] オリヴァー・クロムウェル号の船長は豚を1頭失ったことにひどく腹を立て、司厨長を殴り倒して激しく叱責した。豚をサメに食べられてしまい、オリヴァー・クロムウェル号の乗組員はさぞかしがっかりしただろう。しかし豚にとっては一瞬で片がついて、むしろ楽な死に方だったに違いない。アクバル号の豚のように長い間格闘し、何度も刺されて死ぬよりはよほどましだろう。[40]

ゴードン・グランド著、『船が見える——ウィンドジャマー・スケッチ、船首から船尾まで（*Sail Ho: Windjammer Sketches Alow and Aloft*）』より、「クリスマスディナー」（ニューヨーク、ウィリアム・ファークワー、1930年）、108。アクバル号やオリヴァー・クロムウェル号で起きた悲惨な事件もこんな光景だったのだろう。

豚だけでなく鶏を乗せている船もあった。アクバル号では12羽ほどいた鶏のうち２羽が、船が方向転換する間に海に落ちてしまった。[41] クリッパー船シーサーペント号では、若い乗客が七面鳥をつぶして誕生日のごちそうにした。グレゴリーは１８５４年12月８日の日誌に、１羽の七面鳥を上海で入手したことや、誕生日のためにケーキを用意したことをつづっている。その日は特別いい日だったとグレゴリーは言う。なぜなら「われわれ船首の船員たちにアップルソースが配られたからだ！　誕生日に敬意を表して、ダフにかける糖蜜の代わりに[42]」

パン

シップス・ビスケットと呼ばれる堅パン

は、柔らかいパンよりはるかに長持ちした。しかし19世紀の海軍の堅パンと同様に、時代が進むにつれて次第に魅力を失った。乗組員がいつでも好きなときに食べられるように、シップス・ビスケットを入れたお盆や「バージ」と呼ばれる木箱が船首楼に備え付けられている船もあった。ハーローがアクバル号で長期航海に出る前に乗ったスクーナー船〔2本以上のマストに縦帆を艤装〕デーヴィッド・G・フロイト号の沿岸航海がそうだった。ハーローによれば、「ブレッドバージ」は縦30センチ、横46センチほどの箱で、「シービスケット、つまりパイロットブレッド」〔どちらも堅パンを意味する〕が入っていた。[43] 引用した部分を見ると、少なくともハーローにとってシービスケットとパイロットブレッドは同じものだということがわかって面白い。船首楼のブレッドバージにいつもシップス・ビスケットが入っているおかげで、他の船や他の航海の場合と違って、デーヴィッド・G・フロイト号の船員は空腹を我慢しなくてもよかった。

豆、米、ジャガイモ

豆は乾燥した状態なら長い間保存できるので、19世紀の帆走商船では標準的な食料だった。1854年3月10日の航海日誌で、ある船員は献立表に出てくる豆に現実的な見解を述べている。「ディナーに豆とは！　豆は大嫌いだが、腹が減っていたおかげで食べられた」[44]。しかし、豆が好きで、豆料理や豆のスープが船の献立表に載っていると喜ぶ船員も多かった。19世紀の有名な船乗りの歌「ローリング・ホーム」の食べ物についての歌詞では、豆は主役級の扱いである。これは伝統的なイギリスの船乗りの歌で、休憩時の歌として、ときには作業中のはやし歌として歌われ、アメリカやドイツ出身の船乗りにも伝わって歌われた。イギリス商船の船員で、船乗りの歌の歌い手であり作家でもあるスタン・ヒューギルが歌う歌詞は次のようなものだ。

イングランドを離れて18カ月、
これからまだ100日間、
塩漬け馬肉とクラッカーハッシュ、
おまけにうんざりするようなボストンビーンズを食べなきゃならん。[45]

豆と同様に、米は乾燥状態であれば長期間保存できた。アメリカの船員チャールズ・A・アビーが船で食べる米について述べた文章が残っている。アビーは1856年から1860年にかけて、サンフランシスコ、極東、そしてハワイ諸島に向かう有名なクリッパー船のいくつかに乗った。クリッパー船サプライズ号、チャーマー号、テレグラフ号、イントレピッド号の船上で、アビーは航海日誌を書き続けた。簡潔な記述ではあるが、彼の日誌はこの時代のクリッパー船での生活を垣間見られる魅力的な記録である。アビーが米について書いた次の文章を読むと、米はいわばダフのように、糖蜜で甘く味付けて出されていたことがわかる。1850年代のクリッパー船ではしばしば米料理が出されたが、必ずしも乗組員の評判はよくなかった。

明日は水曜日。米が出る日だ。あの忌々しい司厨長が糖蜜の心配をせずに、ちゃんと甘くしてくれればきっとうまいだろうに。だから明日は「何の慰めも得られない」[46]

米はしばしば長期保存食料としてクリッパー船に積み込まれた。しかし、米に人気がなかったことを示す記述はいくつも見つかっている。次の文章は1854年3月22日にシーサーペント号で書かれた。

今日はうまい取引ができた。俺のトウモロコシ粥と米の割り当てをジョージの「ダフ」と交換する約束をした。米はひどい代物で虫が湧いているし、トウモロコシ粥は火が通っていたためしがない。だからどこからどう見てもこれはヤンキー流の〔ヤンキーには「抜け目ない」などのイメージがある〕得な取引だ。[47]

ジャガイモも船に積まれていたが、たいてい航海に出てしばらくすると腐ってしまった。ジャガイモは出港して最初の数週間に頻繁に出されたが、船上で何週間もたつと、献立表から姿を消した。シーサーペント号の航海がまだ始まったばかりの1854年3月13日の日誌にはこう書かれている。「ディナーにジャガイモと豚肉の『スパッド』〔「スパッド」はジャガイモの俗称〕を食べた。『スパッド』は週に1回しか出ないから、なかなか大したごちそうだった」[48]。航海の後半になると、ジャガイモはあまり歓迎されなくなった。ハーローはジャガイモが「じめじめした肌寒い気候の影響を受け」、腐って悪臭を放ち始めると、とうてい食べられなくなると書いている。[49] ハーローはさらに、船員が「一団となって料理人に詰め寄り、今度また酸っぱい『スパッド』を料理して船首楼に出したら、食べずに突っ返すぞと脅した」と述べている。[50]

調理方法――ロブスカウス、クラッカーハッシュ、ダフ

船に積まれた食料は、多種多様な伝統的レシピで組み合わされ、料理された。ロブスカウスについては前章で述べた。海事史家の間でときおり論争になる問題は、ロブスカウスとクラッカーハッシュに違いはあるのか、あるとしたら何が違うのかという疑問である。19世紀の商船の船員は、このふたつの料理名を区別なく使っていたようだ。クラッカーハッシュは柔らかくした堅パンを砕いたものと塩漬け牛肉か塩漬け豚肉、そしてタマネギを混ぜ合わせて焼いた料理である。ハーローは、「クラッカーハッシュ、または『ロブスカウス』は普通、アロンゾには我慢できない食べ物だが、表面がカリっと焼いてあれば私の大好物だ」と述べている。[51] キャビン（つまり士官たち）に出されるロブスカウスは、タマネギとジャガイモを混ぜた中に野菜が入っていたと書かれている。[52] ビスケットを袋に入れて金づちで砕き、一晩水に浸してから、それを使ってロブスカウスを作ったと書かれた記録もある。[53] ロブスカウスの主要な味付けとして、しばしば黒コショウ

が挙げられる。ロブスカウスという料理とその名称が生まれたと思われるデンマーク、スウェーデン、フィンランドの陸上で食べる伝統的なロブスカウスのレシピでも、黒コショウが使われるのが特徴だ。[54]

焼いた料理には、他に塩漬け牛肉とビスケットを重ねて焼いたと思われる料理がある。日誌を残したある船員は、この料理に「スキラガリー」と「ダンディファンク」というふたつの名前を与えている。[55]スキラガリーはイギリス海軍用語でオートミール粥を指す言葉として、「バーグー」の代わりに使われる場合もある。[56]ある船員にとって、「ダンディファンク」はロブスカウスの別名かもしれない。しかし別の船員にとっては、ダンディファンクは砕いたビスケットと糖蜜で作った食後のデザートを明確に指す言葉である。このデザートはダフに似ているが、ダフのように袋に入れてゆでるのではなく、平鍋で焼いて作られる。[57]船上の料理の名前について言えることは、海上のあらゆることについても言える。――ことわざに言うように、「船が違えば、ロープの継ぎ方も違う」〔「所変われば品変わる」と同じ意味のことわざ〕のだ。

ダフは袋に入れてゆでるパンプディングの一種で、第3章で説明した。幸い、ダフを指す不気味な俗称は19世紀半ばまでに使われなくなったようだ。ダフはたいてい布袋でゆでられ、商船だけでなく軍艦でも主要な食べ物のひとつだった。シンプルなレシピのダフは「プレーン・ダフ」と呼ばれ、基本的なパンプディングそのものである。[58]干しブドウやドライフルーツ、スパイスが加えられると、「プラム・ダフ」という名前になる。この名称は、いい材料が目いっぱい（プラム・フル）詰まっていることに由来し〔プラムは「完全に」の意味〕、非常においしいお菓子である。ハーローはスクーナー船デーヴィッド・G・フロイト号ではじめてプラム・ダフを食べ、すっかり気に入って、それについて詳しく書き残している。この船では、料理人はダフを袋に入れてゆでるのではなく、スズの型に入れて蒸し、スパイスで味を調える。ハーローは、このプラム・ダフはケーキとプディングを折衷したような食べ物で、ハードソース〔クリーム状にしたバターと砂糖にラム酒やブランデーなどで風味づけしたソース〕が添えられ、「スパイスケーキの色、ほぼジンジャーブレッドのような濃いキツネ色」だと述べている。[59]

ダフの材料、味付け、ソースは、それがキャビンと船首楼のどちらで出されるかによって異なった。ハーローは、アクバル号では柔らかい（普通の）パンとダフは水曜日と土曜日に出されたと書いている。乗組員のダフは布袋に入れて蒸され、塩とドライアップルで調味され、糖蜜のソースを添えて出された。キャビン用のダフはもっと手がこんでいた。風味づけにスパイス、干しブドウや干しスモモを加え、レモンソースかワインソースが添えられた。[60]

しかし、ダフに関して言えば、船員がうんざりするのは避けられなかった。アクバル号が航海に出て数カ月たった頃、料理人は乗組員のために柔らかいパンを焼く代わりに、手抜きして小麦粉を袋に詰め込み、ゆでてダフにした。乗組員は一団となって厨房に詰めかけ、抗議した。抗議は聞き入れられ、次の食事では焼きたてのパンが出された。[61]

釣り

19世紀に帆船の艤装が変化するとともに、船員の食生活が向上した。この因果関係は間接的なものではあったが、明白で疑いようがなかった。19世紀半ばに、帆船、特にスピード重視で設計されたチャイナ・クリッパーやカリフォルニア・クリッパーは、基本の四角帆の外側に補助的な「スタンスル」という帆を何枚も張れるようになった。この補助的な帆は微風や中程度の風でも船に推進力を与えることができたが、乗組員の作業は大幅に増えた。乗組員はマストを登り、帆桁(ヤード)の下部に取り付けてある足場用ロープを歩き、スタンスル・ブーム〔帆の裾を張る円材〕をヤードから引っ張り出し、スタンスルを揚げ、帆を張るロープを調節した。風が強くなったらスタンスルを下ろさなければならず、スタンスル・ブームは船員がマストに登ってヤードの元の位置に戻す必要があった。

1850年代にクリッパー船に乗って日誌を書いた船員たちは、頻繁にスタンスルについて言及している。彼らは絶えずスタンスルを揚げたり下ろしたりしていたのだろう。乗組員にはのんびり休める時間がほとんどなかった。船内にいる非番の当直は、「総員!」の号令でひっきりなしに甲板に呼び戻された。そして休憩中はくたくたで、釣りをする気にはならなかった。チャールズ・アビーはスタンスルのついたクリッパー船サプライズ号やチャーマー号で航海した。その後、スタンスルのないクリッパー船イントレピッド号に乗ったときは、非番のときに釣りをしたと書いている。フレデリック・ピース・ハーローが1877年にスタンスルのないアクバル号で航海したときは、ジブ・ブーム〔船首から前方に突き出ている斜檣を拡張するための円材〕から釣り糸をたらす時間がたっぷりあり、乗組員全員に数回分の食事を提供できたという。

スタンスルのないクリッパー船イントレピッド号に乗ったチャールズ・アビーは、スタンスルのない船の方が時間を有効に使えると主張している。「海でスタンスルのある船に出会ったら——われわれは相手の風上に回って、彼らが大忙しで帆をたたむ間、ブーム〔帆の向きを変えるロープ〕の側にただ立って、ヤードの向きを変え、彼らの側を通過するとき、旗を少し下げて挨拶すればいい」[62]

イントレピッド号は船倉が深く造られていたため、弱い風のときにより多くの帆を揚げることができた。他のクリッパー船なら上部の帆をたたまなければいけないような状況で、帆をいっぱいに張ることができるため、スタンスルが不要になった。そのおかげでイントレピッド号は当時のスタンスルを張る船と比べて遜色のない快速を誇った。

横帆を張る船の大半は、1870年代までにスタンスルとスタンスル・ブームを使用しなくなった。その結果、乗組員の自由時間が増え、マグロ、カツオ、マヒマヒ〔和名はシイラ〕——19世紀の船乗りはイルカと呼んでいた——などがたくさん泳いでいる海を通過するときは、彼らは機会を逃さず釣りをした。獲れたての魚を数日間食べることで、船上にいる誰もが健康上の恩恵を得たに違いない。栄養不良が引き起こす病気も撃退できただろう。

北アメリカやヨーロッパを出港して外国を目指す船は、食用の魚が豊富にいる海や、魚が海面近くを泳いでいて、動いている船のバウスプリット〔船首から前方に突き出ている斜檣〕から釣針で釣り上げたり、やすで突いたりできる海を通過するときは、新鮮な魚を獲って食生活を補った。この習慣はかなり昔からあったに違いない。1627年にジョン・スミスは船で釣りをしたと書いているが、釣りの道具も釣った魚の種類も、ちょうど250年後にフレデリック・ピース・ハーローが航海中に釣りをしたときと同じだった。

ヒュー・マックロック・グレゴリーは1854年にシーサーペント号に乗ったときに釣りをして、食生活の変化を喜んだ。1854年3月23日、ほとんど風のない暑い日に彼は大きなカツオを3本釣り糸で釣り上げた。もっと大きな魚2匹は取り逃がし、カツオを釣り上げるときに夢中になって釣針を全部失くした。カツオは「長さおよそ45センチもある大物で、すごい力で引いていた[63]」。グレゴリーはこの海域の魚の種類の豊富さに驚き、船の配給食料と新鮮な魚の違いを楽しんだ。「カツオはトビウオを追いかけていた。太平洋でトビウオを見るのは初めてだ。……われわれは夕食にフライパンで焼いたカツオを食べた。これほどありがたい食生活の変化はなかった[64]」

イントレピッド号に乗ったチャールズ・アビーと船員仲間も、釣りをする時間があった。しかし1859年8月12日、彼らは「イルカ」を釣り上げようとしたが、うまくいかなかった。しかしグレゴリーと同じように、彼らはカツオを釣り、夕食に食べた[65]。イルカを捕まえようとしたという記述は、いくらか説明を必要とする。昔の日誌にイルカと書かれているのは、同じ名前の海洋哺乳類とは違う生き物だ。哺乳類のイルカは、歴史的な文書では「ポーパス」と呼ばれていた。

昔イルカと呼ばれていたのは、スペイン語の名前で「ドラド」、ハワイの名称では「マヒマヒ」として知られている魚（学名 Coryphaena hippurus）である。

釣りの技術

釣り道具に関するハーローの記述は非常に詳細で魅力的だ。彼は釣り糸でトローリング用の糸を作り、釣針には白い布でトビウオくらいの大きさに作ったルアー〔疑似餌〕をつけた。非番の日に、ハーローはアクバル号の船首の水切りあたりに魚が泳いでいないかと目を凝らした。そしてトローリング用の糸をジブ・ブームの先端まで持っていき、進行方向に背を向けてアクバル号の方を向いてジブ・ブームにまたがり、ステイ〔マストを支える大綱〕にもたれた。それからルアーを水切りのあたりで上下させ、針に魚がかかるのを待った。うまく魚が食いつくと、ハーローは糸を「短く」手繰り寄せ、ステイに糸を引っかけ、魚を抱えて甲板に向かって人を呼んだ。「おーい、おーい！　ズック袋を持ってきてくれ。イルカを獲ったぞ」[66]。船員仲間のひとりがジブ・ブームの先端まで袋を持っていき、針にかかった魚をふたりがかりで袋に押し込み、甲板に運んだ。この方法で、ハーローと船員仲間は乗組員全員に数日間新鮮な魚を食べさせた。[67]

カツオ、マグロ、そしてイルカ（マヒマヒ）が一緒に泳ぐことはなく、それぞれ別々に泳いでいるとハーローは述べている。[68]この記述は、これらの魚が群れを作って移動する様子を示してい

ファイアウッド・ハンセン船長（84 歳）がジブ・ブームからカツオを釣っている（日付不明）。スクーナー船ミュリエル号（1895 年建造）。チャールズ・アビーやフレデリック・ピース・ハーローも、それぞれの船のジブ・ブームで、このような場所と方法で釣りをしたことがわかる。サンフランシスコ海事国立史跡公園提供。図版 J09.20965n (SAFR 21374)

るが、甲板に立つ船乗りには、その習性はあまり知られていなかったのだろう。ジブ・ブームの先端で釣りをするのは命知らずの行為だった。その場所は船首の最先端で、もしハーローが危なっかしい場所から落下したら、船は方向転換するか減速する前に、ハーローを轢いてしまっただろう。そうした危険も顧みず、ハーローは太陽の光が照り返す波から跳び上がるイルカの美しさについて、そして魚が死ぬ間際に何度も体色を変化させる有名な現象について語っている。「ジブ・ブームから釣り糸を垂らすのに比べれば、マグロ漁やサケのトロール漁業なんか子供だましみたいなものだ」とハーローは述べている。[69]

ヒュー・マックロック・グレゴリー

とフレデリック・ピース・ハーローはふたりとも、魚に糸を食いちぎられて針を取られてしまった。ハーローは針を銅線で取りつけることで、この問題を解決した。こうすれば魚が針を飲み込んだとき、糸を食いちぎられる心配がない。[70] 第2章で述べたように、ジョン・スミスは1627年に、「ハーピンアイアンとフィスギグ」、つまり銛（ハープーン）とやす（フィスガ）（小型の三叉の道具）を船に積んでおくよう船長に助言した。[71] 魚を突くために返しのついた銛や、やすを船に乗せておくのは、19世紀になっても標準的な習慣として残った。ハーローが針にかかったイルカ（マヒマヒ）に逃げられた後、アクバル号の2等航海士は「ラットライン」〔マストを支えるシュラウドに張られた縄梯子の横段〕用のロープを銛の柄に結びつけた。[72] この航海士は船首の水切りを越えてマーチンゲール・シュラウド〔船首斜檣を下に引く働きをするロープ〕の上に立ち、2匹の魚を銛で突いた。1匹は銛を外れて海に落ち、あっと言う間に仲間に食われてしまった。もう1匹は無事に引き上げられた。[73]

手に入るときに新鮮な魚を食べるのが健康にいいのは間違いないし、ビタミン不足の単調な食生活がじわじわと健康を損なう危険を防ぐのにかなり役立っただろう。しかし料理人は乗組員が釣り上げる魚を片っ端から油で炒めるのにうんざりしたに違いない。数日間の大漁が続いた後、アクバル号の料理人ブレイナードは、これ以上魚を釣ってきて炒めろと言うなら、ハーローの釣った魚を海に投げ捨てるぞと脅した。[74]

コーヒーと紅茶

食べ物の話はこのくらいにして、今度は飲み物を見てみよう。19世紀のアメリカの商船では、朝食にコーヒーを、そして夕食に紅茶を出す習慣があった。[75] コーヒーはしばしば朝食よりかなり前、午前4時から8時までのモーニングワッチが勤務についてからすぐに乗組員に出された。この習慣は、スクーナー船デーヴィッド・G・フロイト号の沿岸航海中の日誌に記録されている。

1点鐘（午前4時半）とともに料理人の目覚まし時計が鳴るのが聞こえ、料理人はすぐに起きて火をおこし始めた。2点鐘（午前5時）で、料理人はコーヒーができたとわれわれを呼んだ。帆船では船員が勤務につく前にコーヒーを出す習慣があった。勤務交代の1時間半前にコーヒーを出す船もあった。沿岸航海船ではコーヒーに砂糖を加えたが、遠洋航行船ではブラックストラップ（糖蜜を3回煮沸して作る濃厚で黒くビターな糖蜜）という糖蜜をコーヒーに加えて煮立たせる。乗組員はこの味を驚くほど気に入って、料理人が糖蜜をたっぷり入れなかった朝は、いつものように船員が不平を言いに行った。[76]

午前5時にコーヒーを出す習慣は、デーヴィッド・G・フロイト号や沿岸航海船に限られていたわけではないようだ。アメリカ商船の船員や、後には船長のアイザック・ヒバードも、早朝のコーヒーの重要性を指摘している。「陸で暮らす者には、寒い嵐の朝の5時に飲む1杯のコーヒーが船乗りにとってどれほどの意味を持つかわからないだろう[77]」。後に、アクバル号に乗って長距離航海に出たハーローは、真水タンクの中身が減ってくると、コーヒーの味が落ちてくると述べている。「『ソルガム〔穀物の一種。和名「モロコシ」〕で作る糖蜜を加えて甘くしたコーヒーは強烈な味がし始めた。水は鉄のタンクから汲むのだから、タンクが相当錆びているに違いない[78]」

ハーローが乗ったアクバル号では、日にちが経つと糖蜜を使い切ってしまい、船長が料理人にキャビン用のシロップかトリークル〔ブラックストラップより淡い色で甘く、苦みの少ない糖蜜〕を乗組員のコーヒーに入れるように指示した。「コーヒーがいつもの味と違うと文句が出て、日を追うごとに味はますますひどくなった。乗組員はすぐさまシロップを『ベビーフード』、『エンゼルドレッシング』などと呼び、船乗りが口にするものではないと言った。コーヒーを甘くする糖蜜の代用品としてはまったく物足りないからだ[79]」。糖蜜が手に入る一番近い場所から何百キロも離れたところにいた船長には同情せざるを得ない。

似たような事件は、1888年に3本マストの全装船サイラス・ウェークフィールド号に乗ったヒバード船長にも起こった。シアトルを出港して目的地へ向かう途中、ヒバード船長は厨房の外で騒ぎが起きているのを聞きつけた。調べてみると、料理人が船長用のカボチャを使って、船首楼の乗組員のためにカボチャパイを作ったという。乗組員は、「野菜のパイ」など食べないと言ってカボチャパイを突き返した。ヒバードは、「東部の友人たちが聞いたら……船乗りはいいものを見ても、その価値がわからないと言うだろう[80]」と述べている。

捕鯨船チャールズ・W・モーガン号では、1841年にコーヒーは朝食に、紅茶は夕食に出すと明確に規定された。昼食は一日のうちの主要な食事（ディナー）で、飲み物は特に決められていなかった。おそらく昼食には水が出されたのだろう。[81]

紅茶は水夫として働いていた船員の日記にはめったに登場しないが、キャビンではごく一般的に飲まれていたようだ。乗組員が紅茶を非常に好んでいた船もある。アイザック・ヒバードは1881年にジェーン・フィッシュ号で航海したとき、乗組員は2～3時間かけて煮だした非常に濃い紅茶が好みだったと回想している。[82]

酒類

19世紀には、各国の海軍の船乗りは日常的にアルコール飲料を配給された。同じ時代の商船の船員にとって、酒は骨の折れる仕事や危険な仕事をしたときに与えられる特別な楽しみであり、褒美（ほうび）（むしろこの意味合いが強かった）だった。ハーローは悪天候の中で帆をたたむために乗組員がマストに登るよう命じられたときの光景を、次のように語っている。

空がどんよりとして不穏な天気になると、2等航海士は帆の下隅を上げながら、陽気なかけ声でわれわれを元気づけた。「さあ、登れ！　降りてきたら『メインブレースを繋げ』（酒を配るという意味〕」。たちまち風上の桁端〔帆桁の末端〕に真っ先にたどり着こうとして、乗組員がロープに群がった。[83]

チャールズ・アビーやヒュー・マックロック・グレゴリーのようにクリッパー船で日記をつけた船乗りも、乗組員が悪天候の中で帆を巻き上げるためにマストを登った後、一杯の酒が約束されていたと書いている。どんな場合でも、帆を巻き上げるためにマストに登れと命じるときは、酒の配給が約束された。作業が終わって甲板に戻ると、その約束が実行された。それが一番安全だったからだ。１８７７年のアクバル号に話を戻そう。

トゲルンスル〔3段に分かれたマストの一番上に張られた帆〕の下にいる間に、アウター・ジブ・ステイ〔船首三角帆のひとつを支えるロープ〕が風にさらわれた。われわれはフォア・トゲルンスル、ミズン・トゲルンスルを巻き上げ、その後でメイン・トゲルンスル〔マストは船首から順にフォア、メイン、ミズンと呼ばれる〕の番になった。アッパー・フォア・トプスルとアッパー・ミズン・トプスル〔トプスルは下から2番目の帆で、アッパー・トプスルは上下に分割された2枚のトプスルの上の方を指す〕が巻き揚げられ、メインスル〔メインマストの最大の帆〕が縮められた後、われわれは「メインブレースを繋げ」るために船尾に召集された。司厨長は……もう1本の黒い瓶を持ち出して乗組員の輪に加わり、舵輪を握っている船員の成功も如才なく祈って、もう1杯飲み干した。[84]

帆を巻き上げるのは負担が大きい危険な仕事で、船員たちには褒美を受け取る資格が十分にあった。

「メインブレースを繋げ」の起源は不明で、議論の的になっている。メインブレースは横帆船の動索〔帆を操作するためのロープ〕の中でも昔からある重要な部分で、メインヤード〔メインマストの帆桁〕から甲板に向かって伸びている。メインブレースをあらためて繋ぐ作業はめったになかったため、「メインブレースを繋げ」と言えば「酒を振る舞う」という意味になったと考えられる。[85] あるいは、ロープや帆を張る基本的な作業のひとつとして、「メインブレースを繋げ」と言えば、強い酒（スピリット）で乗組員の精神（スピリット）を鼓舞することの隠喩になったとも考えられる。この言葉は19世紀半ばまでに一般的に使われるようになったが、その正確な起源はあいまいなままだ。

起源がもう少し明確なのは、「3本の帆脚綱が風に舞っている（three sheets to the wind）」という表現で、「泥酔している」という意味になる。帆脚綱は帆耳（はみみ）、つまり帆の下隅に結びつけられたロープで、帆の角度を調節するために使われる。帆脚綱が「風に舞っている」というのは、綱が帆から外れて風になびいて揺れ動いている状態を指す。つまり「3本の帆脚綱が風に舞っている」とは、2枚以上の帆が調節できなくなって、ふらふらしている様子を表している。

水

水は木の樽か鉄のタンクのどちらかに貯蔵され、水が古くなると錆の味がすると船員から苦情が出るのはしょっちゅうだった。真水は遠方の港でしばしば補給された。川から汲んだ水は、タンクや樽の底に泥などの不純物が沈殿するまで待てば、たいてい水質がよくなった。南半球では、帆船が陸地で真水を手に入れられないまま長距離航海する場合があり、そんなときは真水を補充するために雨水を集めた。この習慣は少なくとも16世紀のポルトガル船カレイラ・ダ・インディア号までさかのぼる。コースル（一番下の帆）を滴り落ちる雨水を樽に注ぎ込む方法は、ハーローなど19世紀の日記作家によって詳しく説明されている。

捕鯨船と食料としての鯨肉

捕鯨船員や商業目的の漁船の船員は、専門性の高い非軍人の船乗りで、彼らの船上での調理や食事の方法は、貨物船の船員とは異なっていた。ハーマン・メルヴィルの『白鯨』の登場人物のひとりで、ピークォド号の2等航海士スタッブは、『白鯨』の第64章でマッコウクジラの「スモール」と呼ばれる部分（尾びれの前の尾の細い部分）から切り取った肉をステーキにして食べる。

鯨肉を食べるのは非常に珍しいことで、その夜スタッフとともに鯨肉に舌鼓を打ったのはサメだけだったとメルヴィルは書いている。一般的に捕鯨船の船員は、捕った鯨の肉は海に捨てていた〔捕鯨の目的は鯨油で、それ以外の部分は廃棄された〕。得体の知れない（当時は）不可思議な生き物の新鮮な肉よりも、塩水入りの樽で保存された塩漬け牛肉や塩漬け豚肉の方が好ましかったのだ。[86] 鯨肉は脂肪の少ない牛肉に似て、鮮やかな赤身の肉である。鯨の脂肪の大半は皮下脂肪層に蓄積されている。鯨肉は牛肉より硬く、ミンククジラの肉を食べるアイスランドでは、鹿肉など野生の鳥獣の肉を料理するときと同様に、鯨肉の塊を料理する前にハンマーや鎚で叩く。何カ月も塩水に浸かっていた塩漬け牛肉の代わりに、鯨肉を叩いて十分に柔らかくし、細切れにしてロブスカウスにすれば、健康的な気分転換になったに違いない。それでもやはり馴染みのない生き物の肉に対する偏見は強く、捕鯨船の船員のほとんどは自分が捕った生き物の肉を食べようとはしなかった。彼らの中には、鯨を哺乳類の仲間ではなく、魚の一種だと思っている者もいた。

捕鯨船の中には、厨房と料理人が船尾に移動して、厨房を船尾に、料理人の宿泊所を「士官専用区域」の近くに設ける船もあった。チャールズ・W・モーガン号はその一例であり、他のアメリカの捕鯨船にもそれが当てはまっただろう。[87] 鯨を解体し、皮下脂肪層を細かく刻み、巨大な鯨油精製器で皮下脂肪層を煮て鯨油を採取するのは手間のかかる大変な作業で、船の中央部のメインマストからフォアマストまでの間の甲板をほぼすべて占領していた。厨房を船尾か、少なくともメインマストよりも船尾寄りに移すことによって、料理の支度が捕鯨船の重要な作業の邪魔にならないようにしたのだろう。

商業目的の漁船

夕方には戻るつもりの小型船の漁師は、調理のいらない食べ物を持って出かけた。人々の記憶に残っている限りでは、スコットランドの漁師は「間食」を持って漁に出た。それはパスティ〔肉や野菜を包んだパイ〕やサンドイッチなど、調理済みの軽食をワックスペーパーで包んだものである。もう少し長く沖合に留まるために設計された漁船は、貨物帆船と同様に厨房を備えていた。ニューイングランドやカナダの沿海州から漁に出るスクーナー船の場合、厨房はしばしば船首楼に隣接して建てられた。船首楼にはたいてい備え付けのテーブルがあり、士官と乗組員がそこで一緒に食事をするのが普通だった。ニューイングランドのスクーナー型漁船で食べられていた食べ物の質は、長期航海用の商業帆船に比べればはるかによかったと言われている。[88]

商船法

19世紀を通じて、アメリカおよびイギリス政府は、船員に十分な食事の配給を求める法律を繰り返し制定した。十分な食事を与えられなかった船員に補償を要求する権利を認めた法律もあった。しかしこれらの法律は、実質的には法的強制力がなかった。1894年に制定されたイギリス商船法をきっかけに、乗組員の配給食料に関する滑稽な歌が生まれた。

商船に乗るときは契約書が読まれる
それにはお前の牛肉と豚肉、バターとパン、
砂糖、紅茶、コーヒー、それにエンドウと豆、
ライムジュースや酢について、商船法にきっちり書いてある。[89]

この歌の続きの部分には、「10日ごとに船尾に行って、ライムジュースを一杯もらう」とはっきり指定されている。

遠方の港での陸上の食べ物

外国の港に到着すると、船員は新鮮な果物を買い、現地の人を雇って新鮮な材料で料理を作らせる習慣があった。これは特に中国沿岸では習慣的に行われていた。船が黄埔〔広東省の市〕に錨を下ろすと、チャールズ・アビーと仲間の船員たちは中国人の物売り船〔大型船に食料や物資を売りに来るボート〕の船頭を雇い、広州市の観光案内をさせたり、料理を作らせたりした。アビーは、もてなし役の舢板(さんぱん)と呼ばれる木造小型船で食べた食事について次のように語っている。

出された食事は…とてもおいしく、出発してから初めて見るほど立派だった。まず野菜スープ、それから魚。次にローストビーフ、マカオポテト、ビーツ、カブなど。そしてローストチキンが運ばれ、その後にプディング、クルミ少々、ナンキンナツメヤシ、ライチ（干しブドウのような味がする果物）が続いた。私たちはチキンを除いてすべて平らげた。チキンは足、頭、とさかなどが全部ついたままで、顔を見るとどうしても食べる気になれなかった。[90]

港にいる船乗りのために中国人が料理を出す習慣は、船乗りの歌にも歌われている。この歌は、中国の物売り船に乗った男や女の呼び売り歌、あるいは呼び売りのかけ声がもとになったようだ。広東語と英語が混ざったピジン英語〔英語と現地語の混合言語〕で歌われるこの歌は、物売り船が提供するサービスとして、翻訳、料理、地元の酒の販売などを挙げている。

ピジンできるよ
わかるし、話せるよ
鶏を持ってきな
たんと食べな
中国の酒が好きなら

それもできるよ
急いで連れておいで
とっても大きなパンケーキだよ[91]

19世紀末の変化

１８６９年にスエズ運河が完成した後、旅客、紅茶、そしてその他の価値の高い商品を扱うアジア貿易はますます蒸気船が主流となった。帆船は安価なばら積み貨物、たとえば穀物や羊毛の運搬なら蒸気船と競争できた。帆船は南アメリカ産の硝酸塩をヨーロッパや北アメリカに輸送し続けた。20世紀初期まで、硝酸塩はそこで肥料や火薬の生産に使われた。

19世紀末から20世紀初期の間にイギリスの帆船は下火となった。イギリスの造船業は相変わらず盛んだった。その結果、この時代の鉄や鋼鉄製の帆船で現在も残っている船は、ほとんどがイギリス製である。イギリスが蒸気船の設計、建設、運用の分野で主導権を確立したのはこの時期だ。イギリスの蒸気船は乗組員に十分な食事を配給した。しかし、イギリスの帆船は経費を節約して経営されていたため、乗組員は危険で不愉快な環境に置かれていた。屋根のない長い甲板に波がかかると、船員は足をさらわれて排水溝に落ちたり、船から転落したりした。１枚の大きなトゲルンスルなど、大きな横帆のせいでマストに登って帆を操作するのは難しく危険な作業になった。この時期のイギリスの帆走商船で配給される食料は、量は少なく、質も悪く、他国の帆船の乗組員の食料に比べると見劣りがした。[92]

同じ時期にドイツの帆船は向上した。海運会社F・ライスは「フライングPライナー」（Pはペキン、パドゥヴァ、ポメラニアなど、船名の頭文字）と呼ばれる船団を建造した。これらは鋼鉄製の船体を持つ大型帆船で、南アメリカ西部から硝酸塩やグアノ（海鳥の排泄物が固化したもので肥料の原料になる）を輸送する貿易で利潤を上げた。ドイツ製の「硝酸塩輸送クリッパー」は、乗組員の快適さと安全性を高めるためにさまざまな改革を行った。[93]トプスルだけでなく、トゲルンスルも扱いやすいように上下2枚に分割された。船体中央に造られた「リヴァプール・ハウス」（左舷から右舷までの幅がある建物）は甲板上の海水の流れをせき止め、乗組員の安全性を強化した。ハリヤード（帆を上げ下げするロープ）とブレース（帆の向きを変えるロープ）の巻き上げ機によって、帆の操作は簡単で安全になった。ブレース巻き上げ機はスコットランド人のジョン・ジャーヴィス船長（１８５７〜１９３５年）による独創的な発明である。イギリスの荷主はジャーヴィス船長のブレース巻き上げ機に興味を示さなかった。ドイツの海運業界は省力化を目的としたこの発明を採用したが、ジャーヴィス船長には何も支払われなかった。第一次世界大戦中にドイツの軍需品として使用された硝酸塩は、南アメリカから帆船で輸送され、この貿易で利益を得た帆船は乗組員の待遇と食事を改善した。[94]

19世紀末から20世紀初期にかけて、フランスの帆船は政府の補助金を得て、ドイツと同じように乗組員の待遇と食事を改善した。この時期のアメリカの帆船もまた、イギリス船に比べて乗組員の食事はよかったと言われている。北アメリカでは、帆船は缶詰会社アラスカ・パッカーズの缶詰工船として使われるなど、重要な「隙間産業」の中で操業を続けた。アメリカ大陸の両岸で国内交易に利用する帆船には、スクーナーやブリガンティン〔フォアマストのみ横帆でそれ以外は縦帆〕と呼ばれる型の船が増えた。これらの船の艤装は、船員の数が少なくてすんだ。しかし、これらの船は悪名高いイギリスの硝酸塩輸送クリッパーとは違って、乗組員にひもじい思いをさせて費用を削減しようとはしなかった。

本章の締めくくりには、船と船員服に別れを告げる船乗りの歌がふさわしいだろう。この歌の「魂と体を縛るひも」とは、防水布の上着の上から縛った細い麻綱（マーリン）または麻ひものことだ。船員の膝や手首などに縛りつけられた麻ひもは、激しい大風の中で船員の「魂と体」が離れ離れにならないための用心だった。

ロイヤル・ハリヤードの脇にはもう立たない。
クラッカーハッシュはもう食べない。
魂と体を縛るひもはもう結ばない。
塩水でずぶ濡れになることもない。[95]

第5章　移民船と奴隷船

本章では、新しい生活を求めて大海を渡った移民と、彼らの航海中の食生活について語ろう。多くの移民は、やむにやまれぬ事情や困窮に迫られて移民を決意した。そのため、彼らは故郷から、あるいは近くの乗船地から新天地まで、できるだけ安い移動手段を確保した。船舶会社が航海中の食事を提供する場合もあったが、帆船時代には、移民が自分の食料を持参するのが普通だった。19世紀の大半を通じて、移民は船で限られた調理設備しか使わせてもらえず、自分たちで調理しなければならなかった。

自発的な移民の船上での食事について考察する前に、史上最も悲惨な扱いを受けた乗客、すなわち奴隷を乗せて大西洋を横断する中間航路の船について考えてみよう。

奴隷船

17世紀以来、ポルトガル、スペイン、オランダ、フランス、デンマーク、そしてイギリスの船は、アフリカ大陸のギニア沿岸から大西洋を横断する中間航路と呼ばれる航路を通って奴隷を輸送した。これらの航海で、貨物となった奴隷が置かれた劣悪な環境はよく知られており、今さら繰り返す必要もない。裸の大人や子供が悪臭の立ち込める船倉に押し込められ、多くの場合、お互いに鎖でつながれていた。航海中に多くの奴隷が死んだ。奴隷への食料の与え方は、船によって、また状況によって異なった。奴隷が新鮮な空気を吸って運動するために甲板に出ているときに食事をさせる船もあれば、明らかに船倉に食べ物を運んでいた船もあった。オランダ船は奴隷に1日3回食事をさせたと伝えられるが、フランスやイギリス船では2回だけだった。[1] フランス船はときどきオーツ麦、カメの乾燥肉（カメは西インド諸島にたくさんいた）、乾燥野菜のシチューを作った。だとすれば、おそらく奴隷に木の椀を使わせていたのだろう。奴隷船の中には積んできた米を奴隷に与える船もあった。米ならば椀や皿を支給しなくてすんだのかもしれない。食べ物を拒否して飢え死にしようとする奴隷もいたため、奴隷商人の中には彼らに強制的に食べさせるために、口をこじ開ける道具を用意している者もいた。[2]

奴隷に支給された特別な食べ物に関する初期の記録は、奴隷船の船長ウィリアム・スネルグレイヴが1727年に1等航海士に与えた指示の中に残されている。スネルグレイヴは、奴隷が体調を崩さないように、ソラマメ、米、トウモロコシ（イギリスではメイズと呼ばれる）をすりつぶしてドロドロにした「ダブ・ア・ダブ」という料理をよくゆでること、そして奴隷に1日3回水を与えることを航海士に命じた。[3] 奴隷船の船長で、後に牧師となって讃美歌「アメイジング・グレイス」を作詞したことで知られるジョン・ニュートンは、中間航路で輸送される奴隷のためにギニア沿岸で大量の米を買い付けた。ニュートンは彼が輸送する奴隷にソラマメ、米、エンドウを混ぜて塩漬け肉を少量加えた食事を1日2回与えた。[4]

通常、奴隷は食事の前に甲板に連れ出された。多くの場合、奴隷は奴隷船内の用語で「クルー」と呼ばれる食事用の椀に食べ物を入れて渡され、スプーンが支給された。ときには多くの奴隷の出生地に合わせた食べ物が選ばれた。セネガンビア〔西アフリカのセネガルとガンビアからなる地域〕やウィンドワード・コースト〔西アフリカのギニア湾北岸の地域〕出身の奴隷には米、ベニン湾やビアフラ湾〔公式名称はボニー湾〕出身の奴隷にはヤムイモ、ゴールド・コースト出身の奴隷にはトウモロコシだった。奴隷には水も与えられ、「クルー」とスプーンは回収されて洗われた。[5] たまに奴隷の女性が料理人として採用され、その仕事に対して食料が余分に支給されたり、タバコやブランデーが与えられたりした。[6]

中間航路の悲惨な状況に対する抗議はイギリス政府（1807年）とアメリカ政府（1808年）を動かし、それぞれの国や自治領が奴隷を国外から輸入する奴隷貿易が禁止された。それ以来、イギリスとアメリカの海軍はアフリカ西海岸沖を巡回し、奴隷を輸送している疑いのある船を制止した。奴隷が発見されると、船は押収され、奴隷はアフリカに返された。ほとんどの奴隷はスペインやポルトガルなど、まだ奴隷貿易を禁止していない国の旗のもとに輸送された。

奴隷貿易が秘密裏に行われるようになった1808年以降、奴隷船の環境は悪化した。奴隷貿易に使われる船の多くはハバナで建造された。これらの船は、米英戦争の期間中に私掠船として建造された「ボルティモア・クリッパー」と呼ばれるトプスルスクーナー〔フォアマストにのみ横帆を有するスクーナー〕の形を継承し、船体は小型で流線型だった。艤装は通常トプスルスクーナー、ブリガンティン、またはブリグ〔2本マストに複数枚の横帆〕だった。どの型の船も、違法な積荷を積んで大洋を快速で走るときは、最大速度を得るために帆面積を大きくしていた。[7] これらの船の最大積載量はかなり小さかったが、膨大な数の奴隷が無理やり詰め込まれた。1829年に拿捕されたポルトガルの奴隷船フェリス号は、拿捕時に564人の奴隷を運んでいたが、乗組員はすでに55人の遺体を海に投げ込んだ後だった。すべての奴隷が牛のように所有者の焼き印を押されていた。[8]

1808年以前は、奴隷船の船長の中には「ルースパッキング」、すなわち積荷である奴隷をゆったり積んで、食事を定期的に与える方が、全員とは言わないまでも大半の奴隷を生きて健康的な状態で西インド諸島まで運べると考える者がいた。一方、「タイトパッキング」を推奨する船長は、奴隷をぎっしり積みこみ、食事には無頓着だった。彼らは積荷である奴隷が大勢死んだとしても、それは運営費用の一部として受け入れた。

1808年以降はタイトパッキングが当たり前になった。拿捕され、船内を捜索される危険を察知した奴隷船は、奴隷を鎖につないだまま海に放り込んで溺死させ、証拠を隠滅した。

フェリス号が拿捕されたとき、船上の様子は次のような状態だった。「われわれの目にまず飛び込んできたのは、甲板上の回転砲台に搭載された巨大な大砲だった。……次に、調理用の大きな湯沸かしが船首にあった――奴隷船にはよくある道具である」[9]。この記述から判断すると、フェリス号では奴隷の食事、そしておそらく乗組員の食事も、甲板上で調理されていたようである。

1839年に記録されたブリッグ型奴隷船ディリジェンス号の船体形状を示す線図、甲板平面図、円材の寸法が残っている。海事史家のハワード・チャペルはこれらのデータについて、「厨房は描かれていないが、おそらく西インド諸島に多い設計で、甲板上にあるのだろう」と述べている。[10] 調理用のかまどを甲板上に設置するのは西インド諸島の一般的な習慣であり、密輸船に限ったことではなかった。熱帯地方を運航する船にとって、それは合理的な設計だった。

1808年以降、大西洋を横断する奴隷の輸送は人目を避けて行われたため、航海史上最も哀れな乗客たちに、どんな食べ物がどのくらいの量で配給されていたのかを明らかにするのは難しい。

北アメリカへの移民——初期

17〜18世紀にイギリスやドイツを出発した移民は、アメリカの港、多くはフィラデルフィア行きの船に乗った。彼らのほとんどは年季奉公人となって海を渡った。年季奉公人は、渡航費用、食料、衣類、そして住居を与えられる代わりに、一定期間雇用主のために労働する義務を負った。年季奉公人は自由を制限されていた。たとえばほとんどの年季奉公人は雇用主の許可がなければ結婚できず、許可はめったに与えられなかった。1743年に年季奉公人としてフィラデルフィアに渡航したウィリアム・モラリーは、航海中に支給された食べ物について次のように書いてい

> る。
>
> 1日ひとり当たり3枚のビスケットと塩漬け牛肉が与えられた。塩漬け牛肉は安い羊肉の一切れより小さい。干し魚が配られる日もあった。干し魚は大きな木づちで叩いて柔らかくしなければならず、ソースとして添えられたバターは悪臭がした。船長は毎日朝と夕方に私たちをひとり残らずキャビンのドアに召集し、粗悪なブランデーを指ぬきのような形のカップに一杯ずつ配った……私たちは海水を飲もうとしたが、それは喉の渇きを一層悪化させるだけだった。めったにないことだが、たまに雨が降ると甲板に帽子を並べて雨水をためた。しかし帆から滴り落ちてくる雨水はタールの味がした。[11]

モラリーは食料だけでなく、衣類も支給された。彼は食べ物の質の悪さに不平を述べているが、乗組員も同じものを食べていただろう。水についての記述はよくわからない。おそらく乗組員は甲板上の飲料水の大樽を利用できたが、年季奉公人にはそれが認められなかったのだろう。

ハイランド・クリアランス

初期のアメリカ移民と同じ時期、そして19世紀初期を通じて、ハイランド・クリアランス（羊の放牧を目的としたスコットランド高地地方の住民の強制退去〕によって住む場所を奪われたスコットランド人が、大量に移民となってカナダやアメリカに押し寄せた。小作農は先祖代々働いてきた土地を追われ、ハイランドの土地の多くが羊の放牧地に転換された。それによる経済発展を歓迎する者もいたが、土地を奪われた人々の損害は計り知れなかった。

初期のスコットランド人移民を運んだのはバチェラー号だった。この船は１７７３年9月にアレックス・ラマージュを船長とし、ハイランド北岸の町サーソーから出港した。航海の世話役ジェームズ・ホッグは、移民ひとりにつきトウモロコシ粉約１・８キロ、ビスケット約２・３キロ、牛肉約９０７グラム、オーツ麦とエンドウ約９０７グラム、糖蜜約４５４グラム、水約27リットルを毎週支給すると約束した。8歳以下の子供の食料はその半分だった。船は乗り込んだ２８０人の移民で立錐の余地もなく、いくつかの災難が続いて、最初はストロムネスに、次はシェトランドに引き返さなければならなかった。この頃になると食料は尽きかけ、シェトランドの住民は困窮した乗客を助けるためにジャガイモとオートミールを提供した。結局、バチェラー号は目的地のノースカロライナにたどり着けなかった。乗客、船主、航海の世話役は裁判で争った。[12]

１７７３年にはナンシー・オブ・サザーランド号も出港したが、この航海も順調ではなかった。乗客は１８８人、２５０人、または３００人と推測され、船はスコットランドのリースを出港してニューヨークに向かった。この航海が終わりを迎えたとき、船上は目を覆うようなありさまだった。航海は最終的に12週間かかったが、ジョージ・スミス船長は十分な食料を積み込んでいなかった。乗客の食料はオートミール、エンドウの粉、ビスケット、チーズ、エンドウだった。悪天候のため、ハッチはずっと閉め切られていた。この航海中に50人以上の幼児が死亡した。船上で出産した産婦7人が新生児とともに亡くなった。ナンシー号がようやくニューヨークに到着したとき、飢えて病気にかかった乗客は現地の慈善団体の支援を受けなければならなかった。[13]

19世紀初期に、乗客の環境はやや改善された。船が一般的に大型化し、乗客があまり密集しなくなったためだ。海運会社ブラックボール・ラインが定期便を開始し、同じような会社が追随して、船は定期的に出港するようになった。1818年1月5日、午前10時にパケット船ジェームズ・モンロー号がニューヨークを出港した。この船はブラックボール・ラインが運営する4隻の帆船のうちの1隻で、ニューヨークとリヴァプールの間を定期的に往復するサービスの一部を担っていた。[14] それ以前は、大西洋横断航海のパケット船は、積荷が一杯になったとか、天候がいいと言った理由で、船主や船長の気まぐれな判断で出港を決めていた。移民は故郷からほんの数キロしか離れていない港で船の出港を待たなければならず、その間に貴重な貯金や食料の大部分を使ってしまう可能性があった。

船の定期的な出港のおかげで、航海開始前の移民の状況は改善された。しかし当然のことながら、到着の時期が大幅にずれるのはどうしようもなかった。特に西へ向かう航路では、船が向かい風に遭遇しやすい季節や、旧世界から新世界への移民が船にぎっしり詰め込まれている場合は、到着が遅れがちだった。

ウィリアム・シャンドは1834年にスコットランドからカナダに移住した。カナダに着くと、彼はバンフシャー郡のダフタウンに住む兄に手紙を書き、航海の様子を知らせた。ウォーカー船長が指揮するハーキュール号の航海を、シャンドはこのように語っている。「最初の4週間に与えられた水はぼろい糖蜜樽に入っていて、短期間で腐ってしまい、他の何と一緒だろうと、ひと口たりとも飲めなかった。スモールビールをひと瓶もらえるなら1シリング出しても惜しくないと何度も思った」[15]

続いてシャンドは船倉の光景について書いている。3等船客が何組かいた。スコットランド各地からやってきた乗客の中には、家族全員で来た人たちもいれば、男性のひとり客もいた。乗客はトランプや「ダムズ」と呼ばれるボードゲーム（ドラフツまたはチェッカーズともいう）に興じ、タバコを吸い、甲板でバイオリンを弾いたり踊ったり、船の進み具合について話し合っていた。「2、3人が歌を歌い、相手の気を引くために何かを持った男女のふたり連れがあちこちにいた。かまど（船体中央付近にあった）の周りには6人から8人の女房たちが集まっていた。泣いている子を連れている者もいれば、誰が一番に鍋を使うかでもめている者もいた」[16]

シャンドは彼の船の船倉とハッチがまるで蜂の巣のようだと書いている。乗客がひっきりなしに出入りする様子を蜂にたとえたのだろう。6人から8人の女たちが泣きわめく子供を連れて、かまどを使う順番を争っていたというシャンドの記録は、移民たちにかまどを使わせ、それぞれの家族に食事を作らせることがいかに大変だったかを物語っている。女たちは調理する場所をめぐって争わなければならなかった。100～250人の乗客が一斉に食事を作って食べるのは至難の業で、食事の支度を一本化し、共通の食べ物を大鍋で調理するのが一番いい解決方法だった。

各家族に別々に食事の支度をさせるのは非効率的で、古臭いやり方である。19世紀半ばまでに、商船と軍艦では乗組員のための食料の保存と調理は効率的な日常業務となった。限られた調理スペースをめぐって乗客に小競り合いをさせる移民船は、調理用炉を船員がそれぞれ勝手に使っていた16世紀のポルトガルのカラック船に後戻りするようなものだった。

時がたつにつれて、移民の乗客の環境は改善されたが、船内が密集して不愉快なのは変わらなかった。船の責任者に課せられた問題は、航海がどれくらい長く続くのかを知らずに船に詰め込まれた乗客全員に、食料を適切に配給することだった。大西洋を西に向かって進む航路では、風が主として逆風のため、問題は特に深刻だった。5～6週間で終わる予定の航海が、12週間かかるような場合がざらにあった。船べりまで移民が詰め込まれ、食料が欠乏しかけた船では、大惨事につながりかねなかった。

混雑した移民船で乗客が直面する危険は飢えだけではなかった。アルビオン号は1822年に東向き航路を平穏無事に航海し、いよいよ目的地が近づいたところで、アイルランドのオールド・ヘッド・オブ・キンセール付近で突風にあおられて座礁し、難破して45人の命が失われた。[17]ウィリアム・ブラウン号は1841年に西向き航路を航海中に氷山に衝突して沈没した。少なくとも46人の乗客が死亡した。沈没する船の中に取り残された乗客もいれば、航海士によって救命ボートから放り出された乗客もいた。この航海士はフィラデルフィアで裁判を受け、殺人罪で有罪を宣告された。[18]1848年には3等船客322人を乗せて西に向かったパケット船オーシャン・モナーク号が、リヴァプールを出港してまもなく火事になった。火はあっという間に燃え広がり、178人が死亡、そのうち大部分は3等船室の乗客だった。[19]

チャールズ・ディケンズの大西洋横断帆船旅行

有名なイギリスの小説家チャールズ・ディケンズは、1842年1月に海運会社キュナード・ラインの蒸気船に乗って大西洋を渡り、6月に帰国するときはパケット型帆船ジョージ・ワシントン号に乗ろうと決めた。これは理にかなった選択だった。1月のボストン行きの航海は逆風が吹きやすい時期だった（ディケンズの航海にとって不運なことに、強風が吹き荒れた）。帰りの東向き航路では、順風と好天に恵まれると予想され、実際にそのとおりになった。ディケンズは1等船客で、船長、士官、そして他の1等船客と一緒にキャビンかサロンで食事をし、船倉や甲板にいる移民とは同席しなかった。ディケンズは次のような記録を残している。

私たちは八時に朝食を、十二時に昼食を、三時にディナーをとり、そして七時半にお茶を飲んだ。楽しいことはいくらでもあったが、中でもディナーは少なからぬ楽しみの一つだった。それは、第一に、食べるということ自体のため、そして第二に、それにかける驚くほど長い時間のためだった。それは、一品一品が出される際の長い合間をすべて含めて二時間半を下る（くだ）ことはなかった。これは毎日いつも変わることのない楽しみの一つだった。[20]

ディケンズは、給仕人は「黒人の給仕」で、「三週間もの間……歯を見せてにこやかに笑っていた」と描写している。[21] 食事と食事の合間にはトランプでホイストやクリベッジをして遊び、読書、バックギャモン、ショベルボード（おそらく現在では「ショーブハペニー」または「ショーブグロート」の名で知られるボードゲームの一種）を楽しみ、マイルカやネズミイルカを観察し、甲板で散歩をした。乗客が甲板でアコーディオンやバイオリン、有鍵ビューグル〔6個のキーがあり半音階で演奏できる金管楽器〕（有鍵ビューグルはたいてい午前6時に始まった）を船のあちこちで同時に練習するため、うるさくてかなわないとディケンズは書いている。[22] ディケンズが帆船で東に向かう6月の航海を、蒸気船で西に向かった1月の航海よりはるかに満喫したのは確かなようだ。ディケンズは、彼よりも質素な食事をしている乗客の存在にも鋭い目を向けていた。

三等船室におよそ百人ほどの乗客たちがいたが、それは貧困の小世界とでも呼ぶべきものだった。彼らは昼のうちは甲板に出て新鮮な空気を吸い、料理をし、それをそこで食べることさえしばしばだったが、それを上のほうから眺めているうちに……彼らの身の上話……をとても知りたくなった。[23]

ジョージ・ワシントン号は、当時の多数のパケット型移民船と同様に、乗客用のかまどを船倉ではなく甲板上に設置していた。次に紹介する文章は、この船が乗客に各自の食料を自分で用意させていたことを示している。乗客はたいてい、新世界でよりよい生活をする夢が破れて帰国する人々だった。

彼らの何人かはわずか三日間アメリカにいただけだったり、何人かはわずか三カ月だけだったり、また、いま帰国の途にあって乗船しているまさにこの船のすぐ前の航海で渡って来ていたという者たちさえいた。渡航費を工面するために衣服を売り払ってしまい、体を覆うぼろ着さえほとんど持たない者たちもいれば、食料を持たず、ほかの人たちの慈善でしのいでいる者たちもいた。一人の男は……後部船室のディナーで使用された皿が洗うために外に出されるときに、そこから失敬する骨と脂肪の切れ端以外はまったく何も食べ物を持っていなかった。[24]

ディケンズはパケット型帆走移民船の邪悪さをはっきりと批判した。法律によって、「少なくともイギリス側では」過密状態のパケット船が禁止されているにもかかわらず、この問題は新世界でも旧世界でも生じた。移民のための医療が不十分なせいで、死ななくてもすんだはずの命が海の上で失われた。最も大きな問題は、航海に十分な食料が用意されていない船に移民が乗り込むのを防ぐ手立てがまったくなかったことである。[25]

ジャガイモ飢饉

ディケンズがジョージ・ワシントン号に乗って航海してからわずか数年後、農作物に起きた大災害が新たな移民の波を生み出した。ジャガイモ疫病菌（学名 Pytophthora infestans）が１８４５年と１８５１年にアイルランドのジャガイモに大凶作を引き起こした。過去１世紀半の間に、アイルランドの農地は次々と肉牛の放牧地に転換され、小作人は家族を支える分だけの作物を栽培していた。作物の種類は次第に「アイリッシュ・ランパー」と呼ばれるジャガイモに絞られていき、小作農はこのジャガイモを耕作可能な土地の隅のわずかな面積を使って栽培していた。

アイルランドのケルト人の草地は、何世紀ものあいだウシの飼育に使われていた。イギリスはこの……地域を植民地化し、その農村地帯の大部分を自国の膨大な牛肉需要を満たすための広大な肉牛放牧地に変えた。……イギリス人の牛肉好きは、……アイルランドの貧しい、無力な人々に深刻な打撃を与えた。……最良の牧草地から追い出され、限界生産地の小さな畑で耕作することを余儀なくされたアイルランドの農民は、やせ地でも丈夫に育つジャガイモを栽培した。ついには、ウシがアイルランドの大部分の農地を占領し、先住民はほとんどジャガイモだけに頼って生きるようになった。[26]

ジャガイモ疫病菌は1845年にアイルランドのジャガイモの収穫の33～50パーセントに、1846年には75パーセントに打撃を与えた。アイルランド産の牛肉や穀類が依然としてイギリスに輸出される一方で、100万～150万人のアイルランド人が餓死、または食料不足が原因の病気で死亡し、100万人がアメリカ、カナダ、オーストラリアに移民となって逃れた。スコットランドや他のヨーロッパ諸国でもジャガイモの収穫は損失を受けたが、これらの地域では多種多様なジャガイモの品種が栽培され、自給作物の種類も多様だったことから、ジャガイモ疫病菌の影響はアイルランドほど破壊的ではなかった。救済の手は意外な場所から差し伸べられた。オスマン帝国のスルタン、アブデュルメジト1世は義援金と食料を満載した2、3隻の船を派遣したと伝えられている。ロシア皇帝ニコライ1世もまた、多大な寄付をした。アメリカ先住民族のチョクトー族は、わずか16年前に「涙の道」と呼ばれる居住地からの強制移住を経験したばかりだったが、飢えに苦しむアイルランド人に救援金を送った。[27]

大西洋を横断するパケット船の船倉を大量のアイルランド人難民が埋め尽くした。この船は角ばった大型の帆船で、後に登場する細長く流線型のクリッパーの先駆けだった。アイルランド人移民の航海から多数の歌が生まれた。ある歌では、アイルランド人移民の少女がタプスコットという有名な船主と会話し、「アメリカ行きのパケット船はありますか」と尋ねている。タプスコットは答えて、

ええ、もちろんパケット船はありますよ、1隻か2隻ありますよ。

ジニー・ウォーカー号とカンガルー号がありますよ。
ジニー・ウォーカー号がありますよ、今日帆を揚げて出港です。
55人の移民とトウモロコシ粉1000袋を積んで。

続いて移民の少女はこう歌う。

船が着いて、降りたところはキャッスル・ガーデン、
もしもヤンキー・ボーイと結婚したら、もう二度と海を渡らない。[28]

キャッスル・ガーデンはニューヨークの移民局で、マンハッタン島の南端に位置し、かつては砦だった場所である。移民局の機能は1892年にエリス島に建設された施設に引き継がれた。この歌の他のバージョンでは、パケット船が「船を押し戻す」北西の風に阻まれる。大西洋を西に向かう航海ではよくある出来事だった。男性の移民が登場するバージョンでは、この歌は次のように終わる。

俺はとうとうアメリカに来て、今じゃ運河で働いている、
パケット船に乗って故郷に帰る気はない、絶対に帰らない、

だけどものすごく大きなナショナルボートに乗ろう、蒸気機関と帆を両方持った船、たっぷりの牛肉とたっぷりの食べ物を積んで、黄色い粉は一切なしで。[29]

皮肉なことに、この歌の主人公のアイルランド人は、チャールズ・ディケンズと同様に東向き航海なら帆船で快適な旅ができると予想していた。しかし帆船による西向き航海が長引いたせいで、帆だけで海を渡る航海すべてに嫌気がさしたのだろう。黄色い粉はトウモロコシ（イギリスではメイズと呼ぶ）粉で、アメリカでは安く大量に生産された。この歌から判断すると、当時のパケット船にはこの安価な食料をどっさり貯蔵しておく習慣があったようだ。仮に航海が予想以上に長引いて、乗客が持参した食料が欠乏しても、いざというときの食料が蓄えられていた。トウモロコシ粉はゆでてコーンマッシュ（南北戦争でときおり兵士に支給された）にするか、小麦粉を少し加えてパンを焼いた。

ハーマン・メルヴィルの『レッドバーン』

ハーマン・メルヴィルは1849年に小説『レッドバーン』（坂下昇訳、国書刊行会）の中で、移民船の環境を描写した。3等船室となる中甲板の中央には真水の樽がずらりと並び、樽と舷側の間に3段の寝棚が4列押し込まれていた。この寝棚は「粗削りの板を組みたてて急造で」作られたものだった。[30]

見たところは、犬小屋そっくりというしかない。とくにここは陰気で暗いのだし、光線が入ると言っても、船首と船尾のハッチしかないのだが、この二つの開口部の上には、俗に《えぼし口蓋》と称する小屋が立つのだから、光はほとんど入らない。[31]

メルヴィルは移民の調理設備の様子も描写している。ディケンズが描写したジョージ・ワシントン号と同じように、屋根のない甲板上にかまどがしっかり縛りつけてあった。

メーンの開口部はまいはだでしっかり締め、重い防水布を被せてあるのだが、この上に《船客用展望台》と称するものを固縛して取りつける。

《展望台》とはいっても、じつはこれが大きな、野外の炊事場で、というよりは、鉄の竈だ――とくに移民船専用に作ったもので、天候からの保護はまったくなく、移民らは海上にいる間、自分の食事をここで料理することを許される。[32]

この屋外のかまどは新世界から旧世界に戻る3等船客には用が足りていたかもしれないが、西に向かう多数の移民の需要に応えるには不十分だったとメルヴィルは書いている。1日のうち決まった時間しか火が起こせなかったので、争いは避けられなかった。「火を起こすや否や老婆や男や子供らがぞくぞくやってくるのだが、めいめいが鉄鍋かソースパンを持っていて、料理の順番を争っては大騒ぎを起こすのがつねだったし、時には喧嘩までおっぱじめ、お互いの鍋や釜をひっくり返すこともあった」[33]。移民用のかまどが使える時間は限られ、船が込み合っている場合、全員が食事を調理するには足りなかった。メルヴィルは、まだ順番を待っている乗客の目の前で船員が調理用の火に水をかけて消火しなければならなかった場面を描写した。「私が第二折半直（午後6〜8時）に就かされる夕刻、運転士の命令でやむなく移民たちの台所に進み、集まったみんなが火を消す時がきた。消さないとバケツで潮水をかけますよと通告する時など、どんなにつらい思いをしたことか！　もっとも、ここに集まる多くが、永いこと待ちくたびれているのだから、失望したまま黙って去っていったものだが……」[34]

メルヴィルは1849年に『レッドバーン』を出版した。大飢饉後のアイルランド人移民の怒涛のような流入が始まったばかりの時期だ。彼はアイルランド人移民の主要な食べ物は「オートミールと水で、これを煮たものを普通《マッシュ》という。オランダ人はこれを《スーパン》と呼ぶし、船乗りは《バーグー》と呼ぶ。東部ヤンキーは《急ごしらえがゆ》と呼ぶ」と述べている。[35]移民の波が洪水と化すにつれて、船主から配給される「黄色い粉」は初期の移民が持参したオートミールを補うようになった。トウモロコシ粉に水を混ぜ、ゆでてマッシュにする調理法はオートミールと同じだったようだ。

ディケンズと同様にメルヴィルも、イギリスとアメリカの両政府が乗船する移民の数を制限し、乗客全員に十分な食料を積むことを船長に義務づける法律を可決したが、これらの法律は法的強制力がなく、たいてい無視されたと述べている。[36] 甲板に結びつけられたかまどは、当時のパケット型帆船で航海中、3等船客のための日常的な調理設備として使われた。乗組員、士官、そして1・2等船客の食べ物は、甲板室に備え付けの厨房で調理された。

ドイツの移民船は、そのほとんどがハンブルクから出航した帆船で、スコットランド人やアイルランド人移民を乗せた船とほぼ同じだった。3等船客の区画は帆船から蒸気船への移行とともに改善した。動力の変化とともに、航海にかかる日数をより正確に予測できるようになった。パケット型帆船は習慣的に乗客が自分の食料の一部または全部を用意し、各自ばらばらに調理するよう求めていた。蒸気船は習慣的に3等船客の食べ物を用意し、調理した。それにより、関係者すべてにとって食事の問題は安全、確実、そして快適になった。

現代の観点からすると、移民用帆船の運航会社が甲板やメインハッチにひもで結びつけただけのかまどを使って乗客に各自で調理させていたのは理解しがたい。初期の移民船や、クリッパー船シーサーペント号のように、一時的に乗客を乗せていた船なら無理もないと言えるだろう。これらの船の場合は、釘で打ち付けた寝棚や甲板にひもで結びつけた「乗客用厨房」は合理的だった。貨物船としての通常業務に戻るときは、寝棚や厨房を解体すればいいからだ。しかし、ジョージ・ワシントン号のような船、そして1840年代の大西洋横断パケット型帆船は、東向きより西向き航路の方が乗客が多いという違いこそあれ、定期的に乗客を運んでいた。耕作地からの締め出しや飢饉、貧困によって、人々が旧世界を捨てて新世界へ群れをなして移住し始める前から、世界中の海軍は移民船と同程度の船で、同程度の人数に食事を配給していた。移民船の乗客とほぼ同じ数の人員を乗せていた軍艦に合う大きさのブロディー・ストーブがあれば、パケット船ジョージ・ワシントン号に乗船していた乗組員と乗客すべての食欲を満たせただろう。

1880年代までに、蒸気船は備え付けの段ベッドを持つようになった。最初は3等船客が寝るための簡素なベッドで、食事をするためのテーブルがついていた。そして食事は備え付けの厨房で、賃金を払って雇った料理人によって調理された。当然のことながら、蒸気船の3等船室の運賃が帆船に対抗できるようになると、3等船客は蒸気船に殺到した。移民ビジネスが帆船から蒸気船に移行したのは、快速で航海に要する期間が安定しているからだと一般に考えられている。しかし、甲板に屋根もないまま設置されたかまどで食事を作れなかった移民の話を読むと、もっと納得のいく理由があるのがわかる。蒸気船では食事の出し方が合理的に決まっていたことが、帆船がすたれた実質的な理由に違いない。

中国人移民とエンジェル島の壁の詩

1848年に金が発見された後、多数の中国人がカリフォルニアに到着した。彼らは偏見や、ときには迫害に耐えなければならなかったが、数多くの中国人は成功し、ある程度の財産を築いて帰国するか、カリフォルニアに残留して商売を始めた。おそらくゴールドラッシュからの連想だろうが、中国人はカリフォルニアを「ゴールドマウンテン[37]（金山）」と呼んでいた。アメリカは

「美しい旗の国」、もしくは単に「美しい旗（フラワリーフラッグ）」と呼ばれていた。[38]

アメリカやオーストラリアのゴールドラッシュ時代の中国人3等船客の記録はほとんど見られないが、わずかながら記録が残っている。クリッパー船シーサーペント号は1854年に60人の中国人3等船客を乗せて、サンフランシスコから香港に航海した。彼らはおそらく帰国する金鉱労働者だったのだろう。ヒュー・マックロック・グレゴリーは平水夫として左舷当直を務めている間に、ゴールドマウンテンから帰国する乗客に関するさまざまなできごとをメモした。

7月3日、月曜日——午前6時。蒸気船ハーキュール号がわれわれを港まで牽引（りんいん）した。この船には3人の1等船客と60人の中国人が3等船室に乗っていた。

7月7日、金曜日——一晩中……演奏会があった……鶏舎がわれわれの宿所の前にあり……雄鶏、雌鶏、ガチョウ、アヒルの鳴き声をたっぷり聞かされた。それに加えて中国人がハイイログマ（子熊）を連れてきていた。彼らのひとりが所有するクマで、檻が鶏舎の横に置かれていた。クマが立てる騒々しい物音にびっくりさせられた……。

7月10日、月曜日——この船に乗っている中国人ほど不潔でむかつく生き物は見たことがない。夜も昼もしゃべり続けているので、頭にきて喉をかき切ってやりたくなるほどだ。

8月18日、金曜日——甲板を清掃していたとき、中国人とけんかになり、ハリーがひとりの頭をバケツで殴った。周りにいた中国人がハリーにとびかかろうとし、キャプスタン棒〔レバーとして用いられる金属棒〕を手に現場に駆けつけた残りの当直によって制止された。戦闘の休止を指示し、航海士は中国人と話し合いをしたが、とうとう「……〈表記するのをはばかる罵り言葉〉に行け」と言い、乗組員がキャプスタン棒を振り回すと、ジョン・チャイナマン〈19世紀の風刺漫画に登場する中国人〉はシェークスピアの「用心は勇気の大半を占める」〈『ヘンリー4世』の一節で、「君子危うきに近寄らず」の意味で使われることわざ〉が信条だったらしく、さっと退却した。

8月22日、火曜日（香港に停泊）――中国人は全員早朝に下船し、その後片づけで大忙しだった。物売りの小型木造平底船がバナナ、パイナップル、リンゴなどの果物を積んで1日中近くを行き来し、果物は飛ぶように売れた。[39]

グレゴリーは中国人3等船客が何をどのようにして食べていたかを記録していないが、彼らの食事はおそらく中国人専用の料理人がシーサーペント号の厨房か、どこか別のかまどで調理していたのだろう。中国人乗客の食事は金鉱地の宿泊所で食べていたものと大差なかったと思われる。ある現代の作家は、「いつもの米、野菜、肉、魚」だったと述べている。[40] ハイイログマの存在は注目に値する。これはおそらくカリフォルニア州を象徴する動物で、現在は絶滅したカリフォルニアハイイログマの個体だったと思われる。

シーサーペント号の1854年の航海から数年後、チャールズ・アビーはオーストラリアに航海し、そこで中国人金鉱労働者と遭遇した人の話を聞いた。

１８５９年8月12日金曜日。あのいまいましい船乗りたちときたら……座って繕い物をしながら、オーストラリアの話をしていた。中国人の賭博小屋に火を点けたとか、天朝人〔中国人を揶揄して呼ぶ言葉〕を採掘現場から追い出したとか。[41]

中国人差別はアメリカだけでなく、オーストラリアにもはびこっていた。アビーの船員仲間は明らかに、アメリカの同類と同じように偏見の塊だったようだ。

１８６０年代に、カリフォルニアに新たな中国人労働者ブームが到来した。今度はセントラル・パシフィック鉄道の建設現場で働くためで、宙づりの籠に乗って岩肌に爆弾をしかけ、シエラネヴァダ山脈を通過する路盤を切り開くのである。労働者は新寧県〔湖南省〕や新会県〔広東省。現在は新会区〕の出身で、労働者の家族が返済を保証するのと引き換えに、仲介業者が労働者の旅費を前払いした。帆船の料金は2～3カ月の航海につきおよそ25ドルで、蒸気船の場合、航海は1カ月で費用はおよそ40ドルだった。[42]セントラル・パシフィック鉄道の建設現場の食事は、おそらく中国人労働者が船の上で食べていた食べ物とほぼ同じだった。干した貝を戻したものや、野菜、海藻が、たっぷりのお茶とともに出された。建設作業員には必ず茶の運搬人が同行し、ふたつの小さな樽を天秤棒で肩に担いでいた。中国人の食事は白人労働者の牛肉、豆、パン、バター、ジャガイモの食事よりバランスが取れていたかもしれない。いったん煮沸した水分を取ることは、おそらく中国人の鉄道建設労働者の健康や活力を高めただろう。[43]

中国人金鉱労働者や鉄道建設作業員の中には中国に帰国する者もいたし、ゴールドマウンテン、すなわちアメリカに残る者もいた。1850年代までに、中国人はサンフランシスコのリンコン・ポイントに漁村を開拓し、初期のサンフランシスコ市民に魚介類を提供した。[44]

金鉱地の宿泊所や鉄道建設現場、あるいは船上で、素人の中国人料理人がしばしば伝統的な食材に西洋風の材料を加えて作った料理は、次第にアメリカ文化に浸透した。宿泊所で即席に作られたチャプスイ〔八宝菜に似た料理〕やチャーメン〔焼きそば〕は、20世紀にアメリカの定番料理となった。多くのアメリカ人は気づいていなかったし、現在でも知らない人が多いが、これらの料理は中国生まれではなく、「美しい旗の国」で働くために母国との間を行き来した中国人労働者や移民の宿泊所や帆船の厨房で誕生したのである。

中国人移民はアメリカの料理文化に影響を与え続けた。フロリダではルー・ジン・ゴンという中国人が開発した耐寒性のオレンジの品種が、ルー・ジン・ゴン・メディテラニアン・バレンシアオレンジと名付けられた。オレゴンではア・ビングという中国人が雇い主である園芸家と協力してビングチェリー〔アメリカンチェリー〕という品種を開発した。[45]

「島」――エンジェル島移民局

1910年から1940年までの間、サンフランシスコに到着した移民は、サンフランシスコ湾北部に浮かぶエンジェル島の施設で入国審査を受けた。[46]反中国人感情が高まっていたせいで、中国人移民に対する審査はヨーロッパ人に対するよりも徹底的で厳しかった。その点では日本人も中国人と同じ扱いを受けた。多くの中国人は入国を認められるまで数カ月間エンジェル島（中国人は簡潔に「島」と呼んだ）で拘留され、場合によっては中国に送還された。中国人移民はたいていアメリカか日本の蒸気船に乗ってアメリカに到着した。船上での食事を中国人移民が回想した記録が残っている。33歳のジュウ夫人は、１９２２年のつらい体験を次のように回想している。

> 船の上で、私たちはふたつの寝台がある部屋に泊まった。その部屋からほとんど一歩も外に出ず、食欲がほとんどなかった。私は朝食に卵を２個食べた。昼食はとらなかった。夕食には野菜をほんの少しと、米を食べた。同室の女性はひどい船酔いで、航海の間中ほとんど何も食べなかった。[47]

エンジェル島に拘留された中国人は、移民収容所の壁に彼らの旅を歌った詩を刻んだ。残念なことに、女性専用のバラック小屋が１９４０年に焼け落ちたため、女性たちの詩はすべて失われてしまった。男性の詩の多くは上からペンキを塗り直される前に記録に残された。木の壁に刻み付けられて、今でも見ることのできる詩もある。

織姫が彦星に出会う日に

私はプレジデント・リンカーン号に乗って出港した。
20日以上も風を食べ、波を味わった。
ありがたいことに、無事にアメリカ大陸に着いた。
数日たてば上陸できるだろうと思った。
木造の小屋に囚人のように閉じ込められるとは、どうして予想できただろう？[48]

次に紹介するのもエンジェル島の壁の詩を翻訳したものだ。書いたのは明らかに男性の移民で、中国に送り返されることになったようだ。

私はひと月の間収容されたままだ。上靴は一歩も前に進まなかった。
マンチューリア号に乗って到着し、モンゴリア号で帰る。
もしも南洋（ナンヤン）に行けるなら、きっとそうしよう。
身を立てる場所ならアメリカ以外にもあるだろう。[49]

マンチューリア号とモンゴリア号はどちらもパシフィック・メール・スティームシップ社の船である。この会社は太平洋を航海するアメリカの主要な船会社のひとつとして、１８４８年に創立された。ナンヤンは東南アジアを指している。入国を拒否された移民は、来たときと同じ海運会社の船で帰る決まりだった。移民を運んできた海運会社は、その移民を送還する法的な責任を負っていた。そのため、アジアやヨーロッパを出発する移民船は、乗客が入国管理所で入国許可を得られるように、審査の予行演習をさせた。

日本人移民もエンジェル島を通過したが、日本人は中国人のように数カ月も拘留されることはめったになかった。次の文章から、日本の蒸気船は寝台の数以上の乗客を乗せていたことがわかる。チュウジロウ・クボは移民船の混雑ぶりとひどい環境を回想している。

> 私は1897年8月に神戸から貨物船山口丸に乗ってアメリカに来た。私は16歳だった。3等船室は160人以上の乗客でごった返し、横になれる寝台はなかった。私は前部の船室の木の床の上に持参したむしろと毛布を敷いて寝た。そこは窓もなく、明かりもなかった。……その船室は密閉されていて、換気できないので、悪臭が立ち込め……食べ物は下等な南京米〔細長く粘り気のないインディカ米〕と塩漬けの海藻、そして保存のために醤油で煮こんだどす黒い貝だった……。数年後にはまたこのような船に乗って日本に帰るのかと思うとぞっとした。[50]

1950年代の初めから、アメリカは入国希望者を海外の領事館で審査し始めた。そのため、移民は延々と待たされたあげく送り返される心配がなくなった。

出発

本章の締めくくりに、偉大な19世紀の作家であり人権活動家による詩を紹介しよう。ヘレン・ハント・ジャクソンの詩『出発 *Emigravit*』は、移民船の出航の場面を描いた後で、人生の旅路の最後を表すために「移民」をメタファーに使っている。

すべての帆を張って、船は錨を揚げる、
船首像の下に不思議な船名が輝いている。
期待に満ちた瞳で、どれほど晴れやかな別れの言葉が告げられただろう！
旅立つ者、残る者に、どれほどの励ましが与えられただろう！
晴れ渡る空、豊かな土地、新しい家、未知の日々
ある者は求めに行き、それ以外の者はただ待つのみ、
同じ志を持つ者が先導する道を眺めながら、
信頼に足る次の船が旗を掲げるまで。
どれほど多くの居住地があるのか、いったい誰にわかるだろう
そこには収穫が期待できる田畑、豊かで思いもよらない利益
遠くまで作物がびっしり植えられた輝く平野があり

あまりに遠くまで続いているので、私たちはそれを空と呼ぶ。
ああ、どうか私のことはこう書いてほしい、「失意のうちに亡くなった」ではなく、
「新しい星に移住した」と！[51]

第6章　蒸気船と缶詰

19世紀の間に、蒸気動力を航海に応用したことによって海上交通の性質は大きく変化した。それとほぼ同じ時期に、缶詰製造技術の発達によって、人々が海上旅行中に食事をする方法に変化が生まれた。どちらの変化もゆっくりと部分的に進んだ。蒸気動力と缶詰の採用は、両方とも困難と災難をともなっていた。１８００年には、海上旅客交通は完全に風力に頼っていた。19世紀の終わりまでに、旅客交通はほとんど完全に蒸気動力によるものになった。１８００年には、各国の軍艦は木造の帆船で、舷側に大砲が長い列をなしていた。１９００年になると、各国の軍艦は鋼鉄製の蒸気船になり、装甲板に覆われた回転式砲塔に巨大な大砲を搭載した。同じ時期に、缶詰製造技術によって、食べ物はこれまでよりずっと長い間保存できるようになった。蒸気動力と缶詰食品の導入により、船上での食事方法は一変した。

蒸気動力の海上進出

初期の蒸気船は、陸に囲まれた水面を航行するために設計された。外輪は蒸気動力で船を推進する最も便利な手段としてたちまち広まり、外輪蒸気船は19世紀の最初の数十年間に増加して、世界中の湾、湖上、河川を航行した。陸に囲まれた河川や湾内に比べて、海上を航行する船では蒸気動力の採用が遅れたのは驚くに当たらない。蒸気船の登場前に河川を航行していたキールボート〔長細い河川貨物用の船〕や平底船は、流れに逆らって舵取りをするのが非常に困難だった。風が望ましい方向に吹いていれば帆が役立ったが、河川上では方向転換する余地が限られているため、風が役に立つのは船の進行方向に対して船尾に向かって吹いているときだけだった。平底船が流れに逆らって進むためには、漕ぐか、竿をさしたが、「曳航」に頼る場合も多かった。平底船を曳航する場合、乗組員が岸に上がり、引き船道〔家畜に船を引かせるために河川や運河沿いに作られた道〕のラバさながらに（ただし河岸に引き船道はなかった）、「引き綱」、すなわち曳航用ロープを使って意気揚々と、ときには苦心惨憺しながら、上流に向かって船をロープで引っ張った。蒸気動力を利用し、両舷または船尾に取りつけた外輪で進む蒸気船がたちまち河川や湖沼など内陸水の交通に採用されたのは当然だった。北アメリカでは、蒸気動力の川船の大半は、燃料として石炭ではなく薪を使うように設計された。ミシシッピ川、ミズーリ川、オハイオ川の後背地〔港の物資の出入りに密接な関係のある地域〕は、これらの川を航行する蒸気船に燃料を提供するために起きた19世紀の森林破壊の影響からまだ回復しきっていない。

蒸気動力が大海原の航海に採用されるには長い時間がかかった。外洋帆船は何世紀もかけて発展し、風力は大きさも設計もさまざまな船に効率的に利用された。初期の外洋蒸気船は外輪を使用したが、外輪は荒波で簡単に破損した。波にもまれると、どちらか一方の舷の外輪が一時的に海面から浮き上がってしまう場合があった。船を安定させて両舷の外輪が常に海面から出ないようにするために、外輪蒸気船に数枚の帆を張るのが習慣になった。

外洋航行に蒸気動力が応用されるのを妨げたもうひとつの問題は、蒸気機関そのものの効率の悪さである。19世紀後半に3段膨張式エンジンが開発されるまで、蒸気エンジンは運転中にエネルギーの大部分を失い、運転を続けるには大量の石炭を供給する必要があった。初期の外洋蒸気船を優美に見せるマストと帆が、単に時代遅れの装飾だという考えはよくある誤解である。実際には、19世紀半ばの外洋蒸気船のほとんどは、積んだ石炭を長持ちさせるため、帆に受ける風の力に頼っていた。チャールズ・ディケンズは1842年にアメリカから友人のジョン・フォスターに宛てた手紙の中で、蒸気船ブリタニア号は1200トンで（この船の総トン数は1150トンと記録されている）、大西洋横断航海のために何と700トンもの石炭を運ばなければならないと書いている。したがって出港時には「重そうに進み」、到着時には「軽々と進んだ」。

蒸気を利用した最初の外洋航海を行ったのは、アメリカ船サバンナ号である。モーゼス・ロジャーズは既存のパケット帆船の船体に、折りたためる外輪とともに蒸気エンジンを取りつけた。その結果完成した船は、補助蒸気機関つきの帆船とでも言うべきものになり、1819年にモーゼス・ロジャーズを船長として大西洋を西から東に向かって横断した。この旅の大部分は帆を推進力として進んだが、一部では蒸気動力が使われた。

1838年に舷側に外輪をつけた2隻のイギリス船が、蒸気動力のみで大西洋を横断した。1

隻はグレート・ウェスタン号で、これは卓越したエンジニアのイザンバード・ブルーネルによる設計の賜物である。もう1隻はシリウス号で、本来はロンドンとアイルランドの都市コークの間を結ぶ郵便蒸気船として建造された船だった。シリウス号はグレート・ウェスタン号より4日遅れて出発したにもかかわらず、先にニューヨークに到着した。シリウス号はもっと短期間の航海のために設計された船だったが、予備の石炭を積み、それも足りなくなると、乗組員がキャビンの家具や予備の帆桁、さらには2本のマストのうちの1本さえ燃料として火にくべた。このエピソードにヒントを得た作家のジュール・ヴェルヌは、小説『八十日間世界一周』の中でよく似たエピソードを書いた。

カナダのノヴァスコシア州の州都ハリファックス出身のサミュエル・キュナードがリヴァプールと北アメリカ間の郵便を輸送する契約をイギリス海軍本部と締結したのは、1830年代最後の数年間である。キュナードの最初の蒸気船RMS（ロイヤルメールスティーマー）ブリタニア号は1840年に事業を開始し、リヴァプール、ハリファックス、ボストン間を定期的に運航した。スケジュールどおりに大西洋横断航海をする報酬として、郵便輸送事業は安定した収入をキュナードにもたらした。キュナードの海運会社は、初めは「ブリティッシュ・アンド・ノースアメリカ郵便汽船会社」という社名で設立され、キュナード・カンパニーとなった。この会社は高い初期費用を埋め合わせるために、政府と郵便事業契約を結んだ初期の数社の汽船会社のひとつである。キュナード社の一番船ブリタニア号に続いて、まもなくアカディア、コロンビア、カレドニアが就航した。続いてやや大型のヒベルニアとカンブリアが加わった。こうしてキュナードは大西洋横断定期船を、西から東、あるいは東から西のどちらも月に2回運航することができた。[2]

定期船のアイデアは、すでに1818年にアメリカの海運会社ブラックボール・ラインによって実行されていた。第5章で見たとおり、ブラックボール社や、それに追随した船会社は定期的なスケジュールで港（リヴァプールとニューヨーク）から出発する約束はできた。しかし、当然ながら到着する時期を保証することはできず、特に卓越風〔最も吹きやすい風向の風〕がしばしば逆風となる東から西へ向かう航路では到着が遅れやすかった。蒸気動力の導入によって、スケジュールどおりの定期的な出港だけでなく、予定通りの到着が夢物語ではなくなった。

キュナード・カンパニー――「スピード、快適、安全」

キュナードの大西洋横断事業は、一種の実用本位の効率性を象徴していた。キュナードは造船業者に、「無駄のない快適な船がほしい。見映えのための不必要な出費は一切省くように」と指示した。キュナード社の蒸気船は中型の船で、ブルーネルのグレート・ウェスタン号に比べて小さく、効率的に航行した。キュナード社は「スピード、快適、安全」をモットーとし、各船の船長に3つのRを避けるように指示した。それは競争（レース）、対立（ライバル）、危険（リスク）である。キュナード自身の言葉を借りれば、「船は人や貨物を乗せている。船を目的地まで届けろ。スピードにこだわるな。わが道を行き、船を安全に運び、安全に戻せ――安全こそ必要とされるすべてだ」[3]。

キュナードの蒸気船は不必要な装飾を省いて建造され、慎重に運航されたが、それでも技術の驚異に沸きたつ時代の技術の粋を象徴するような船だった。ブリタニア号や、それに類する船に乗って大西洋を横断するのは、1970年代に超音速旅客機コンコルドに乗って大西洋を越えるのに匹敵する経験だった。設備はとりわけ豪華というわけではなかったが、しゃれていて、快適に作られていた。設備と食事の点では、乗客は帆船の1等船客に勝るとも劣らない快適さを享受した。キュナードの蒸気船の乗客は、持参した食料を自分で調理した移民船のような環境に耐える必要はなかった。ブリタニア号の乗客は陸上のホテルを少し窮屈にしたような客室と、当時のホテル並みの食事を期待できた[4]。

チャールズ・ディケンズの北アメリカ航海

1842年1月にチャールズ・ディケンズはキュナード社の最初の蒸気船ブリタニア号の乗客となった。ブリタニア号は大西洋横断航海を開始してから18カ月が経過したばかりだった。ディケンズはおそらく、キュナード社の乗客の中で最も有名な人物だろう。初期の大西洋横断蒸気船での経験をディケンズが書き残したことは、後世のわれわれにとって幸いだった。ディケンズが6月にパケット型帆船の移民船に乗って帰国したときの旅については、すでに前章で触れた。

1866年以前に撮影されたキュナード汽船会社のRMSエウロパ号。この船はブリタニア号以降のキュナード社の次世代の蒸気船の象徴である。ブリタニア号よりもやや大きいが、外見は非常によく似ている。出展不明。https://en.wikipedia.org/wik/File:RMS_Europa.jpg

ディケンズの形容詞や副詞の選択は、彼が蒸気船に満足していなかったことを示している。もしかすると、彼は蒸気船の乗り心地が期待外れだと感じたのかもしれない。あるいはこの驚きに満ちた新しい技術が、世間の評判ほどすごいものではないと自分の読者に言っておく必要があると思ったのかもしれない。

理由はどうあれ、ディケンズは蒸気船より帆船の方が好ましいとあからさまに伝わる書き方をしている。ディケンズの蒸気船の旅は東から西に、卓越風に逆らって航行する航路であり、しかも大西洋の天候がとりわけ荒れる1月だったということを読者は念頭に置く必要がある。リヴァプールからハリファックスを経由してボストンに向かうディケンズの航海は、たった18日間で完了した。航路の方向と季節を考えると、この日数はキュナードが誇るに足る快挙である。ディケンズの帆船による帰国の旅は6月で、天候は1月よりはるかに穏やかであり、卓越風は逆風ではなく順風だった。

船の内部に下りる前に、私たちは甲板から細長く狭い部屋を通り抜けて行った。その部屋は両側に窓があり、巨大な霊柩車（れいきゅうしゃ）に似ていなくもなかった。一段高くなった端には憂鬱（ゆううつ）な感じのストーヴがあって、三、四人の給仕たちが寒々とした様子で手を暖めていた。また、そのどちら側にも、長い長いテーブルが向こうの方へと延び、もの淋（さび）しい様子を見せていた。それぞれのテーブルの上座の方には、低い天井に固定された網棚があり、飲用グラスや薬味ビンがいっぱい詰め込まれていて、それが横揺れする海と厳しい天候を思わせ、陰気な気分を誘った。……彼（ディケンズの航海を取り計らった友人）は「船の大広間（サルーン）」について何度も語っていた。……大広間について正しい概念を持つためには、ふだん見慣れている応接室と家具を七倍にして考えることが必要……と日頃から私たちに気軽に言っていたのだ。

この大広間は長い空間で、甲板より上の高さに窓があるところが霊柩車に似ていた。この部屋は当時の帆船に見られる「キャビン」を大きくしたような役割を果たしていた。ディケンズの描写を読むと、この共同の食事室兼社交室の様子が想像できる。2台の長いテーブルが置かれ、それぞれの上にグラスや薬味入れを収納する吊戸棚があった。乗客はそこで食事をし、トランプでホイストのようなゲームをするか、本を読んで、余暇を楽しんだ。

ディケンズはブリタニア号の食料の積み込みについて次のように書いている。

ある一団の男たちは「ミルクを搬入」していた。言い換えれば、乳牛を船にのせていた。別の一団の男たちは氷室に新鮮な食料を収容能力ぎりぎりまで詰め込んでいた。食肉や青物、青白い丸焼き用の子豚、多数の子牛の頭、牛肉、子牛の肉、それに豚肉と鳥の肉を、釣り合いなど意にも介さぬ調子で詰め込んでいた。[6]

ディケンズは、当時のパケット型帆船での食事と同様に、初期のキュナード社の食事について詳しく興味深い描写を残している。生きた牛が詰め物をした牛舎で飼育され、乗客がブリタニア号に乗船中ずっと新鮮な牛乳を飲めるように、この牛の乳が搾られた。ディケンズは彼を含む乗客のために積み込まれた食料の量に驚いただろう。私たちは初期のキュナード社の乗客の食事にどのような材料が使われていたのかを垣間見ることができる。氷室には肉などの腐りやすい食品が保存された。航海が3週間以上かかることはまずなかったから、氷はその期間だけ持てばよかった。

ディケンズは、乗客のほとんどが船酔いから回復した後のブリタニア号の昼食を次のように描写している。

一時になるとベルが鳴り、女性給仕が、湯気の出ているベークト・ポテト一皿、焼きリンゴ一皿、それに豚の頭、冷えたハム、コーン・ビーフ、でなければおそらく湯気の立っているすばらしい熱い薄切り肉のひと皿を持って船室に下りてくる。私たちはこれらのごちそうにとりかかる。できるだけたくさん食べる（今や私たちは大いに食欲がある）、そして可能な限り長く食事に時間をかける。[7]

ブリタニア号には数名の男性給仕と、少なくとも1名の女性給仕が乗船していた。その当時の旅客サービスとしては革新的である。ディケンズの言う薄切り肉はコロップスと呼ばれ、薄くパン粉をまぶして料理され、普通はソースとともに供された。コロップスという名前は、フランス語の「エスカロープ（肉の薄切り）」がスコットランド風に変化した形かもしれない。スコットランドで作られるコロップスのレシピは、子牛肉のスカロッピーニ（薄切り肉に小麦粉をまぶしてソテーした料理）に似ている。食事時間は乗組員のふだんの昼食時間の1時間後で、その点が興味深い。乗組員の食事は伝統的な昼食時間である正午に出され、料理人はその後で乗客の食事の支度をしたのだろう。ディケンズはワインやブランデーの水割りを好んで飲んだようだが、彼は『何十本ものビン入りのポーター・ビール』についても触れている。[8]

昼食から数時間後に、夕食が出された。

五時になると、またベルが鳴り、女性給仕が再びポテトの皿——今度はゆでたもの——とさまざまな種類の熱々の肉料理をたっぷり持って姿を現す。……私たちは再び食卓に着き(前回よりもいくぶん元気に)、リンゴ、ブドウ、それにオレンジといった、うんざりするようなデザートで食事の時間を延ばし、そしてワインと水割りのブランデーを飲む。……私たちは……ホイストをする一団を結成し……ホイストをやるときは、(お茶とトーストのための短い休憩時間を推定しながら)模範的な真面目さで、十一時かそこらまでそこにとどまる。その時刻になると、船長が、顎の下に暴風雨帽の紐を結んで、ピー・ジャケットを着て、再び下りてくる。そして自分が立っている床を水で濡らす。この頃にはもうカード遊びは終わっていて、ボトルとグラスが再びテーブルに並ぶ。[9]

この食事時間もまた興味深い。通常、乗組員の夕食は午後4時か、でなければ彼らにとってもっと都合がいい午後6時に出された。乗客のための夕食は、乗組員の食事から1時間ずらされていたようだ。ディケンズはブリタニア号の航海に関する記録の中で、ブランデーの水割りについて何度か言及している。それはディケンズお気に入りの飲み物だったに違いない。そして1月の大西洋に吹く強い西向きの逆風に体当たりしながら進むブリタニア号の船上で、気分が悪くなった乗客にとってもブランデーの水割りはありがたかっただろう。夕食後の紅茶とトーストしたパンの組み合わせは、ディケンズのように軽い船酔いによる脱力感や吐き気に悩まされている乗客にはちょうどよかった。ディケンズの船旅はとりわけ荒れていた。悪天候でブリタニア号の救命ボートのひとつが粉々になり、右舷側の外輪覆いの板が吹き飛ばされた。

　乗客用サロンに船長が定期的に姿を見せる習慣も、注目に値する。これは後に大西洋横断定期船に設置される「船長の食卓（キャプテンズ・テーブル）」の先駆けと言えるだろう。船長は乗客とできるだけ触れ合い、彼らに親しみを感じてもらいたかったに違いない。

　船上の狭いコミュニティでは、何か変わったできごとが起きると並々ならぬ関心が注がれるとディケンズは述べている。その例として、彼は次のような船上のゴシップを書き留めた。

> 船の料理人は、いたんだウイスキーを密（ひそ）かにがぶがぶ飲んで酔っ払っているところを見つかってしまい、完全に素面（しらふ）になるまで消防装置で水をぶっかけられていた。給仕たち全員が、さまざまなディナーの際に階段から落っこち、あちこちに膏薬（こうやく）を貼って動き回っている。パン職人は寝込んでしまい、ケーキ職人もまた同様だった。そこで、代わりの新米の男が――彼もひどい船酔いで苦しんでいたのだが――ケーキ職人の代わりを務めるよう要求され、甲板の上の小さな部屋の中に空（から）の樽と一緒に詰め込まれ、パイ生地を伸ばすように命じられた。彼は――とても不機嫌だったので――そんなものは見るだけでも死にそうだと抗議する。これこそまさにニュースだ！　陸上での一ダースの殺人事件といえども、海の上でのこのような些細（ささい）な出来事に向けられる関心には及ぶまい。[10]

この料理人に水をかけた「消防装置」とは、手押しポンプのホースだったと思われる。1842年にこうした消防用ポンプを蒸気船に設置するのは当然の用心だった。膏薬を貼った給仕、酔いをさまされた料理人、具合の悪いパン職人や、ケーキ職人の代わりをさせられた今にも吐きそうな新米船員の話など、ディケンズは航海中に起きた食事に関する事件を面白おかしく描写した。

ディケンズと彼の妻は、キャビンからあまり遠くない個室に泊まっていた。キュナード社の場合、安い乗船券を買った乗客は、夜になるとサロンの長椅子をカーテンで仕切って寝た。個室で寝ようとサロンの寝台で寝ようと、客室係に用がある乗客は名前を名乗らずに客室係を呼びだした。そこで客室係は、「お客様、何番ですか?」と尋ねた。隣り合った一組の個室を仕切る隔壁には、どちらの部屋も一度に照らせるようにろうそくが灯されていた。真夜中になると客室係がろうそくを消して回る。ディケンズは、個室の光源となる「鏡の真上にある実に大きな半円形の舷窓」に触れている。[11] ディケンズの個室には舷窓があり、天気のいい日には開けっぱなしにできた。

船内の配管は限られていて、お湯は出なかった。初期のキュナード社の乗客は、当時の帆船の1等船客に引けを取らない快適な設備を利用でき、新鮮な牛乳やクリーム、焼き菓子職人のサービスなど、帆船では得られない利点もあった。しかし船上の環境は60年後にキュナード社や競合他社が提供する大西洋横断航海のサービスに比べれば、雲泥の差があった。[12]

ブリタニア号の小さなコミュニティには、ディケンズはほとんど触れなかった重要な部分がある。それは蒸気機関を動かすために働く労働者たちだ。甲板の気温に関係なく、機関室は息が詰まるほど暑かった。ボイラーを熱するために石炭をシャベルですくって釜に入れる火夫の仕事は、過酷な重労働だった。船員は4時間ごとに勤務と休憩を交代し、「当番と非番」を繰り返すのが昔からの習慣だが、この勤務体系では「ブラックギャング」（石炭で肌や服が真っ黒になるのでこう呼ばれた）は体の熱を取り、十分休憩する時間が得られなかった。そこで石炭を燃焼させる蒸気船のブラックギャングは、船員とは別の4時間の当番と8時間の非番というスケジュールで勤務した。甲板で働く乗組員は4時間交代の勤務を続けた。乗組員の食事は従来の帆船と同じ時間帯に出された。機関室のシフトに組み込まれた者は、8時間の休憩時間の途中で食事をした。

機関室で4時間勤務を終えてから次の勤務までの8時間の休憩中でさえ、火夫の生活は厳しかった。ディケンズのブリタニア号航海から数十年間、イギリスや他のヨーロッパ諸国の蒸気船で働く火夫はリヴァプールのアイルランド人〔ジャガイモ飢饉の際、リヴァプールに多くのアイルランド人が移住した〕か、中国人、あるいはラスカー（インド出身の水夫）だった。アメリカの蒸気船の場合、火夫はアフリカ系が多かった。船舶の機関室で働く多国籍の労働者たちによって、世界の民族学的地図は塗り替えられた。「錨を飲み込んで」（船乗り生活から引退すること）現地の女性と結婚した中国人火夫は、オランダで無視できない少数派を形成した。第二次世界大戦中に、リヴァプールのナイトクラブでジャズやブルースを演奏したアフリカ系アメリカ人の船員は、大半が機関室の作業員だった。リヴァプールの民俗学者トニー・デーヴィスは、1940年代のリヴァプールの音楽愛好家は現代のアメリカ人よりはるかにアメリカ南部の黒人音楽に詳しかったと考えている。リヴァプールの人々とアメリカ音楽の密接なつながりから、1950年代にリヴァプールで「スキッフル」音楽〔手作りや即席の楽器を用いた演奏を特色とする音楽のジャンル〕の熱狂的流行が生まれ、そこからビートルズの前身であるクオリーメン〔ジョン・レノンが1956年にリヴァプールで結成したバンド〕など、1964年のブリティッシュ・インヴェージョン〔ロックやポップミュージックに代表されるイギリス文化がアメリカを席巻した現象〕を象徴する数々のバンドが誕生した。[13]

グレート・ブリテン号とグレート・イースタン号

ブリタニア号やグレート・ウェスタン号に続いて、さらに大型の蒸気船が建造された。ブルーネルの新しい大西洋横断大型蒸気船はグレート・ブリテン号で、錬鉄製の船体とスクリュー推進をあわせ持っていた。1845年に就航したとき、全長98メートルのグレート・ブリテン号は就役中の旅客船の中では世界最長で、この記録は9年間破られなかった。鉄製の船体は、木造船体に比べて数多くの利点があり、費用の安さもそのひとつだった。19世紀半ばのイギリスでは、木材が値上がりするのに対して、鉄の価格は下がっていた。鋼鉄に比べても錬鉄にはすぐれた点があった。鋼鉄は錬鉄に比べて頑丈だが、錆びやすいという欠点があった。グレート・ブリテン号は美しく修復され、現在もブリストルで健在な姿を見せている。この船は現存する数少ない錬鉄製の船体を持つ19世紀の船の1隻である。

ブルーネルは1858年に、グレート・ブリテン号をはるかに上回るグレート・イースタン号を建造した。この船は19世紀の工学技術が生み出した驚異である。最初はリヴァイアサン号と名

蒸気船グレート・イースタン号。画家：チャールズ・パーソンズ。カリアー&アイヴスにより出版。リトグラフに手彩色。複製番号：ポピュラー・グラフィック・プリント・コレクション中のLC-DIG-pga-00795。アメリカ連邦議会図書館デジタル・コレクション提供。http://www.loc.gov/pictures/item/2002699730/

付けられたが、すぐにグレート・イースタン号と改名された。このブルーネルの最高傑作は二重船殻構造で、船体を右舷から左舷まで横切る水密隔壁が船首から船尾の間を数カ所で区切っていた。当時はもちろん、その後もかなり長い間、最も安全な船体を持つ船のひとつだった。グレート・イースタン号の船体は、竜骨や肋材を使わずに建造された独創的な構造だった。グレート・イースタン号は、全長２１１メートル、満載時の排水トン数２７４００トンで、４０００人の乗客を乗せられるように設計されていた。グレート・イースタン号は世界初の遠洋定期船（オーシャン・ライナー）と呼ばれているが、乾舷の高い船体に外輪とマストなどを備えた外観は、19世紀半ばの巨大な蒸気船（スティーマー）に近かった。グレート・イースタン号の生涯は苦難の連続だった。その多くは船体の並外れた大きさが原因である。1861年にグレート・イースタン号は大西洋で記録的な大嵐に襲われた。もっと小型で強度の低い船なら大破していたかもしれないほどの嵐だった。グレート・イースタン号は他の船より堅固に作られていたが、横揺れしやすい性質があり、記録的嵐の真っただ中で、この性質が強く作用した。白鳥の小屋が嵐でばらばらに壊れ、1羽の白鳥が大広間に入り込んで、そこから飛び出そうと何度も壁に体をぶつけたあげく死んでしまった。牛小屋が粉々になり、2頭の牛が大波にさらわれて女性専用のサロンに飛び込んだ。牛は巻き上げ機で吊り上げられ、船外に放り出された。

横揺れがふたたび始まり、今度はいっそう激しくなった。乗客は体を支えるためにテーブルをつかんだ。テーブルは固定されておらず……テーブルが壊れた。客室係が救出に駆け付けたが、テーブルの上の陶器類はすべて粉々になり、ナイフやフォークが散乱した。最後にはテーブル、椅子、陶器類、乗客、そして客室係までがサロンの中央に折り重なるようにして横たわっていた。[14]

嵐はますます激しさを増しながら数日間続き、船室もキャビンも個室も水浸しになった。人も物も、すべてが海水まみれになった。魚油の入ったふたつの樽が、しっかり固定されていなかったせいで動いて壊れ、広々とした船全体に魚油の臭いが充満した。乗客はしばらく何も食べられなかった。料理人はかまどに体をぶつけたが、乗客のために何とか簡単なシチューを作った。壊れていない陶器類は残っていなかった。割れた陶器を入れた樽を転がしてサロンに運び、乗客はシチューを食べるためにできるだけ大きな破片を探して使うように促された。シップス・ビスケットを入れた樽は隔壁にぶつかったまま放置されていたので、乗客はそこから自由に取って食べた。[15]

グレート・イースタン号の外輪と舵は使用できなくなり、船は当時クイーンズタウンと呼ばれていたアイルランドのコーブの港にようやく帰り着いた。コーブは外洋航海船が寄港できる水深の深いコーク市の港である。4年後、グレート・イースタン号は大西洋に電信用海底ケーブルを敷設する船として転用された。この事業がグレート・イースタン号の最大の成功だったと言われている。その後グレート・イースタン号は港に係留され、船体に広告を掲示するビルボードとして、あるいは芸人や役者が興行をするショーボートとして使われ、ついに1889年に解体された。[16]

P&Oライン——地中海、インド、オーストラリア航海

初期の定期船会社に、ペニンシュラ・アンド・オリエンタル・スティーム・ナビゲーション（P&O）社がある。この会社は1837年にイギリスとイベリア半島、つまり現在のポルトガルおよびスペインとの間の郵便輸送契約を海軍本部と締結した。現在もひるがえる同社の社旗は、

1837年のスペインとポルトガル国旗の色を組み合わせたデザインである。[17] 同社の郵便輸送契約はエジプトのアレクサンドリアまで拡大され、P&O社は貨物および旅客サービスに進出した。数回の合併と分割、そして銀行業や食品雑貨店チェーンの経営などの多角化を経て、P&O社は現在も昔のままの社名と社旗で存続している。

インド洋で貨物船を運航するイギリスの海運会社は他にもあった。そのうち最大の会社はブリティッシュ・インディア・スティーム・ナビゲーション社で、この会社は最終的にP&Oラインに吸収された。

スエズ運河

1869年にスエズ運河が開通したことによって、インドやオーストラリアへの蒸気船の航海ははるかに簡単になった。運河の完成前は、船に乗ってアレクサンドリアまで来た乗客は、砂漠を越える陸路の旅をして紅海まで行き、そこから別の船に乗り換える必要があった。1888年まで、イギリス郵政省（1860年に海軍本部から国外郵便事業の責任を引き継いだ）はポートサイド（スエズ運河のために土地を掘削して作った地中海側の新港）からスエズ〔紅海沿岸の都市〕まで、郵便袋を陸路で輸送するよう要求した。少なくとも船の乗客は、蒸気船に乗ったまま運河を通過できた。[18]

コリンズ・ライン

アメリカの蒸気船は多数の短い航路で運航していた。たとえば１８４９年のカリフォルニアのゴールドラッシュの最中には、東部海岸地帯からパナマまで、そしてパナマからカリフォルニアまでの航路を通行した。こうして船を乗り継ぐ方が、南アメリカ南端のホーン岬を回る航路より速かった。しかし、パナマを経由する航路は危険でもあった。金の採掘を夢見てカリノォルニアを目指したフォーティナイナー〔49年組という意味〕と呼ばれる人々の多くが、パナマで目的地に向かう蒸気船の空席を待っている間に、マラリアなどの熱帯病で命を落とした。

ハドソン川やニューヨーク港、そしてその他の陸に囲まれた水路では、観光用の蒸気船が増加した。蒸気船の設計が向上するにつれて、蒸気船は次第に沖合の航路でも帆船と競争できるようになった。米墨戦争中の１８４７年に、メキシコまで軍隊を輸送するために蒸気船が使われた。それから20年もたたないうちに、南北戦争〔１８６１～１８６５年〕ではもっぱら蒸気船が帆船に代わって、北部諸州と南部州内の連邦政府前哨基地との間で、軍隊、郵便、軍需品の輸送を担った。

１８６０年代になると、浅瀬での航行を目的とした船が建造された。これらの船はひとつの大きなスクリューではなく、推進力として径の小さいふたつのスクリューを用いる場合もあった。このツイン・スクリュー式蒸気船〔プロペラを２基備えている〕は喫水を浅く作ることが可能で、浅瀬でも外輪式蒸気船に対抗できた。

1850年までに、アメリカの蒸気船は大西洋横断旅客事業で競争力を発揮できるようになった。エドワード・ナイト・コリンズは郵便事業のために連邦議会の補助金を獲得し、コリンズが創立したニューヨーク・アンド・リヴァプール合衆国郵便汽船会社（一般的にコリンズ・ラインの名で知られている）は舷側に外輪を取りつけた4隻の蒸気船を建造した。これらの船はキュナード社の蒸気船より大きく快適に造られていた。アトランティック、アークティック、ボールティック、パシフィックと命名された4隻は、広々とした個室、改善された換気設備、船内理容室、スチーム暖房を備えていた。港では、サロンは美しい絨毯と紋織りのカーテンで優美に装飾されたが、これらは出港するとシュロで編んだ敷物と帆布のカーテンに取り換えられた。

残念なことに、コリンズ・ラインの蒸気船は悲劇的な最期を迎えた。アークティック号は1854年にカナダのニューファンドランド島沖でフランスの鉄製スクリュー式蒸気船と衝突後に沈没した。この事故でコリンズの妻、娘、そして末息子が命を落とした。1856年1月、パシフィック号がリヴァプールを出港後に行方不明になった。唯一の痕跡は、1861年にスコットランド西岸に広がるヘブリディーズ諸島のウイスト島に流れ着いた瓶だった。その中に入っていたのは、次のような胸に迫るメッセージだった。

「リヴァプール発ニューヨーク行きのパシフィック号船上にて――船が沈んでいく。船内は混乱している――四方八方を氷山に取り囲まれた。もう助からないと覚悟している。友人たちが疑問に思わずにすむよう、死の原因を書き残す。見つけた方はどうかこの手紙を公表してほしい。W・M・グラハム」。連邦議会はコリンズ・ラインの補助金を停止し、以後、大西洋横断旅客事業はしばらくの間イギリスとヨーロッパの蒸気船に独占された。

マーク・トウェインの船旅

マーク・トウェイン（本名サミュエル・ラングホーン・クレメンズ）は1867年に、地中海とその周辺へ周遊旅行（後の時代のクルーズ旅行のようなもの）に出かけるアメリカ人の団体に加わった。この企画のためにチャーターされた船は船体両側に外輪のある蒸気船クエーカー・シティ号で、全体の設計はブリタニア号に類似しており、1854年にフィラデルフィアで建造された（フィラデルフィアはクエーカー教徒が多いためクエーカー・シティと呼ばれ、それが船名になった）。この船は南北戦争中に連合国側の港を封鎖し、連合国側の商船襲撃船を拿捕するために使われた。南北戦争後に客船に戻ってまもなく、マーク・トウェインがこの船の最も有名な乗客となった。マーク・トウェインはこの船旅の思い出を『赤毛布外遊記』〔浜田政二郎訳、岩波書店〕に綴っている。ディケンズが大西洋を横断してから25年たって、蒸気船の旅はより一般的になった。マーク・トウェインは以前も航海に出た経験があり、往路で船酔いしなかった数少ない乗客のひとりだった。彼は次のように書いている。

どういう巡り合わせか、幸運にも私は船に酔わなかった。これは自慢してよい。以前はそうでもなかったからだ。我慢ならないほど人間をうぬぼれさせることが世の中にただ一つあるとすれば、それは海へ出た第一日目に、ほとんどすべての乗客が船酔いで苦しんでいるときに、自分だけが胃袋を行儀良くさせておくことができるということだろう。……私たちは自分が船に酔っていないときに、他人が船酔いしているのを見るのは好きなのだ。外が荒れているときに、船室にランプを灯し、ホイスト・ゲームをするのは楽しいものだ。後甲板を月光に照らされながらそぞろ歩くのも楽しいし、そこへ上がっても怖いと思わないときに風通しの良い前檣楼（しょうろう）へ行ってタバコをふかすのも楽しいものだ。しかし、船酔いに苦しみ、惨めな姿を露呈している乗客を見る楽しさに比べたら大したことではない。[19]

マーク・トウェインは泊まった個室についてこう語っている。

われわれは外輪前方の右舷にある「甲板下」の客室を選んだ。そこには寝台が二つと陰気くさい天窓と、洗面器つきの流しと、長く豪華なクッション付きのロッカーとがあった。このロッカーはソファとしても、またわれわれの私物入れとしても使えるようになっていた。こんな家具があったにもかかわらず、室内で向きを変えるぐらいのスペースはまだあった。しかし、そこで猫を振り回すほどのスペースはなく、少なくとも猫が安全と思えるようなスペースはなかった。しかしながら船室としては部屋は大きくて、いろいろな点で満足できた。[20]

クエーカー・シティ号の個室は、ブリタニア号でディケンズが滞在した個室によく似ていた。マーク・トウェインはクエーカー・シティ号での食事や娯楽について、生き生きと描いている。

七点鐘で最初のドラが鳴り、八点鐘で船に酔っておらず食事を取れる者のために、朝食が用意された。……十一時から昼食まで、昼食から六時の夕食まで、いろいろと仕事があり、様々な娯楽があった。いくらか読書もした。ずい分タバコを吸い、編み物もしたが、いつも同じ仲間とだけではなかった。……喫煙室ではいつも紳士たちが詰めかけて、トランプのユーカーやチェッカーやドミノを楽しんでいたが、特に楽しく遊べるゲームのドミノに人気が集まっていた。主甲板下にある中甲板の「前部船室（フォワード）」では――鳥小屋があって牛や馬のいるあの前庭（フォワード）と同音だが――、われわれは「馬の玉つき（ホースビリヤード）」と言われる遊びをした。それは面白いゲームである。……夕方七時までには、夕食が一応終わっていた。それからの一時間は、上甲板でそぞろ歩き、それからドラが鳴ると、船客の多くは、船の後部にあって長さが五、六十フィートもある美しい大広間（上甲板）へ祈祷のために集まってきた。罪深き衆生は、この大広間を「ユダヤ会堂（シナゴーグ）」と呼んだ。[21]

ここには興味深い詳細な情報がいくつも含まれている。鶏と牛は、おそらく航海中に新鮮な牛乳やクリーム、卵、そして多分新鮮な肉を提供するために乗せられていたのだろう。マーク・トウェインはアレクサンドリアで牛を購入したと書いている。北アメリカから運んできた牛は、そのときまでにおそらく食べられてしまったのだろう。[22] 食事の時間になると銅鑼(ドラ)が鳴らされた。

トウェインが「馬の玉つき(ホースビリヤード)」、「円盤突きゲーム(シャッフルボード)と石蹴り遊び(ホップスコッチ)」と呼んでいるのは、20世紀の定期船とクルーズ船でシャッフルボードと呼ばれるようになったゲームである。チャールズ・ディケンズやマーク・トウェインにとって、シャッフルボードと言えば、昔からイギリスの居酒屋で楽しまれていたショーブグロート、別名ショーブハペニーと呼ばれるゲームを指している。マーク・トウェインが「ホースビリヤード」と呼んだゲームは、この居酒屋ゲームを船旅で遊べるようにしたものだ。ホースビリヤードは1920年代までにシャッフルボードの名前を受け継いで、大西洋横断定期船や陸上のサマーキャンプの定番の娯楽となった。

トウェインは、船酔いした乗客は上甲板に出て、風の当たらない外輪覆いの陰でトーストとお茶の食事を取ったと書いている。帰路の航海で出されたお茶とコーヒーについて、こんなやり取りがあった。ある乗客が船のコーヒーが薄すぎると文句を言った。船長は問題のコーヒーを飲んでみて、「これはひどい。コーヒーとしては、ですが。だが、相当に上等な紅茶ですぞ」とやり返した。[23]

星の輝く晴れた夜に上甲板に天幕を張り、その下でダンスもした。メロディオンやクラリネット、アコーディオンの伴奏に合わせて、乗客の何人かが甲板で踊った。

船が揺れて右へ傾くと、踊っている人々は船と一緒にみんな右舷へ滑って行き、手すりのところでみんな一緒にピタッと止まる。次いで船が左舷に傾くと、踊り手は同じような感情の満場一致とでもいうか、左舷によろめきながら滑っていく。ワルツの踊り手は、十五秒ばかり危なっかしく、くるくる回ったかと思うと、まるで海の中へ飛び込んでしまいそうな勢いで、手すりのところまで駆け下りていく。ヴァージニアのフォークダンスをクェーカー・シティ号の甲板で踊ると、これまで見たことがないほど、そのくるくる踊りは正真正銘すごかった。踊っている本人は死に物狂い、九死に一生の危険極まりないものだったが、見物人からすれば、これほど面白いものはなかった。だが結局、ダンスは止めることにした。[24]

マーク・トウェインは、船がアゾレス諸島に停泊したとき、生のオレンジ、レモン、イチジク、アンズを積み込んだと述べている。[25] 彼は1867年にクエーカー・シティ号で出された実際の料理の名前を書いていないが、おそらく25年前にブリタニア号で出されたものとほぼ同じだったろう。

蒸気船と戦争——平射砲、プロペラ、引き上げ式スクリュー

蒸気動力は世界の海軍にとって大きな可能性を秘めていた。風に頼る必要のない軍艦は、どん

な方向にも意のままに攻撃し、退却できたし、ほとんど撃ち返される心配なく敵を砲撃できる位置に船を巧みに動かすことができた。ロバート・フルトンは米英戦争に就役させるつもりで、蒸気動力による港湾防衛船デモロゴスを設計した。[26]

19世紀前半に外輪式蒸気船が世界の海軍艦隊に加わった。蒸気動力は軍艦の設計上、一夜にして帆に取って代わったわけではなかった。それにはいくつかの理由があった。主な理由のひとつは、初期の蒸気エンジンの非効率性である。蒸気を3つのシリンダーに連続して送り、一度利用した蒸気を再度膨張させて再利用する3段膨張式エンジンが開発されるまで、蒸気船はエンジンの燃料として大量の石炭の供給を必要とした。これが初期の軍艦の航続距離〔燃料を最大載積量まで積んだときに航行できる最大距離〕に限界を生じさせる原因となった。1880年以降、3段膨張式エンジンが普及すると、蒸気船は積載した石炭を利用してはるかに遠くまで航行できるようになった。

蒸気推進軍艦の増加を妨げたもうひとつの要因は、外輪の壊れやすさである。蒸気船は外輪が損傷すれば推進力を失ってしまう。そして外輪はたいてい、攻撃を受けやすい船体中央部近くに取りつけられた。1843年にイギリスが建造したメキシコ海軍の外輪式蒸気軍艦と、テキサス共和国海軍の帆走軍艦がユカタン半島のカンペチェ湾で戦ったとき、蒸気船は旗色が悪かった。

カンペチェ湾のメキシコ軍艦は、蒸気推進の他にもうひとつの技術革新を取り入れていた。それはフランスのアンリ＝ジョゼフ・ペクサン将軍が1820年代に開発した新式の大砲である。この大砲は炸裂弾を発射するために設計された。砲内で弾薬に点火すると、その衝撃で炸裂弾の時限式の信管が作動し、敵艦に命中後に炸裂弾が爆発する仕組みになっていた。ペクサンの平射砲はフランス海軍がイギリス海軍を打倒するために開発されたもので、すぐに世界中の海軍で採用された。しかし砲身内にらせん状の溝（施条）のない平射砲は、十分な射程距離と命中精度が期待できなかった。カンペチェ湾の戦いでは、テキサス共和国の軍艦は実体弾を発射する伝統的な大砲を搭載し、平射砲で武装した敵艦に大損害を与えた。19世紀半ばまでに、施条された砲身を持つ平射砲が製造され、射程距離と精度を向上させた。

外輪式軍艦の弱点を解決したのは、スクリュー、またはプロペラと呼ばれる推進方式である。19世紀の第2四半期までに、外輪式蒸気船と並んで、スクリュー式蒸気船が登場した。スクリュー、あるいはプロペラは、外輪に比べて敵艦の大砲による被害をはるかに受けにくかった。蒸気船の推進方式としてどちらがすぐれているか、外輪派とスクリュー派との間で論争が続いた。1845年にイギリス海軍本部は、同じ大きさと出力を持つ2隻の蒸気スループ船〔小型の外洋用軍艦〕に綱引きをさせた。1隻はスクリュー式スループ船のラトラー号で、対するは外輪推進船のアレクト号である。ラトラー号はほぼ3ノット〔時速およそ5・6キロメートル〕の速度でアレクト号を後向きに引きずった。その結果、新しく建造される軍艦のほとんどに、外輪ではなくスクリューが装備されることになった。[27]

こうしてスクリューの優位性が証明されると、19世紀後半には遠洋蒸気客船の大半がスクリューによって推進されるようになった。外輪は水深が非常に浅い場所では有利で、河川、湖、湾を航行する蒸気船には外輪が使われ続けた。

19世紀半ばの長距離航海船に見られる設計上の興味深い特徴は、引き上げ式スクリューである。帆を供えたスクリュー式蒸気船が石炭を節約するために帆走している場合、駆動軸に固定されたスクリューは抵抗を生み、航行の邪魔になる。この抵抗をなくすために、多くの蒸気船はスクリューを長方形の枠（フレーム）の中に取りつけた「引き上げ式スクリュー」を装備していた。帆走しているときは、スクリューの推進軸が船首方向に引っ込み、スクリューは枠内で水中から引き上げられる。ふたたび蒸気エンジンを使用するときは、枠内のスクリューを水中に下ろす。すると推進軸が船尾方向にせり出してきてスクリューにはまり、船は蒸気動力で航行を続けられる。スクリューが引き上げ式でない場合、この時代の蒸気船は帆の推進力を効率的に使えなかった。南北戦争の最中に、連合国側のラファエル・セメンス船長は最初、引き上げ式スクリューのないサムター号を指揮していた。次にセメンスが指揮した船はアラバマ号で、引き上げ式スクリューのついた専用巡洋艦だった。アラバマに乗船して、セメンスの航続距離と速度は大幅に向上した。アラバマは蒸気動力で18日間航行を続けられる量の石炭しか積めないとセメンスは述べている。そのため、アラバマが帆で航行する能力は決定的に重要だった。[28]後に、帆走船にはフェザリング・スクリューが取りつけられるようになった。フェザリング・スクリューは、スクリューを水中から引き上げずにエンジンから分離できる構造になっていた。

　アラバマは海水を真水に変えるために復水器を搭載していた。ヴィクトリー号で使われていたブロディー・ストーブの復水器を発展させたような装置だった。[29]

　戦艦の設計上の変化は、食事や睡眠のための設備にも変化をもたらした。1860年に就役したイギリスの軍艦ウォーリア号は、姉妹船のブラックプリンス号と同様に、巨大なスクリュー式鉄製装甲蒸気船だった。しかしウォーリア号の大砲の大半は、従来どおり下層甲板の舷側の装甲砲郭（大砲を保護する装甲壁）の中に配置された。[30] ウォーリア号の乗組員は、50年前にイギリス海軍の水兵が主力艦でしていたように、大砲と大砲の隙間にハンモックを吊って眠り、吊りテーブルを下ろして食事をした。現在は復元されたウォーリア号で見られるが、乗組員の食事道具はネルソン提督時代から変化している。50年前に使われていた四角い木製の皿や角製のカップに代わって、丸いスズ製の皿やスズのカップが使われるようになった。

大砲の設計や配置が変わると、乗組員が食事をする場所にも変化が生じた。ウォーリア号とほぼ同時期のキャプテン号には、甲板上に設置された2基の装甲旋回砲塔に、巨大な大砲が4門配置されていた。[31]

アメリカのモニター号は1基の旋回砲塔に2門の大砲を搭載していた。船尾の限られた空間を旋回砲塔の装置が占領していたため、士官と乗組員は船体中央の士官室に隣接する船首の空間で居住した。

南北戦争中のアメリカ海軍の食料

南北戦争中のアメリカ海軍の配給食料を調査するのは興味深い。1861年7月18日に、アメリカ合衆国議会は次のような配給食料を承認した。

> 塩漬け豚肉約454グラムと豆またはエンドウ約0・27リットル。塩漬け牛肉約454グラムと小麦粉約226グラム、乾燥させたリンゴなどの果物約57グラム。または保存(缶詰)肉約340グラムと米約227グラム、バター約57グラム、乾燥(脱水)野菜約28グラム。または保存肉約340グラム、バター約57グラム、乾燥ジャガイモ約57グラム。以上とともにビスケット(堅パン)約397グラム、紅茶約7グラムかコーヒーまたはココア約28グラム、砂糖約57グラム、酒(グロッグ)1ジル(約113グラム)。および毎週ピクルス約227グラム、糖蜜約0・24リットル、酢約0・24リットル。[32]

これは議会が承認した内容であり、実際の配給はこれとは違って、現地で手に入れられる食料を利用していたかもしれない。この配給食料は、当時の軍隊で推奨されていた内容よりやや恵まれていた。注目に値する点をいくつか挙げてみよう。「保存肉」は塩漬け肉の可能性もあるが、おそらく缶詰にした肉を指している可能性が高い。「乾燥野菜(デシケイテッド)」は陸軍兵にも支給されたが、彼らは次第にこれに嫌気がさして、「冒涜野菜(デシクレイト)」とあだ名をつけた。[33]「乾燥野菜」は、紙に包まれた小さな四角い緑色の塊だった。ピクルスや乾燥ジャガイモが配給されたのは興味深い。コーヒーは紅茶やココアより頻繁に支給されたと思われる。商船の乗船経験がある水兵は、コーヒーを糖蜜で甘くする習慣になじんでいた。酒は伝統的なラム酒の他に、トウモロコシやライ麦で造ったウイスキーだっただろう。[34]

議会の記録を読むと、南北戦争中にアメリカ合衆国海軍に勤務する船員にどのような基本的食料が推奨されていたのかがわかる。実際に配給された食料の日々の記録の他に、アメリカ海兵隊員チャールズ・ブラザー2等兵がつけていた日誌が残されている。彼は1864年に蒸気船ハートフォード号で任務に就いていた間、144日間日誌をつけ続けた。ブラザー2等兵は3月14日から8月5日のモービル湾の海戦まで、ほとんど毎日ハートフォード号で出されたディナーを記録している。ハートフォード号はデーヴィッド・ファラガット提督の旗艦である。提督は「機雷がなんだ！　全速前進！」という有名な命令をチャールズ・ブラザー2等兵に聞こえる場所で発したかもしれない（あるいはブラザー2等兵には聞えなかったかもしれない）。ブラザー2等兵の日誌からは、ディナーとして次のようなパターン（ディナーは昼間に食べる1日のうち最も主要な食事である）が見て取れる。

月曜日――ポークビーンズ
火曜日――ダフ
水曜日――ポークビーンズ
木曜日――コンビーフ、コーヒー
金曜日――ダフ
土曜日――ポークビーンズ
日曜日――コンビーフ、コーヒー

この決まりきった食事にもたまに変化があった。補給船から「生の牛肉と野菜、氷」を受け取ると、ハートフォード号はいつもの食事の代わりに乗組員に1日だけ、あるいは2日間か3日間、「新鮮な食べ物」を出した。こうした新鮮な食料の配給は、ブラザー2等兵の144日間の日誌のうち17日を占めている。そのうち2日は「ポテトソース」(おそらくみじん切りにしたジャガイモで作るハッシュ〔こま切れ肉と野菜の料理〕)、5日は「シーパイ」(第3章で解説した焼いたロブスカウス)が出された。日曜日のうち6回は普段のコンビーフの代わりか追加として、「ダンディファンク」が出された。第4章で述べたとおり、これはおそらく「ダフ」が凝った料理として発展したものだろう。日曜日のうち4回はゆでた米が配給された。ブラザー2等兵は2回だけ「塩漬け馬肉」がダフとともに出たと記録している。「塩漬け馬肉」とは塩水の入った樽で保存された牛肉で、19世紀を通じてブラザー2等兵と同時代の商船の船員の主要な食べ物であり続けた。コンビーフはゆでた牛肉で、サーロインやモモ肉、バラ肉をゆでて(ときには焼いて)、容器に入れて保存したものだ。商船の船乗りが塩水樽に漬けた「塩漬け馬肉」で我慢し続けていた頃、ハートフォード号の船員は非常にたくさんの缶詰牛肉を食べていたのは興味深い。南北戦争中のアンクル・サム〔アメリカ政府〕は、ほとんどの商船主より十分な資金を持っていたようだ。ブラザー2等兵はビスケットについて触れていないが、おそらく日誌に書かれたディナーにほぼ毎回添えられていたと思われる。日誌には1回だけ「ソフトタック」、すなわち柔らかいパンが登場する。[35]

ブラザー2等兵の日誌の中では、再補給に関してあっさりした記録しかないが、連邦軍の船員のひとりが蒸気船マサチューセッツ号によって食料の再補給を受けたときの詳しい記録を残している。

聞いたところでは……手紙や紙、生肉や氷が、ベイステート〔マサチューセッツ州の愛称〕の古き良き蒸気船マサチューセッツ号でわれわれを待っているそうだ。われわれはボートを下ろし、品物を受け取る準備をした。……ボートは数樽のジャガイモ、4分の1（原文ママ）の牛肉、氷の塊を積んで戻ってきたが、郵便はなかった。[36]

アメリカ海軍でのグロッグの禁止

ラム酒やウイスキーなどの蒸留酒を水で割ったグロッグの配給は、アメリカ合衆国海軍発足以来の習慣だった。あるアメリカ人水兵はグロッグの配給について次のように語っている。

グロッグは1日2回支給された。朝は朝食を食べる前、夜は終業を命じる呼子で夕食に呼ばれる前だ。甲板長がグロッグの時間を知らせる呼子を吹くと、乗組員は列を作り、一列縦隊で行進した。すると司厨長が現れて、グロッグをひとりずつ配る。ひとりにつき小さな丸い計量器で1ジル（約113グラム）ずつ受け取った。見習い水兵はしばしばもう一度列に並んで司厨長をごまかし、配給を2回受け取ろうとした。しかし、このたくらみはかならずしもうまくいかなかった。司厨長や船上警護に当たる下士官、そして海兵隊員が、各自が配給を受け取り、2回受け取る者がいないように見張っていたからだ。[37]

このほほえましい光景は長続きしなかった。

海軍将官アンドリュー・H・フットは、アメリカ合衆国海軍の禁酒を推進する運動を開始した。フットは1843年に甲板士官として、50門の大砲を装備した新造船の帆走フリゲート艦カンバーランド号をアメリカ海軍初の「禁酒船」(船上でアルコールを一切出さない)にするために尽力した。この船は19年後の南北戦争中に、ハンプトン・ローズ〔ヴァージニア州南東部の海域〕の海戦で連合国側の装甲艦ヴァージニア号によって衝角で突かれて沈没した。1808年1月にアフリカからの奴隷の輸入を禁止して以来、アメリカ海軍の船はイギリス海軍船とともにアフリカ西海岸沖のパトロールに加わり、奴隷の密輸入に目を光らせていた。フットは1849~1851年の間、軍艦ペリー号の船長として奴隷の密輸を取り締まるパトロールで活躍した。フットは1854年に著書『アフリカとアメリカの旗 *Africa and the American Flag*』を出版し、アメリカはリベリアへの支援とともに、アフリカからの奴隷貿易禁止にいっそう精力的にかかわるべきであると主張した。[38] 禁酒運動に加わる市民の多くは、奴隷制にも反対していた。そのため1840年代と1850年代のアメリカでは、このふたつの運動は合流する傾向があった。この点で、南北戦争の中盤に海軍少将の位を得たフットは、時代を象徴する人物だった。

1831年以降、アメリカ合衆国海軍の船員は、グロッグをもらうか、加給金を受け取るか、どちらかの選択肢が与えられた。1862年7月、連邦議会は1862年9月1日以降、合衆国海軍の船でグロッグの支給を一切廃止する法律を制定した。グロッグ廃止の補償として、海軍の全船員が1日当たり5セントの昇給を認められた。ある無名の船員は、その日のことをこう回想している。

グロッグが廃止されるというニュースを聞いた日のことはよく覚えている……。老練な船乗りは小声ではあったが、万感の思いを込めた罵り言葉を吐き出した。彼らは何年間も海軍に勤務して、グロッグの配給が体に染み込み、グロッグが飲めると思うだけで幸せな気分になるほどなのだ。彼らが今回の議会のやり口を忘れるまでに長い月日が必要だった。実際、彼らはいつまでもそれについて話すのをやめなかった。[39]

1862年に合衆国海軍に勤務していた船員のうちで、アンドリュー・フットに共感する者がそれほど多くなかったのは確かなようだ。

1862年8月31日、合衆国海軍で最後のグロッグが配給された。その日、合衆国海軍の多数の船がアメリカ南部の沿岸で南部の連合国が保持する港を封鎖する任務に就いていた。彼らの船や合衆国海軍のあらゆる船で、もうすぐ廃止される運命のグロッグを称えて、嘆きに満ちた祝賀会が開かれた。合衆国軍艦ポーツマス号では、キャスパー・シェンクという名の士官が作った歌が上級士官室のテーブルで歌われた。その歌は合衆国海軍内で代々伝えられ、イギリスの古い酒飲み歌「マスター、酒を注ぎに来いよ」のメロディに合わせて歌われる。

食事仲間よ、ボトルを回せ
俺達の時間は短い、忘れるな、
なぜならグロッグがなくなるから、酒がなくなるから、
9月1日(ついたち)に。
（繰り返し）
今夜は陽気に、陽気にいこう、
今夜は陽気に、陽気にいこう、
今夜は陽気に、陽気にいこう、
明日からは素面(しらふ)だから。

さらば、懐かしきライ（ウイスキーのこと）、なんて悲しい言葉だろう、
ああ、でも言わなきゃならない、
ルビー色のカップを手放さなきゃいけない、
そしてデミジョン（口の狭い大型のガラス瓶）を壊さなきゃいけない。

ジャック〔船乗り〕の幸せな日々はもうすぐ終わり、
二度と帰らない、ああ、二度と！
なぜなら給料が1日5セント上がったが、
グロッグが二度と手に入らなくなったから。

だけどその思い出は戻って来る
切ないほどの懐かしさで思い出す、
ジンが罪(シン)でなかった日々を、
カクテルが軍法会議を招かなかった日々を。

（上等兵曹が笛で「総員、メインブレースを繋げ」〔酒を配るという意味〕の合図をする）

総員、メインブレースを繋げの合図だ、
だけど今ではメインブレースを繋いでも悲しいだけだ、
酒蔵に鍵がかけられてしまうから
明日から、永遠に。[40]

実際には、この歌は事実を誇張している。非番のときに士官室でカクテルを飲むのはあいかわら

Date	Monday	Tuesday	Wednesday	Thursday	Friday	Saturday	Sunday
March 14-20, 1864	Pork & Beans	No Duff, Bully Beef instead	Pork & Beans	Duff	Duff	Pork & Beans	Bully Beef, Coffee
March 21-27, 1864	Pork & Beans	Duff	Pork & Beans	Bully Beef, Coffee	Duff	Pork & Beans	Bully Beef, Coffee
March 28-April 3, 1864	Pork & Beans	Duff	Pork & Beans	Bully Beef, Coffee	Duff	Pork & Beans	Bully Beef, Coffee
April 4-10, 1864	Pork & Beans	Duff	Pork & Beans	Bully Beef, Coffee (got fresh beef, ice, vegetables)	Fresh Grub	No food entry	Fresh Grub
April 11-17, 1864	Pork & Beans	Duff	Pork & Beans	Ate ashore: Pork & Beans	Duff	Pork & Beans	Bully Beef, Boiled Spuds for dinner, Dandyfunk for supper
April 18-24, 1864	Pork & Beans	Duff	Pork & Beans	Bully Beef, Coffee	Duff	Pork & Beans	Boiled Rice
April 25-May 1, 1864	Pork & Beans	Pork & Beans	Pork & Beans	Bully Beef, Coffee	Duff	Pork & Beans	Bully Beef, Rice (got fresh beef, ice, and vegetables)
May 2-8, 1864	Fresh Grub (Small Stores Drawn)	Duff	Pork & Beans	Pork & Beans	Duff	Pork & Beans	Bully Beef, Rice
May 9-15, 1864	Pork & Beans	Sea Pie	Pork & Beans	Bully Beef, Coffee	Sea Pie	Pork & Beans	Fresh Grub for dinner, Dandyfunk for supper
Date	**Monday**	**Tuesday**	**Wednesday**	**Thursday**	**Friday**	**Saturday**	**Sunday**
May 16-22, 1864	Fresh Grub	Fresh Grub	Pork & Beans	Bully Beef, Coffee	Duff	Pork & Beans	Bully Beef, Dandyfunk
May 23-29, 1864	Pork & Beans	Duff (got ice, fresh beef, and vegetables)	Fresh Grub	Fresh Grub	Fresh Grub	Pork & Beans	Bully Beef, Dandyfunk
May 30-June 5, 1864	Pork & Beans	Duff, Salt Horse	Pork & Beans	Bully Beef, Coffee	Duff	Pork & Beans (supply ship arrived)	Fresh Grub
June 6-12, 1864	Pork & Beans	Duff, Fresh Grub	Fresh Grub	Fresh Grub	Salt Horse, No Duff	Pork & Beans (cleaned mess kits)	Bully Beef, Dandyfunk
June 13-19, 1864	Pork & Beans	Duff	Pork & Beans	Bully Beef, Coffee	Sea Pie	Pork & Beans	Bully Beef, Coffee
June 20-26, 1864	Pork & Beans	Sea Pie	Pork & Beans	Bully Beef, Coffee	Duff	Pork & Beans	Bully Beef, Rice
June 27-July 3, 1864	Pork & Beans	Duff	Pork & Beans	Bully Beef, Coffee	Action. No food entry. (supply ship arrived)	Fresh Grub	Fresh Grub
July 4-10, 1864	No journal entry.	Duff	Pork & Beans	Bully Beef, Coffee	Duff	Pork & Beans	Bully Beef, Coffee
July 11-17, 1864	Pork & Beans	No food entry	Pork & Beans	Bully Beef (supply ship arrived)	Fresh Grub, 'potato sause' for breakfast.	Pork & Beans	Dandyfunk
July 18-24, 1864	Pork & Beans	No food entry	Pork & Beans	Bully Beef, Coffee, Ham	Sea Pie	Pork & Beans	Bully Beef, Coffee
July 25-31, 1864	Pork & Beans	No food entry	Pork & Beans	Bully Beef, Coffee	Duff	Pork & Beans	Bully Beef, Coffee
August 1-5, 1864	Pork & Beans	Duff	Pork & Beans	Bully Beef, Coffee	Battle of Mobile Bay. Journal ends.		

南北戦争配給表。アメリカ合衆国海兵隊チャールズ・ブラザー2等兵の食事と再補給に関する日誌の記録をもとに著者サイモン・スポルディングが調査し、表にした。出典：アメリカ海軍省海軍歴史課、南北戦争海軍年代記：1861～1865年（ワシントンDC: アメリカ合衆国政府印刷局、1971年）、VI:47～83。

ず許可されていたし、士官が酒を飲んだからといって、軍法会議にかけられることはまずなかった。1914年に合衆国海軍でさらに厳しいアルコール禁止法が制定されるまで、士官は非番のときに士官室で酒を飲んでいた。

蒸気エンジンの改良

1870年代までに、蒸気船は複合エンジンを装備するようになった。複合エンジンは蒸気を複数の（通常3つの）シリンダーに次々に送ってからボイラーに戻し、ふたたび加熱するシステムである。この方法で蒸気エンジンの効率を高められるだけでなく、エンジンの動きも滑らかになった。複数のシリンダーがあることで、各シリンダーのクランク周期が相殺されるからである。エンジンの設計や効率性の向上によって、初期の蒸気船に見られた補助的な帆の艤装は必要なくなり、他の変化ももたらした。3段膨張式エンジンは、その後の数十年間レシプロエンジン〔シリンダー内のピストンの往復動運をクランク軸によって回転運動に変える方式のエンジン〕の標準的な形式として、第二次世界大戦中にアメリカで建造された「リバティ船」〔短期間に大量に建造された輸送船〕まで使われ続けた。

1873年に就役したイギリス海軍船デバスタシオンは、3段膨張式エンジンを搭載し、1本マストに帆は張らず、船体は鋼鉄の装甲で覆われていた。装甲板に覆われた甲板上の建造物の

蒸気船シティ・オブ・パリス。この図では帆が張られているが、実際に帆走することはほとんどなかった。アントニオ・ヤコブセン画、1889年。出典：http://www.bonhams.com/auctions/20482/lot/114/。資料提供 Wikimedia Commons。

船首側と船尾側の砲塔には12インチ砲が装備された。この設計はその後の65年間、新たに建造される巨大軍艦の標準となった。[41]

3段膨張式エンジンは客船の設計にも影響を与えた。シティ・オブ・パリス号（1888年）とその姉妹船のシティ・オブ・ニューヨーク号は船体が長く（およそ170メートル）、幅が狭い鋼鉄製の船で、屋根のない中2階の甲板に長い構造物があった。ツイン・スクリューを持ち、ダビット〔ボートを上げ下げする吊り柱〕に救命ボートを備え、3本の煙突が立っていた。これらの船によって、以後の遠洋定期船の原型が出来上がった。[42] エンジンの効率性をさらに高めた結果、蒸気客船はより経済的に運航できるようになり、この時期に移民の輸送は帆船から蒸気船に完全に取って代わられた。もちろん蒸気船の安定した運航スケジュールや、運賃に食事代が含まれ、厨房で一括して料理された食事が提供される便利さも重要な決め手に

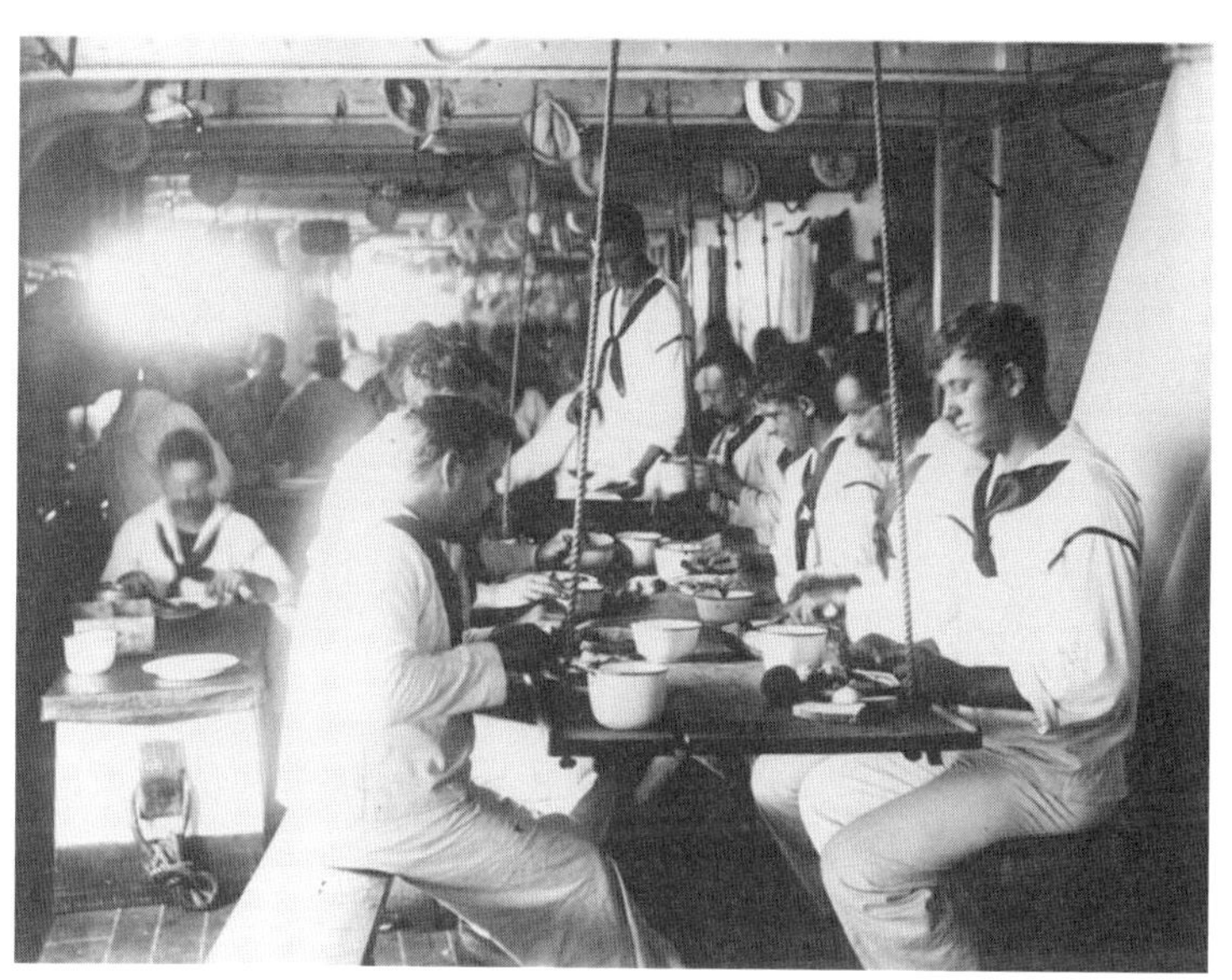

アメリカの巡洋艦オリンピアの乗組員の会食、1899年。船員はロープで吊られたテーブルで食事をしている点に注目。写真撮影：フランシス・ベンジャミン・ジョンストン（1864～1952年）。複製番号：LC-USZ62-128415: ジョンストン（フランシス・ベンジャミン）コレクション。アメリカ連邦議会図書館デジタル・コレクション提供。http://www.loc.gov/pictures/item/2001698162/

なった。

19世紀後半には、巨大軍艦の大半は大型の大砲を砲塔に搭載し、船員は「食堂（メスルーム）」で食事をするようになった。食堂は次第に、士官室を広くて簡素にしたような部屋に発展した。アメリカの巡洋艦オリンピア号で1899年に撮影された食堂の写真では、船員は吊りテーブルで食事をし、ひとりの船員は木製の私物入れに座って食べている。舷側に設置された大砲に挟まれて食事をする場合、右舷と左舷を結ぶ方向に会食テーブルを吊らなければな

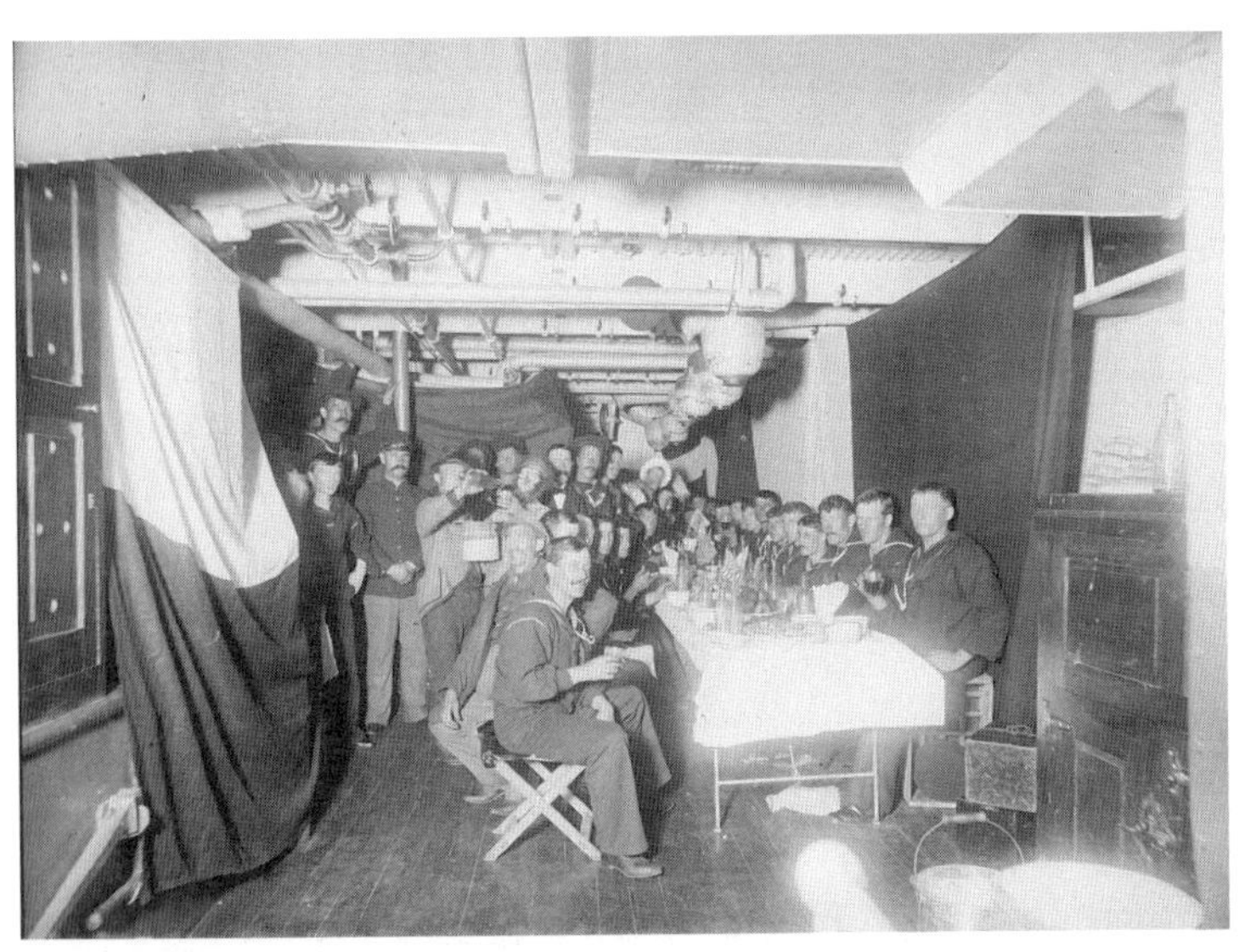

アメリカ海軍船メイン号の船員の会食、1896年。船員は折りたたみ式の長椅子とテーブルを使用している。舷側砲の時代が終わった後、食堂ではこのような設備が使われるようになった。写真撮影：エドワード・H・ハート。デトロイト出版社。複製番号：LC-DIG-det-4a14369。コレクション：デトロイト出版社。アメリカ連邦議会図書館デジタル・コレクション提供。http://www.loc.gov/pictures/item/1994001068/PP/

らないが、オリンピアの会食テーブルは船首と船尾を結ぶ方向に並んでいる。まもなく会食テーブルは天井から吊るのではなく、床にボルトで固定されるようになった。

上の写真は、オリンピアと同時期のアメリカの戦艦メイン号で1896年に撮影された。メイン号の船員は折りたたみ式のキャンプスツールに座って、折りたたみ式のテーブルで食事をしている。ずらりと並んだ舷側砲と、その間に設置した吊りテーブルが姿を消した後、残された空間はこうして有効に利用された。写真撮影から2年後、メイン号はハバナ湾で爆発し、沈没した。この事件が引き金となって、米西戦争が勃発した。

缶詰――陸上と海上の新しい食品保存技術

19世紀初期に、食品保存技術に新たな発展があった。ナポレオン戦争中にイギリスがフランス各地の港を封鎖した結果、フランス海軍、そしてフランス全土で危機的な食料不足が発生した。ナポレオン・ボナパルトは産業振興協会を設立して食品保存技術を公募し、シャンパン用の瓶に食品を密封して保存する方法を開発したニコラ・アペールに最初の懸賞金を与えた。ニコラ・アペールは瓶に食品を詰めた後、湯煎鍋で沸騰させた湯に入れて瓶ごと加熱した。ルイ・パスツールの研究によって、熱が食品を殺菌する仕組みが解明されるのはそれからおよそ50年も先だが、アペールの方法は一種の加熱殺菌を達成していた。フランス海軍はこの瓶詰食品の初期の後援者となり、1807年にアペールが瓶詰めにしたエンドウ、豆類、そして野菜スープを船に積んでカリブ海に航海したところ、非常に満足のいく結果が得られた。[43]

1813年にイギリスのブライアン・ドンキンとジョン・ホールはアペールと同様の方法で、シャンパン瓶の代わりにスズでメッキした鉄製の缶に食品を保存する技術を開発した。缶詰食品は王立学会、イギリス王室、イギリス海軍の承認を得た。ドンキンとホールの缶詰会社の缶詰は、スコットランド海軍のロス提督やロシア帝国海軍士官のオットー・フォン・コツェビューが北極探検をする際に船に積まれた。１８１８年にイギリス海軍は2万３７７９個の肉や野菜の缶詰を購入した。缶詰食品は１８３０年に一般にも売り出され、トマト、エンドウ、イワシが長期保存可能な新しい形の食品として手に入るようになった。一般向けの売上は、最初は低調だった。缶詰はひとつひとつ手作りされるため、非常に高価だったからだ。開けるにはハンマーとのみを使う必要があった。１８４１年以降、塩素化合物を加えた湯で煮沸する方法により、殺菌工程が短縮され、缶詰の価格が下がり始めた。[44] イギリス海軍が缶詰の肉を普通の軍艦の正規の配給食料として正式に採用したのは１８４７年である。[45]

１８４５年に北極海探検に出たフランクリン遠征隊が消息を絶つ事件が起きた。船に食料として積まれていた缶詰が原因として批判されると、缶詰食品産業は大打撃を受けた。[46] 近年にこの悲運の遠征隊隊員の遺体と缶詰を調査した結果、缶詰はドンキン社製ではなく、過剰な量の鉛ハンダを使用して製造されたもので、遠征隊のメンバーは鉛中毒の兆候を示していることが判明した。粗悪な缶による鉛中毒は遠征隊の健康を損なっただけでなく、彼らの判断力も低下させ、誤った致命的な決断や選択につながった可能性がある。[47]

缶詰食品へのもうひとつの打撃は１８５５年に起きた。クリミア半島に駐留するイギリス軍の缶詰５０００個の腐敗が現地で発見されたのである。明らかに殺菌工程での不十分な加熱が原因だった。[48]

コンビーフ

19世紀末までに、世界中の海軍で樽に保存した塩漬け牛肉は大体において缶詰肉に取って代わられた。また、商船、特に蒸気動力商船では、缶詰肉は樽詰めの塩漬け肉に取って代わるか、少なくとも補助的に利用されるようになった。イギリス商船の船員は、この新しい食品を殺人の被害者となった有名な女性たちの名前にちなんで命名した。缶詰牛肉は、1874年にロンドンのホワイトチャペルで殺害された若い女性「ハリエット・レーン」の名前で呼ばれるようになった。羊肉の7ポンド缶は、1867年にハンプシャーで殺害された少女「ファニー・アダムス」の名前が付けられた。[49]缶詰牛肉は通常ゆでた肉で、ときには焼いた肉が使用され、イギリス海軍と陸軍では「ブリー・ビーフ」と呼ばれていた。この言葉はおそらくフランス語の「ブッフ・ボイリ（ゆでた牛肉）」に由来するのだろう。缶詰牛肉は「ブリー・ビーフ」と呼ばれて、現在までイギリス軍の配給食料として使われている。アメリカではコンビーフと呼ばれる同様の製品は、アメリカ軍や市民の食生活の主要な食品であり続けている。コンビーフ・ハッシュはみじん切りのジャガイモ、缶詰牛肉、みじん切りのタマネギと、ときには他の野菜も加えて炒めた料理で、今日までアメリカ人に人気の朝食メニューである。また、手早い料理が売りものの「グリーシー・スプーン」と呼ばれる小さな安い飲食店や、清涼飲料水を売る店のカウンター、そしてアメリカ中の軽食レストランの定番メニューでもある。コンビーフ・ハッシュはしばしば目玉焼きと一緒に出される。

鮭の缶詰とアラスカの缶詰工場

19世紀後半に、缶詰は北アメリカ西海岸の主要産業になった。北アメリカ西海岸の鮭缶詰産業は、カリフォルニアのゴールドラッシュの直後に始まった。1852年にウィリアム・ヒュームとペリー・ウッドソン、ジェームズ・ブッカーの3人は、サクラメント近郊で小規模な鮭漁と缶詰事業を開始した。メイン州でロブスター缶詰を製造していたアンドリュー・S・ハプグッドが1864年に加わり、事業は本格化して、初年度に48缶入りのケースを2000ケース生産した。事業はまだ低調だった。サンフランシスコの商人は鮭の缶詰の販売に消極的だったし、サクラメント川の鮭の漁獲高は限られていたからだ。1866年に、今やハプグッド・ヒューム社となった彼らの会社はオレゴン州アストリアに移転し、コロンビア川の河口で鮭漁と缶詰工場を開始した。この土地では鮭が豊富に獲れ、缶詰生産量は飛躍的に増加した。鮭漁と缶詰産業は1870年代から1880年代にかけて、ワシントン州やブリティッシュ・コロンビア州に広がった。缶詰は手作りで、作業は主として冬に行われた。鮭のはらわたを取り、骨を抜き、下ごしらえをするだけでなく、缶に詰めて封をする仕事に従事する労働者は、地元住民の男女で、ハイダ族などアメリカ先住民族の人々が中心だった。中国人労働者も増加した。中国人労働者は白人労働者より低い賃金でも喜んで働くため、激しい人種差別にさらされた。[50]

1904年に発明家のE・A・スミスが機械で鮭を解体する魚体処理機を開発した。この機械は缶詰工場の地元では（鮭をさばく作業を担う中国人に対する侮蔑を込めて）「鉄の中国人（アイアンチンク）」と呼ばれ、さらには「アイアン・チャイナマン」という差別的な名称で太平洋北西岸の缶詰工場に普及した。しかし、この機械は完全に中国人労働者を缶詰産業から追い出したわけではなかった。中国人や少数の日本人は、鮭の解体や缶に鮭を封入する作業をその後も担い続けた。[51]

個別のブランド名で鮭の缶詰を販売している独立した缶詰工場が集まって、サンフランシスコにアラスカ・パッカーズ・アソシエーションが設立された。アラスカ・パッカーズは帆船の漁船団による鮭漁で有名で、この漁船団は「スター・フリート」の異名で知られた。アラスカ・パッカーズが帆船を使用するのは、帆船が安価だからだ。鮭漁が解禁される季節になると、スター・フリートは缶詰作業に従事する中国人労働者を乗せて、サンフランシスコから出港した。使用されていた木造船の大半は、1900年以降、イギリスで建造された鉄製帆船と交代した。鉄製帆船にはスター・オブ・ロシア、スター・オブ・イタリー、スター・オブ・ベンガル、スター・オブ・フランスなどの名前が付けられた。アラスカ・パッカーズは「スター・オブ」という命名方式が気に入り、その後に購入した船も「スター・オブ・アラスカ」、「スター・オブ・フィンランド」などと改名された。スター・オブ・アラスカ（元の名前と現在の名前はバルクルーサ）の場合、缶詰工場労働者の居住区画を追加するために波よけ甲板〔雨を遮る保護物はないが、下の甲板を保護している上甲板〕が作られた。この区画は乗組員から「チャイナタウン」と呼ばれた。中国人労働者は

蒸気スクーナー船ワパマ号の食堂。この20世紀初期の沿岸蒸気船で使われていた回転椅子と、止め枠のついたテーブルに注目。ヒストリック・アメリカン・ビルディングス・サーベイ／ヒストリック・アメリカン・エンジニアリング・レコード／ヒストリック・アメリカン・ランドスケープ・サーベイによるコレクション。複製番号HARE CAL,21-SAUS,1-17。アメリカ連邦議会図書館デジタル・コレクション提供。http://www.loc.gov/pictures/item/ca1521.photos.013125p/

寝棚で寝て、自分たち専用の料理人を雇った。[52]

アラスカ・パッカーズのスター・フリートは多数の古い帆船の現役時代を延長し、そのうち2隻は現在も健在な姿を見せている。アラスカ・パッカーズは1927年まで帆船を使い続け、この年にようやく蒸気船に切り替えた。スター・オブ・アラスカはしばらくの間パシフィック・クイーンの名で展示された。1959年にサンフランシスコ海洋協会が購入して修復し、本来のバルクルーサという名前で、水上博物館として一般公開した。現在はフィッシャーマンズ・ワーフに近いサンフランシスコ海事国立史跡公園に集められた歴史的価値のある船の中心的存在として、ハイドストリート・ピアの近くに係留されている。スター・オブ・インディア（元の名前はエウテルペ）はサンディエゴの海事博物館の目玉として保存されている。この船は１８６３年建造の錬鉄製で、今でもたまに帆走している。その他のアラスカ・パッカーズの船は、モーター駆動船への切り替え後、さまざまな形で生き延びた。スター・オブ・スコットランド（元の名前はケニルワース）は、１９３８年までサンタモニカで浮かぶ釣桟橋と生餌の保管庫として錨で固定されていた。この船は１９３８〜１９４１年の間は水上カジノとなり、その後は６本マストのスクーナーとして再艤装され、貨物運搬船として使用された。スター・オブ・スコットランドは１９４２年11月に南大西洋でドイツの潜水艦Ｕ－１５９の攻撃を受けて沈没した。[53] これらの船が長く活躍できたのは缶詰産業と、缶詰の鮭を塩漬けタラより魅力的な陸の食べ物にした缶詰技術の発展のおかげである。

重要な世紀

19世紀には船乗りの、そして遠洋航海の食事に重要な変化が起きた。蒸気動力は、この世紀の初期にはまだ実験的なものに過ぎなかったが、世紀末には世界中の乗客の大半と、傷みやすい貨物や貴重な貨物が蒸気動力船によって輸送されるようになった。これらの船はエンジン設計の進歩や、重要な場所での運河の建設によって、さらに便利になった。19世紀末までに、帆船は速度と航行期間の信頼性があまり重視されない貿易や、低価格のかさばる貨物の運搬に使用されるだけになった。19世紀の間に、長期間の食料保存は缶詰の発明によって飛躍的に進歩した。塩水を入れた木製樽は、それを積んで航行していた帆船と同様にすたれて、軽い使い捨ての金属容器、すなわち缶詰に取って代わられた。缶詰食品は比較的新鮮な食べ物で、船上の食事の風味と栄養価を向上させた。

上の写真は、20世紀初期に北アメリカ西海岸で貨物と旅客を輸送していた沿岸小型蒸気船ワパマ号の食堂である。テーブル、回転椅子、調味料棚に注目してほしい。テーブルの周囲は皿が滑り落ちるのを防ぐために、「フィドル」と呼ばれる止め枠で囲まれている。

結び

乗船した蒸気船での食べ物や環境について移民が漏らした不満について、オーストラリアの新聞が掲載した社説の一部を紹介しよう。この詩の無名の作者は「蒸気船の食事」や船上の環境を弁護している。

ある不満に対する検証

数週間前ヨーロッパで
ある男が果たしていた仕事が
不平不満の精霊をはぐくんだ
彼の胸に潜んでいた精霊を。
長い長い一日。わずかなわずかな賃金は
彼の忍耐を超えていた。
「さあツルハシを下ろせ、荷物をまとめろ、
もっといい土地を目指すんだ！」
蒸気船の運賃は十分安い、
彼の感謝は
新しい国、新しい利益へと
彼を迎える準備をした人々に向けられるべきだ。
しかし不平不満は労働よりも
怠惰を糧に育つ
彼や他の人々の胸に巣くう精霊は
人を堕落させようと手ぐすねを引き
彼や、彼のような人々は

不平を言い、あざ笑い、悪態をついた
蒸気船の食事はたぶん
彼らがこれまでに食べたどんな食事よりもよかっただろう
実際には、ベッド、船室、何もかも。
彼は同じ勢いでけなしたけれど
彼がそうした理由はたぶん
それらが身の丈に合わなかったせいだろう。[54]

第7章　遠洋定期船と冷蔵技術

20世紀が幕を開ける頃、時代を象徴するあるものが発達した。それは遠洋定期船である。遠洋定期船は、もっと控えめなサイズの姉妹船と同様に、前世紀の蒸気船には及びもつかない速度と快適さで旅客を運んだ。性能が向上したこれらの船は、より速く、より快適な旅を移民に約束した。蒸気客船が遠洋定期船に発達していく過程で、あまり目立たないが重要な進歩が冷蔵技術開発の分野で起きていた。冷蔵技術によって腐りやすい貨物が世界中に輸送できるようになり、異なる地域同士の関係が変わり、世界の食料供給が限られた地域から世界的な問題へと変化した。船で消費される食べ物の保存も、冷蔵技術によって一変した。船上の食べ物は、それが商業用貨物だろうと、乗組員や旅客の食事だろうと、機械による、そして後には電気による冷蔵技術の広範囲の使用によって様変わりした。

遠洋定期船の発達

シティ・オブ・ニューヨーク号とシティ・オブ・パリス号はイギリスの大西洋横断蒸気船会社インマン・ラインのために建造された。これらの船は19世紀の蒸気船が遠洋定期船へと移行する過程を象徴していた。この2隻の船は3段膨張式エンジン2基を動力とし、ツイン・スクリューで航行した。この方式によって、エンジンや駆動軸の不調に左右されにくい船になった。これらの船では帆は補助的な推進力としての重要性を失い、削減された。この2隻の姉妹船は鋼鉄製で、スコットランドのグラスゴー近郊で建造された。シティ・オブ・ニューヨークはウィンストン・チャーチルのアメリカ生まれの母親によって命名された。インマン・ラインは利益が多く人気の高い大西洋横断旅客事業をめぐってキュナード社やホワイト・スター・ラインとライバル関係にあったが、合併や買収を経て、この2隻の蒸気船はアメリカの海運会社に所有されて現役時代の大半を過ごした。長さはそれぞれおよそ170メートルで、中央に上部構造物がある。長い中二階甲板の上には3本の煙突がそびえ立っていた。この堂々たる2隻の船は、次の世代の遠洋定期船の小型版のような外観をしていた。[1]

蒸気船が遠洋定期船に発展するにつれて、船自体のサイズと設計の向上にともなって、船上の食事も進歩した。1842年にディケンズがブリタニア号に乗って大西洋を渡ったとき、115名の乗客に出された食事は質素で簡単な料理だった。乗客によって、寝る場所に違いはあった。キャビンの長椅子にカーテンを引いて寝るつもりなら安い乗船券を買い、ディケンズ一家のように個室で寝たければ高い乗船券を買った。ディケンズが書いているとおり、食事のしかたは寄宿舎に似ていた。湯気の立つ蓋つき深皿と料理を載せた盆が大広間の2台の長い共同テーブルに運ばれた。蒸気船が大型化するにつれて、移民輸送業は帆船から蒸気船に移行し、蒸気船は等級別のサービスを提供するようになった。個室の乗客は1等と2等に分けられ、それぞれに別々の食堂があった。中二階甲板の区画やその他の施設も等級別に指定された。1等船客の船室は、横揺れや縦揺れを感じにくい船体中央付近に置かれた。安い乗船券を買った乗客は、19世紀には「スティーリジ」と呼ばれ、20世紀初期の定期船では「3等船室」と一般に呼ばれる区画に入れられた。彼らの待遇は19世紀初めから半ばまでの帆走移民船で移民が経験した状況に比べれば、はるかに改善されていた。3等船室は質素だが、頑丈で清潔だった。3等船客は寝棚のある広間か船室を共同で使った。1等や2等船室のような木張りの壁はなかったが、3等船客の船室は（船室がある場合は）たいてい洗面台などの必需品が付属していた。3等船客は一般的に、彼ら専用の簡素な白塗りの食堂で、甲板にボルトで固定された長テーブルで食事をした。壁にはたいてい船会社の宣伝用ポスターが何枚か、額縁に入れられて飾られていた。食事は質素だが健康によいメニューで、量もたっぷりあり、寄宿舎方式〔相席で、大皿に盛られた料理を回しながら取って食べる食事形式〕で給仕された。この時代の移民は、陸上にいるときよりも航海中の方がいい食事をしていたかもしれない。20ノット〔時速およそ37キロメートル〕以上の速さで航行する定期船に乗れば、大西洋横断航海はかつての帆船や、初期の蒸気船と比べてさえ、はるかに短期間で終わった。3等船客の環境がどれほど混雑し、プライバシーがなかったとしても、先人たちの経験に比べればずっと短かった。数週間ではなく数日間の我慢だったのである。

遠洋定期船の船主は3等船客の環境に十分注意を払った。イギリス海軍本部から受託する郵

キュナード・ラインの旅の宣伝ポスター、1875年頃。複製番号：LC-DIG-pga-01235。コレクション：ポピュラーグラフィックアーツ。アメリカ連邦議会図書館デジタル・コレクション提供。http://www.loc.gov/pictures/item/2003680949/

便輸送契約と3等船客の運賃は、遠洋定期船の運航で最も利益の大きい部門だった。定期船の中には、1906年のラ・プロヴァンス号のように3等船客を大広間に入れる船もあった。その大広間では床にテーブルと長椅子が固定され、その隣に寝棚が設置されていた。[2] オリンピック号とタイタニック号の場合、3等船客は2等船客より質素な船室をあてがわれた。ファーターラント号では3等船客専用の厨房と食堂、そして給仕が割り当てられた。ファーターラント号はドイツの定期船で、ヨーロッパから膨大な数の移民を運んだ。この船を運航する海運会社ハパク=ロイドの社主アルベルト・バリーンは、渡航を待つ乗客のためにエルベ川沿いに15エーカー〔約0・06平方キロメートル〕の移民村まで建設した。[3]

19世紀の蒸気船の食事は、同時代のホテルで出される食事と同じような形式で行われた。共同のテーブルに相席で、全員が同じ時間に食べるのである。ホテルの宿泊客も船の乗客も、すでに調理済みの料理の中からある程度の選択肢を与えられた。初期の蒸気船の乗客は、ホテルに泊まった経験から、こうした食事に慣れていた。

18世紀には、財産のある乗客は自分専用の料理人に何でも好きなものを料理させて食べることができた。富豪は手の込んだ洗練された料理が作れる熟練した料理人と、助手となる厨房係を雇った。フランスではブルボン家の復古王政〔ナポレオンによる帝政が終わった後、ブルボン朝が復活した1814〜1830年までの時代〕の後に台頭したブルジョワジーが、かつてのフランス貴族が享受していた贅沢な暮らしをたまには味わいたいものだと考えた。その結果、それぞれの料理の材料が書き出されたメニューを手に、お客が好きな時間に好きな料理を注文できるフランス料理レストランが誕生した。ニューヨークに移住したふたりのスイス人移民が、1830年にウィリアム・ストリートの彼らの焼き菓子とコーヒーの店の隣にフレンチ・レストランを開業した。お客はテーブルクロスのかかったテーブルに案内され、家族や友人だけで囲むテーブルで、注文に応じて出される料理を食べた。ジョヴァンニ・デルモニコと兄のピエトロが開いたフレンチ・レストランは大繁盛し、似たような店が次々にできて、豊かなアメリカの大衆に新しい食事形式を広めた。19世紀半ばまでに、焼き菓子店とレストランから始まったデルモニコ兄弟のビジネスはニューヨーク随一のレストランやホテルに発展した。[4]

注文に応じて一品料理が作られ、すぐに提供される豪華なアラカルト方式の食事は、1904年に大西洋横断定期船のサービスに登場した。導入したのはイギリスではなくドイツの海運会社で、経営の天才アルベルト・バリーンが社長を務めるハンブルク・アメリカ・ライン（ドイツ語の社名の頭文字を取ってHAPAG［ハパク］と称した）である。「神は細部に宿る」という言葉が正しければ、バリーンは海の旅客事業における聖職者だった。バリーンは定期的に自社の船に乗って大西洋を航海し、そのたびに無数のサービスの改善点について大量のメモを残した。たとえば甲板で供される伝統的な午前11時のカップ1杯のブイヨンスープには、ウェストファリアハムのサンドイッチを付け合わせるべきである。朝食のトーストは温めたナプキンに包んで出すべきであり、バター皿はもっと大きくなければならない。[5]

アルベルト・バリーンは英語を話すことができ、イギリスの競争相手を常に観察していた。イギリスの大西洋横断定期船と協調する気はさらさらなく、アングロサクソンのライバル会社に勝つ決意を固めていた。そう考えているのはバリーンだけではなかった。競争相手であるドイツ人のノース・ジャーマン・ロイドは、同じドイツ人のライバルだけでなく、イギリスの競争相手も負かそうとしていた。20世紀の最初の10年間に、ブルーリボン賞（大西洋を最短日数で横断した船に与えられる賞で、現在は公式の賞となり、客船の宣伝に使われる）はこのドイツの2社の間を行ったり来たりした。[6]

1898年にパリで開業したホテル・リッツを皮切りに、リッツ・ホテルはパリ、ロンドン、さらにヨーロッパ諸国と北アメリカ各地の大都市に広がった。上品な贅沢の極みを象徴するリッツツ・チェーンは、この時代の富裕層に新しいスタンダードを提供した。リッツ・ホテルを際立たせているのは、細かい点まで洗練された数々のサービスはもちろんだが、何よりもホテル王セザール・リッツと建築家シャルル・ミューズの緊密な協力関係である。公共スペースとプライベートスペースは、ミューズによって優雅さと快適さの新しいスタンダードに作り変えられた。リッツとミューズは１９００年にロンドンを訪れ、カールトン・ホテルの内部を改築する契約を結んだ。模様替えの目玉はリッツ・カールトン・グリルで、アルベルト・バリーンはこのレストランで食事をした。

ハパクの新しい定期船アメリカ号のために、アルベルト・バリーンはリッツの建築家シャルル・ミューズの手を借りることにした。アメリカ号は、イギリスのホワイト・スター・ラインが所有するライバル船と同様に、優雅さと贅沢の新しいスタンダードを設定する目的で建造され、依頼を受けたフランス人建築家は新しい定期船の内装に思う存分腕を振るった。この時代のドイツの他の大型定期船と同様に、アメリカ号はイギリスのハーランド・アンド・ウルフ社が、後に悲劇の運命をたどるタイタニック号を建造したのと同じベルファストの造船所で建造した。

ミューズはドイツ国境に近いストラスブール生まれだが、フランス語しか話せなかった。イギリスの仕事ではロンドンの建築家アーサー・デーヴィスと、ドイツの仕事ではケルンのパートナーと協力関係を結んだ。[7]

アメリカ号で実現した最も驚くべき改革は、最高級レストランを作ったことだ。このレストランは1等船客が昼でも夜でも好きなときに食事ができ、メニューから選んで注文した料理がすぐに用意されて提供された。レストランを囲む3つの壁面には大きな窓があり、乗客は25台のテーブルの中からどれでも好きなテーブルを選んで席についた。「アイランド」と呼ばれる配膳台は上の甲板を支える柱を隠し、室内は金箔を貼った壁付き燭台と真っ青な絨毯で装飾されていた。壁はクリーム色と金色の壁紙と磨き抜かれたマホガニー材で覆われ、各テーブルにはひとつひとつランプが置かれていた。そして装飾のモチーフとして、カールトン家の紋章が全体に使われていた。

アメリカ号のレストランは処女航海で大評判をとった。そこでバリーンは即座にレストランのキッチンを拡大するように指示した。以後、ハパク社はすべての食事をこのレストランですると決めた1等船客に対し、旅費を25ドル値下げするサービスを開始した。

大西洋横断大型定期船は注文に応じて料理を出すリッツ・カールトン・ホテル並みのレストランを実現したが、その他の厨房の構成は次のようになっていた。

・3等船客の食事を作る厨房
・1等船客と2等船客の食事を作る厨房。1等船客と2等船客の食堂は別々で、出せる料理も異なっていたが、彼らの食事はたいてい同じ厨房で料理された。
・レストランを利用する1等船客のために、注文に応じて料理するキッチン

調理場と食堂のこのような構成は、イギリスやフランスの船、そして20世紀初期のドイツの大

型豪華客船にも踏襲された。寄宿舎方式の食事は3等船客用の厨房で料理され、3等船客用の食堂で提供された。1等船客と2等船客の食事は同じ厨房で料理された。そうすることで、このふたつの等級のメニューに出ている料理を他の料理で代用することが容易になった。アフカルト方式のレストランでの食事を選んだ1等船客のためには、好きな料理が注文に応じてレストラン専用のキッチンで作られた。[8]

19世紀から20世紀へと移り変わる頃、キュナード社はディケンズがブリタニア号で航海したときとは比べものにならない熾烈な競争にさらされた。1903年以降、最速の大西洋横断蒸気船はノース・ジャーマン・ロイド社の4隻の船だった。アメリカの鉄道王J・P・モルガンは多数の小さな海運会社や、ホランド・アメリカ・ラインの25パーセント、そしてホワイト・スター・ラインを買収し、ホワイト・スター・ラインをキュナード社の強力な競争相手に仕立てあげた。キュナード社の経営陣は大西洋横断客船事業でふたたび優位に立つために、独自の設計による2隻の蒸気船の建造を決意した。姉妹船モーリタニア号とルシタニア号はグラスゴー近郊で建造され、これまでに建造された客船の中で最速かつ最大を誇った。[9]

乗組員によって「メアリー」と「ルーシー」と呼ばれたこの2隻の船の速度の鍵を握るのは、新式のエンジンだった。これらの船に搭載された蒸気タービンエンジンは、卓越したイギリス人エンジニア、チャールズ・アルジャーノン・パーソンズの発明品である。基本的に、蒸気タービンは傾斜した羽根のついた数個の車輪（羽根車）からなる。蒸気タービンは、何段も組み合わさった羽根車に蒸気の噴射を集中させて当て、羽根車を高速で回転させる。同じサイズで比較した場合、蒸気タービンはそれまでのレシプロエンジン〔蒸気の力をクランクによって回転運動に変える蒸気機関〕を上回る速度とパワーを得られた。パーソンズは自作の蒸気タービンエンジンの性能を証明するため、快速実験船タービニア号（時速63キロで、19世紀最速の船だった）を建造し、1897年にポーツマスで開催されたヴィクトリア女王即位60周年の記念観艦式に飛び入り参加させた。タービニア号は追跡する軍艦をやすやすと振り切った。[10] 海軍はパーソンズの新型エンジンの性能を認めざるを得ず、1906年にタービンエンジンを搭載した新型戦艦ドレッドノートを進水させた。効率的で小型のタービンエンジンによって、ドレッドノートは過去のどの戦艦にも勝る火力と装甲を手に入れた。[11]

モーリタニア号とルシタニア号は本来レシプロエンジンを搭載する予定で設計されたが、新型の高性能タービンエンジンを搭載するために再設計された。その過程で、当初の予定の3本煙突から4本煙突に変更された。[12]

モーリタニア号とルシタニア号は大西洋横断定期船の新しいスタンダードとなった。1907年に就航したとき、2隻の船は動く建造物として史上最大の大きさを誇った。モーリタニア号は全長240メートル、登録総トン数は3万1938トンである。4基のタービンは6万8000軸馬力（後に増強された）を出力し、直接4基のスクリュープロペラを駆動する。乗客定員は2165人で、内訳は1等船客563人、2等船客464人、3等船客1138人だった。キュナード社の新型定期船は、天窓や1等船客のための電動エレベーターなど、これからこの時代の定期船のスタンダードとなる特徴を有していた。第3の、そして最大の姉妹船アキタニア号

ホワイト・スター・ラインのトリプルスクリュー（プロペラ）蒸気船オリンピック号。デトロイト出版社、1910～1915年頃。複製番号：LC-DIG-ppmsca-19060。コレクション：ミセラニアスアイテムズ・イン・ハイデマンド。アメリカ連邦議会図書館デジタル・コレクション提供。http://www.loc.gov/pictures/item/2008680520/

は1914年5月に就航し、第一次世界大戦では兵員輸送船や病院船として活躍した。第二次世界大戦でもアキタニア号は兵員輸送船として利用された。アキタニア号は1950年についに廃船となったが、20世紀の定期船として最長の現役期間を誇った。アキタニア号の最長現役年数の記録は、2004年にクイーン・エリザベス2世号によって破られるまで残った。

ホワイト・スター・ラインは独自の大型豪華客船で対抗した。最初に就航したのは1911年のオリンピック号で、次に姉妹船タイタニック号が1912年に就航した。処女航海で氷山に衝突して沈没したタイタニックの悲劇は、平時の海難事故としては史上最大の惨事であり、さまざまな形で語り継がれている。

第3の姉妹船ブリタニック号は、姉妹船タイタニックの悲劇から教訓を得て、数々の安全対策が施された。この安全対策のおかげで、1916年にブリタニックが沈没したときは多数の人命が救助された。ブリタニックは他の姉妹船に比べてわずかに大きかったが、予定されていた大西洋横断定期船としての役割を一度も果たさずに終わった。進水後、ただちに病院船として就役し、ギリシャのケア島付近を航行中にドイツ海軍の機雷に衝突した後、沈没した。キュナード社の船が1等船客用エレベーターを1基備えているのに対し、ホワイト・スター・ラインの船は3基備えていた。旅客サービスの点では、ホワイト・スター・ラインの船は60人のシェフと助手に加えて、36人の補助スタッフを乗せていた。[13] グレート・イースタン号がスクリュー、外輪、帆を備えていたように、ホワイト・スター・ラインの3姉妹も、異なる種類の推進装置をあわせ持っていた。3基あるスクリューのうち、真ん中のスクリューはタービンで駆動し、外側の2基のスクリューはレシプロエンジンで駆動していた。これら3隻の定期船は、キュナード社のモーリタニア号やルシタニア号に比べて速度がわずかに遅かったが、大きさと豪華さの点では勝っていた。

食事の鐘、銅鑼、あるいはラッパ

ディケンズがブリタニア号の乗客だったときと同様に、20世紀初期のキュナード・ラインでも、ディナーの時間になると鐘が鳴らされた。ホワイト・スター・ラインは食事の時間を知らせるために、別の方法をとった。しゃれた制服を着たラッパ手が、ラッパを吹いて乗客を食事に呼ぶのである。曲は「オールドイングランドのローストビーフ」だったと言われる。[14] ホワイト・スター・ラインの定期船で食事時を告げる曲としてこのメロディが演奏されたという話はたびたび語られているが、これはやや疑わしい。この曲はネルソン提督時代のイギリス海軍ではバイオリンや横笛で演奏された。そのメロディをキーのない〔半音階が出せない〕ラッパで演奏するのは難しいというよりも、おそらく不可能だったはずだ。ホワイト・スター・ラインのラッパ手の写真を見ると、キーのない伝統的な楽器を持っているのは明らかで、楽器に合うようにメロディが単純化されたか、別のメロディやラッパの合図で代用したかのどちらかだろう。後に、ホワイト・スター・ラインではラッパに代わって銅鑼が用いられるようになった。

ドイツからの挑戦

1913年5月、ハンブルク・アメリカ・ラインは大西洋航路のために3隻の新しい大型豪華客船の建造に着手した。1隻目はインペラトア号で、残り2隻の姉妹船のうち、ファーターラント号は1913年に、ビスマルク号は1914年にそれぞれ進水した。競争相手のキュナード社の船と同様に、この3隻の船はタービンエンジンで4基のスクリューを駆動していた。ミューズが内装をデザインした部屋があり、リッツ・カールトン・レストランがあった。ファーター

ハンブルク・アメリカ・ラインのインペラトア号。フーディーニ夫妻の結婚20周年記念ディナーの招待状の表紙。1914年6月22日。この年の6月18日にフーディーニはヨーロッパからニューヨークに向かう船に乗り、6月21日に船上でマジック・ショーを見せた。同船していた前アメリカ大統領セオドア・ルーズヴェルトもこのショーを楽しんだ。複製番号：LC-USZC-4894。コレクション：ミセラニアスアイテムズ・イン・ハイデマンド。アメリカ連邦議会図書館デジタル・コレクション提供。http://www.loc.gov/pictures/item/96519251/

ラント号は独創的な内部構造を持っていた。エンジンの排気を送り出す排気管が二本に分けられ、食堂スペースの両脇を通るように設計されて、排気管が船体中央部を通らないようになっていた。第一次世界大戦後、これら3隻の船は戦争賠償の一部となった。インペラトア号はアメリカで兵員輸送船として利用されたのち、キュナード社に売却されてベレンガリアと改名された。キュナード社の船は「ia（イア）」で終わる国や王国名を船名〔ルシタニア、ブリタニアなど〕につける伝統があり、ベレンガリアもその原則に従った形になったが、実際には他のキュナード社の船と違って、ベレンガリアはイングランド王リチャード1世の妻の名前である。ビスマルク号はイギリスのホワイト・スター・ラインに売却された。ホワイト・スター・ラインは「ic（イック）」で終わる船名〔オリンピック、タイタニックなど〕をつける伝統があり、ビスマルクはこの原則にしたがって「マジェスティック号」となった。[16] ファーターラント号は1917年にアメリカに拿捕され、リヴァイアサンと改名されてアメリカの兵員輸送船となり、戦後は定期船として利用された（乗組員はリヴァイアサンをもじってリーヴァイ・ネイサンと呼んだ）。[17]

1914年6月22日にインペラトア号で開かれた有名な催しとして、脱出マジックで有名な伝説的マジシャン、ハリー・フーディーニの結婚20周年祝賀ディナーが知られている。メニューの表紙には、この定期船の堂々たる姿が描かれていた。

ハンブルク・アメリカ・ラインに乗船した料理人は、フーディーニ夫妻のために次のようなメニューを用意した。

❖氷に盛り付けたチョウザメのキャビア
❖ポタージュ・ディプロマット
❖舌平目のムニエル
❖チキンキャセロール
❖レタスサラダ
❖アスパラガスのオランデーズソース

❖ウェストファリアハム
❖ピーチメルバ
❖デザート[18]

イギリス船籍の船は、戦時に大砲を搭載できるように甲板を補強して建造され、イギリス海軍によって補助巡洋艦に分類された。中には「ダズル迷彩」で塗装された船もあった。ダズル迷彩は船体に複雑な幾何学的パターンを描いて船の形状を識別しにくくし、潜望鏡で探索する敵潜水艦の目を欺く目的がある。補助巡洋艦とはいえ、民間人の旅客を乗せていたルシタニア号は1915年にドイツの潜水艦によって撃沈され、同じ年にブリタニック号も沈没した。オリンピック号とモーリタニア号はどちらも兵員輸送船の任務に就いた。第一次世界大戦後、大型定期船のほとんどは石炭燃料から石油燃料に転換した。その結果、船上で最も過酷で汚い労働である機関室の仕事の多くが不要になった。

第一次世界大戦後、旅客の年齢や性別の分布に変化が起きた。特に3等船客の変化は大きかった。海運会社は慎重に「最下等船室（スティーリジ）」という呼び名を避け、「観光客用3等（ツーリスト・サード）」という呼称を好んで用いた。旅行者、学生、そしてヨーロッパを探訪したい若いアメリカ人が、故郷を再訪する成功した移民とともに安い船室を共用した。1960年代に飛行機のエコノミークラスで旅行したのと同じような立場の人々が、1920年代には大西洋横断定期船の安い3等船室を選択した。

1920年代までに、大西洋横断定期船はこのクラスの乗客のために2等船室から無駄な装飾を省いた簡素な船室を提供するようになった。[19] 最上級の乗客のための特別なサービスは削られ、たとえばインペラトア号（後にベレンガリア号と改称）のリッツ・カールトン・レストランは舞踏室に作り変えられた。[20]

2度の世界大戦に挟まれた時期に、映画スターや有名人がお気に入りの定期船で航海すると、大西洋横断定期船の旅は華やかな色彩を帯びた。マレーネ・ディートリヒはノルマンディー号を好み、ケリー・グラントやウィンザー公夫妻（元イギリス国王エドワード8世と妻のウォリス・シンプソン）はクイーン・メリー号をひいきにした。[21]

「船らしく見える船を造ったらどうです？」

20世紀初期の大型遠洋定期船の建造者がこのような質問をされたと知ったら、現代の読者は意外に思うかもしれない。現代の観点から見ると、20世紀初期の定期船の優美なシルエットは、まさに「船」という言葉の持つイメージそのものである。しかし、当時はまだマストと帆を持つ蒸気船が現役で活躍していた時代で、この時代の人々の目には帆のない大型定期船は「浮かぶホテル」にしか見えなかった。ロンドンのリッツ・ホテルを建設する際にミューズのパートナーを務めた建築家アーサー・デーヴィスは、1922年にその現象を次のように語っている。

15年ほど前にこの仕事についたとき……私は船会社の取締役に「船らしく見える船を造ったらどうです?」と言った。……そのときに言われたのは、これらの船に乗るのは海賊ではありません、という返事だった。乗客はホーンパイプ〔動物の角を組み込んだ木管楽器〕に合わせて踊るわけではなく、乗客の大半は船酔いしたアメリカ人女性で、船に乗っているときに一番忘れたいことは、自分たちが船に乗っているということです。……大型船で旅をする乗客は、ホテル暮らしをしているのと同じです。大型船は水兵や船乗りや、海の男のための船ではありません。……大西洋横断定期船は単なる船ではなく、さまざまな好みを持つ3000人の乗客が暮らす町で、そこにいるのを楽しんでいる人は明らかに少数派だと考えてください。もしも内装が船らしく見える船を建造して、乗客に海を楽しんでもらえるなら、それは素晴らしいことだと思います。しかし現状では、最善の策は巨大な浮かぶホテルを乗客に提供することです。[22]

P&Oライン

イギリスのP&Oラインは19世紀末に成長し、地中海を通ってエジプトのアレクサンドリアまでサービスを拡大した。1842年に進水したヒンドスタン号はスエズ—カルカッタ間のサービスを提供し、まもなくベンティンク号とプレカーサー号が加わった。[23] 小説家のウィリアム・サッカレーは1844年にP&Oラインの蒸気船レディ・メアリー・ウッド号で航海したときの経験について執筆し、当時よく知られていた表現（「大英帝国に太陽は沈まない」）をもじって、「P&Oラインに太陽は沈まない」と書いた。[24] サッカレーはこの航海の体験について、「とても楽で、とても魅力的であり、有意義でもある――これから先の人生にたくさんの楽しい思い出を残してくれる」と語った。[25]

P&Oラインに乗船したもうひとりの著名人に、フローレンス・ナイチンゲールがいる。ナイチンゲールはクリミア戦争中に、蒸気船ヴェクティス号に乗ってマルセイユからコンスタンティノープル（現在のイスタンブール）に行った。[26] 1857年のインド大反乱後、6000人の兵士がP&Oラインでインドに渡った。スエズ運河開通前にインドに渡航したすべての旅客と同様に、彼らはアレクサンドリアでいったん下船し、砂漠を越えて、スエズで別の船に乗り換えた。

P&Oラインは1852年にオーストラリアへの郵便輸送事業を請け負い、蒸気船ナユーサン号（この船名はP&Oラインの船に繰り返し使われた）でメルボルンとシドニーにイギリスからの郵便をはじめて郵送した。P&Oラインの貨物船は、客船や郵便船に比べると幸運とは言えなかった。1847~1858年にかけて、P&Oラインは64万2000箱のベンガル産とマルワ産の阿片を極東に輸送したのである。[27]

インド洋に向かう船は大西洋航路の船とは構造が異なっていた。P&Oラインの場合、個室に二重ドアがついていた。外側のドアは一枚板で、内側のドアは角度を調節できる鎧戸になっていた。外側のドアを開け放って、内側のドアを閉めておけば、乗客はプライバシーを保ちながら船室の換気をよくすることができた。甲板には帆布の日よけが張られ、甲板だけでなく、船内の温度を下げる役割をした。食堂にはプンカが取りつけられていた。プンカは天井から吊り下げるインドの伝統的な扇風機で、天井から吊るされた横棒にタッセルつきの布がぶら下がっている。客室係がひもを引っ張って横棒を前後に揺らすことにより、乗客が食事をしている間、風を送ることができた。[28] 1891年にP&Oラインの定期船ヒマラヤ号はビスケー湾で悪天候に見舞われた。乗客が食事をするテーブルには、船が揺れて食器が滑っていくのを防ぐために止め枠が置かれた。船旅はまだ始まったばかりで、気温はそれほど高くなっていなかったはずだが、食堂に集まる乗客の頭上にはプンカが吊るされていた。

船が紅海にさしかかると、船内は激しい暑さに包まれたため、乗客はしばしば甲板に出て睡眠を取った。甲板の右舷側と左舷側に女性と男性が分かれて寝るのが習慣になっていた。[29] 1900年までに、蒸気船はイギリスからボンベイまで3週間あまりで、シドニーまでは44日間で到達できるようになった。[30]

P&Oライン、そしてブリティッシュ・インディア・ラインなどインド洋までの航路を運航する海運会社は、乗組員をインドから雇い入れた。仕事の区分によって、採用される民族は偏っていた。インド人労働者は船員用語で「ラスカー」と呼ばれた。甲板員は一般的にヒンドゥー教徒だった。機関員は通常イスラム教徒で、今日のパキスタンを構成する地域の出身者である。機関士は「セラング」と呼ばれる水兵長に監督された。セラングはその船に昔から務めている主(ぬし)のような存在で、しばしば蒸気船の仕事を家業にしていた。たとえばP&Oラインのアルカイダ号で機関室長だったセラングのサルファラーズ・カーンは、その道36年間のベテランで、彼の親族17人がP&Oラインの船で働いていた。[31]

インドのゴア出身のキリスト教徒は厨房の仕事や客室係として好まれた。イスラム教徒やヒンドゥー教徒は信仰上の理由で扱えない肉や魚があるが、キリスト教徒であればどんな種類の肉や魚でも調理できるからだ。ゴアのキリスト教徒の中にはたいてい給仕長もしくはパーサーと呼ばれる者がいて、食料の注文という責任ある重要な仕事を任された。[32]

ブリティッシュ・インディア社とオリエント・ライン

20世紀初期に、P&Oラインは当時イギリス最大の海運会社だったブリティッシュ・インディア・スティーム・ナビゲーション社を買収した。P&Oラインと同様に、ブリティッシュ・インディア・スティーム・ナビゲーション社は1856年に設立された定期船会社の再編成を経て、1862年にこの社名で発足した。そしてP&Oラインと同じく、開通したスエズ運河をいち早く利用し、地中海から紅海まで陸路を移動せずに旅客や貨物をインドやオーストラリアへ輸送した。またP&Oラインはオリエント・ラインの経営権を掌握し、同社が所有するオーストラリア郵便事業契約と東アフリカ航路の多数の便を手に入れた。[33]

「高級(ポッシュ)の由来——疑わしい言い伝え」

19世紀末から20世紀初期にかけて、イギリスからインドやオーストラリアへの航海中に舷窓から太陽の光が差し込む部屋に滞在したい乗客は、往路（outbound）では左舷側（port side）、復路（homeward-bound）には右舷側（starboard side）の船室を予約したと言われている。ある言い伝えによれば、乗客が往復の航路でどちら側の部屋に泊まるのかを示すために、乗船券に「P．O．S．H．」とスタンプが押されていたと伝えられている。これは「Port-Out-Starboard-Home」の略で、そこから形容詞の「ポッシュ（posh）」に高級、裕福、上流階級などの意味が生まれたとされている。言語史の研究者はこの説に異論を唱えているが、地中海を通ってインド洋へ出る蒸気船の旅の最中に、「ポッシュな（上流階級の）」乗客がより快適に旅行できるように配慮されたことから、この形容詞が誕生したという。しかし実際には、インドやオーストラリアに渡航する乗客が往路と復路を一緒に予約する習慣はなかった。したがって、伝説となっている（しかし疑わしい）「P．O．S．H．」の文字が「帰りの切符」にスタンプされていたとは考えられない。ロンドンで1895年頃に流行していた「ポッシャ・ダンディ（posha dandy）」〔dandyは「しゃれ者」〕という表現から「ポッシュ」という形容詞が派生し、第一次世界大戦中にイギリス英語に浸透したという説もある。

「悪気はなかったんだ!」サミュエル・D・エールハルト（1862～1937年）画。オットマン・リス出版、1904年。定期船の船長が「船長テーブル」の乗客の健康に乾杯しているが、乗客は船の揺れのせいで吐き気を催している。複製番号：LC-DIG-ppmsca-25848。コレクション：ミセラニアスアイテムズ・イン・ハイデマンド。アメリカ連邦議会図書館デジタル・コレクション提供。http://www.loc.gov/pictures/item/20011645532/

船長テーブルとその他の食事場所

船が出港し、往路の旅が始まると、乗客は（少なくとも1等船客は）食堂を予約した。食堂に2階やバルコニー席がある定期船（たとえばベレンガリア号、フランス号、パリ号、モーリタニア号）〔フランス号とパリ号はフランスの海運会社CGTの大型客船〕では、有名人はそちらのテーブルを好んだ。その方がプライバシーが守られ、人に見られずにバルコニーに出入りできるからだ。もうひとつ人気があったのは、食堂の「端の方」のテーブルである。給仕長はたいてい、食堂の中央寄りのテーブルに経験の浅い部下を配置した。そうすれば給仕長が彼らの仕事ぶりを見張りやすいからだ。大西洋横断航路の旅慣れた乗客は、経験豊富な給仕が「端の方」のテーブルを担当するのを知っていた。結婚適齢期の娘を連れて旅行中の母親は、財産のある独身男性と相席したがることで知られていた。有名人と近づきになりたい乗客は、何とかして有名な乗客の近くに席を取ろうと画策した。

船長テーブルは最も格式が高く、そこに席を予約しようとするのは旅慣れない客だけだった。船長テーブルに座れるのは招待客に限られた。船長テーブルの席は、招待を辞退できるとしても、決して乗客から要求できるものではなかった。船長テーブルに座る乗客の人選には、パーサーと、ときには海運会社の重役までが関わった。仲の悪い乗客同士を同席させるのは一番避けなければならなかった。この手の失敗で最も有名なのは、離婚した政治家がマジェスティック号に乗船し、船長テーブルで隣の席に元妻の浮気相手がいるのを発見した事件だ。大戦間期にさまざまなフランスの定期船でパーサーを務めたアンリ・ヴィラーは人の名前やスキャンダルに関する百科事典的な記憶と、食堂でテーブルを共にする乗客の絶妙な選択で有名だった。[34]

１９１２年頃の大西洋横断定期船の典型的な食事

大西洋横断大型定期船の食事サービスがどのようなものだったかは、船によって、海運会社によって、そして年によっても異なった。まずホワイト・スター・ラインのオリンピック号とタイタニック号の例を見てみよう。タイタニック号はもちろん説明するまでもないだろう。いくつかの映画、数えきれないほどの書籍、数々の博物館や展覧会、そして船の悲劇的な処女航海に対する大衆の強い関心などによって、タイタニックはおそらく史上最も語り尽くされた定期船となった。タイタニックとほとんどそっくりな姉妹船オリンピックは、長く変化の多い現役時代を過ごした。この2隻の定期船の食事サービスは、多くの点で競争相手の船とほぼ同じだった。

3等船客の食事

大西洋横断定期船の食事サービスについて知るために、まず1000人程度の3等船客の食事を見てみよう。3等船客は海運会社にとって最も利益の大きい部門だった。1912年には、このクラスの乗船券を持つ乗客はすでに「最下等船客(スティーリジ)」と呼ばれなくなっていたが、第一次世界大戦後までは、「ツーリストクラス」という名称もなかった。1912年には、寝棚が並んでいるのと同じ空間に、食卓と長椅子も固定されている寄宿舎風の大部屋に3等船客が寝泊まりする船がまだ運航していた。ホワイト・スター・ラインの大型定期船では、3等船客はもっといい部屋に滞在した。彼らが泊まるのは定員2名から最大10名までの簡素な船室だった。男性のひとり客は船首に近い場所、家族、夫婦、女性のひとり客は船尾付近の部屋が割り当てられた。3等船客は前部甲板や船尾楼甲板に出て外の空気を吸うことができた。3等船客用の食堂は白く塗装された飾り気のない広間で、数人の乗客が長椅子に並んで座り、給仕のサービスを受けて食事をした。乗客は何の変哲もない「テーブル・チケット」を受け取った。このチケットは特定の席ではなく、座る長椅子を指定するだけで、英語、ドイツ語、スウェーデン語、フィンランド語で印刷されていた。[35]

3等では、朝食はオートミール粥とミルク、「スウェーデン風パン」(おそらくクネッケブレードのことで、ライ麦か小麦で作られる平たいクラッカー状のパン)にバターとマーマレードが出され、紅茶かコーヒーが選べた。[36]これに加えて朝食にはしばしば、燻製ニシンとジャガイモ、アイルランド風シチュー、または炒めたトリッパ〔家畜の胃〕とタマネギなどの栄養豊富な料理が加わった。食事の内容は日によって違っていた。[37]

1日のうちで最も主要な食事であるディナーは、一般的にスープから始まった。日によってエンドウ、野菜、米のスープ、あるいは澄ましスープが出された。メインディッシュは(やはり日によって異なるが)コンビーフとキャベツ、セージとタマネギを添えたローストポーク、ステーキとキドニーパイ、ウサギ肉とベーコンのフリカッセなどだった。金曜日にはたいてい卵サラダを添えた魚料理か、ピクルスを添えた冷製肉のスライスのどちらかが選べた。その後に野菜(ライマメ、グリーンピース、ニンジン、サヤインゲン、あるいはキャベツ)とゆでたジャガイモが出された。最後にプラムプディング、ライスプディング、セモリナプディング、または果物の甘煮のデザートが続いた。飲み物は特定されていないので、おそらく水だったと思われる。金曜日に肉か魚が選べる以外は、その日のメイン料理は1種類しかなかった。[38]

ディナーの次の食事はティーと呼ばれた。ティーにはメインディッシュとして、米を添えた羊肉のカレー、ソーセージとマッシュポテト（イギリス人とアイルランド人乗客はソーセージをバンガーと呼んだ）、タラのフィッシュケーキ〔魚のほぐし身とマッシュポテトを混ぜて焼いたもの〕（金曜日）、ラビットパイ、または「牛肉、ジャガイモ、ピクルスのシチュー」が含まれた。[39] これに焼きたてパンとバターか、「スウェーデン風パン」のどちらか（両方出る日もあった）が添えられた。[40] パンにはルバーブか、ルバーブとショウガ、またはプラムとリンゴのジャムがつく場合もあった。デザートはリンゴかオレンジ、ゆでた米にアンズかプルーン、またはリンゴを合わせたもの、あるいはプラム、セモリナ粉、「セレアリン」〔トウモロコシを原料にしたシリアル食品〕のプディングの場合もあった。[41] ときには干しブドウ入りロールパンが出された。この食事の飲み物は、もちろん紅茶である。遅い夕食には毎晩キャビンビスケット〔硬いビスケット〕とチーズ、オートミール粥とコーヒーのどちらか、または両方が出された。新鮮な魚が手に入るときは、タラのフィッシュケーキの代わりに魚が提供された。[42]

ホワイト・スター・ラインの3等船客の食事について、次のような興味深い記録が残っている。「ユダヤ人のお客様のためにコーシャミートを用意し、ご希望通りに料理します」[43]。ホワイト・スター・ラインでは、少なくとも１９１２年頃にはコーシャフード〔ユダヤ教の戒律に基づいた食事〕が選べたようである。この文言はホワイト・スター・ラインの宣伝に書かれたもので、実際の食事のサービスもこの宣伝通りだったことを裏付ける証拠がある。１９１２年4月12日と4月14日のタイタニック号の3等船客用メニューは、ホワイト・スター・ラインの「メニュー見本」にぴったり一致していた。[44]

2等船客の食事

オリンピック号とタイタニック号は614人の2等船客を輸送できるように設計されていた。このクラスのサービスは中流階級の人々――専門職、教師、商人――向けだった。ホワイト・スター・ラインの食堂は優美で、船幅いっぱいの広さがあり、舷窓から光が差し込んだ。長方形のテーブルはひとつが8人用だった。[45] 食堂の壁にはオーク材が張られ、天井には優雅な模様が描かれていた。布のテーブルクロスとリネン類が使われ、木製の回転椅子は甲板にボルトで固定されていた。陶器類はホワイト・スター・ラインの紋章と社旗で飾られ、各テーブルに花瓶が置かれていた。オリンピック号やその姉妹船の2等船客の食事は、より小型の船の1等船客の食事に匹敵したと思われる。ホワイト・スター・ラインの大型定期船では、他の船と同様に、1等船客と2等船客の厨房は共通だった。同じ厨房を使うことで、野菜などの食材を他の材料に置き換える必要が生じたときに便利だった。[46]

2等船客の場合、ディナーではメインディッシュ、デンプン類〔パンやコメ、ジャガイモなど〕、野菜、デザートを2種類以上の中から選べた。メニューにはたいていすべての料理が一緒に載っていて、どの組み合わせから選べばいいのか指定されていなかった。おそらく乗客は野菜やデンプン類の選択肢からふたつずつ選んで、半量ずつ組み合わせることができたのだろう。だとすれば、組み合わせは何通りも考えられるため、実際に乗客が食べていた食事の内容はわかりにくい。筆者の考えでは、1912年4月14日、タイタニック号の2等船客のディナーはコンソメタピオカ（タピオカ入りのビーフスープ）、メインディッシュはタラのソテーにシャープソース（マスタードやビネガーを使ったピリッとしたソース）か、チキンカレーに米、スプリングラム（春から初夏にかけて育った子羊）にミントソース、またはローストターキーにクランベリーソースのどれかが選べた。[47] これにグリーンピースかカブのピュレのどちらかと、ゆでたジャガイモ、ローストしたジャガイモ、あるいはゆでた米を付け合わせることができた。デザートにはプラムプディングか、「ココナッツサンドイッチ」、ワインゼリー、または「アメリカ風」アイスクリームが選べた。最後はナッツ、新鮮な果物、チーズ、ビスケットの盛り合わせとコーヒーで締めくくられた。[49]

3等船客の食事にはスカンジナビア人やドイツ人の好みの料理も含まれていたが、2等船客の食事はイギリス人乗客（タラ、プラムプディング）かアメリカ人乗客（ターキーにクランベリーソースや、アメリカ風アイスクリーム）の舌になじんだ料理だったのは注目に値する。2等船客は、中流階級の食べ物を好むアメリカ人かイギリス人の専門職が多かったのだろう。[50]

1等船客の食事

オリンピック号とタイタニック号には833人の1等船客が滞在できた。1等船客は優雅な船首側大階段か、3基の1等船客用エレベーターを使って食堂に入った。1等は2等よりもさらに食事が豪華になった。贅沢な材料が使われ、皿数が増え、選択肢も増えた。タイタニック号の1912年4月11日の1等船客用朝食メニューが残されている。朝食にはまず焼きリンゴ、果物、プルーンの甘煮、クエーカーオーツ社製シリアル、ゆでたひき割りトウモロコシ、パフトライス〔日本のポン菓子のように膨らませた米〕があった。[51] 続いて新鮮なニシン、スモークしたタラ、またはスモークサーモン。次にグリルした羊肉、キドニーとベーコン、グリルしたハム、グリルしたサーモン、羊肉の薄切り、あるいは野菜シチューという豊富な選択肢が続く。その後は卵料理で、目玉焼き、シャードエッグ〔皿に割り入れた卵のオーブン焼き〕、ポーチドエッグ、ゆで卵から選べる。次に乗客はプレーンオムレツかトマトのオムレツ、またはサーロインステーキかマトン・チョップを選んで注文できた。これらの料理にはマッシュポテトか、皮をむいてスライスして焼いたジャガイモ、皮つきのまま焼いたベイクドポテトのいずれかを付け合わせることができた。また、コールドミートやウィーン風ロールパンとグラハムロール、炭酸水とサルタナ（黄金色のレーズン）を混ぜて焼いたスコーン、コーンブレッド、そば粉ケーキ（おそらくアメリカ風のパンケーキ）もあった。これらは黒スグリのジャム、ナルボンヌ地方〔フランス〕の蜂蜜、オックスフォードマーマレードとともに供された。最後に出てくるのは、ありがたいことにさっぱりした味わいのクレソンだった。1等船客と2等船客のメニューのどちらにも、アメリカ人好みの料理とイギリス人好みの料理が交互に登場するのが面白い。[52]

タイタニック号の1等船客の午餐は、朝食と同様に、かなりの量があった。現存する1912年4月14日のメニューを見ると、午餐はまず2種類のスープ（コンソメスープかチキンと西洋ネギのスープ）からひとつを選び、メインコースはヒラメの切り身、アスパラガス入りスクランブルエッグ、フライドチキンのホワイトグレービーソース添え、またはコンビーフ。これに野菜とダンプリング（小麦粉を練ってゆでた団子）が付け合わせとして添えられたようだ。もしこれらの選択肢に食指が動かなければ、グリルしたマトン・チョップにマッシュポテト、フライドポテト、ベイクドポテトのいずれかを付け合わせることもできた。デザートにはカスタードプリン、アップルメレンゲ、または焼き菓子があった。注文して作らせる料理に食べたいものがなければ、ビュッフェからも選べた。ビュッフェにはサーモン、ハム、子牛肉のパイ、ヘッドチーズ（豚の頭の肉などを調理してゼリーで固めたもの）、ボローニャソーセージ、ヴァージニアハムやカンバーランドハム、塩漬け牛タンまであった。ビュッフェから料理を選んだお客は、レタス、ビーツ、あるいはトマトを付け合わせに選べた。1等船客の午餐にはチーズも欠かせなかった。チェシャー、スティルトン、ゴルゴンゾーラ、エダム、カマンベール、ロックフォール、セント・アイベル、チェダーの8種類のチーズがあった。乗客は別料金を払えば午餐でビールが飲めた。冷えたミュンヘン・ラガービールは3ペンス（約0・28リットル）、またはジョッキ1杯で6ペンス（約0・57リットトル）だった。[53]

タイタニック号の1等船客に提供された最後のディナーのメニューが残っている。そこには全11品目のコース料理と、品目ごとに選べる料理がいくつか掲載されている。各品目にはおそらくそれぞれに異なるワインが合わせせられたのだろう。1等船客用の食事では、主として上流階級の口に合う高級フランス料理（オートキュイジーヌ）が重視された。同じ日の同じ時間帯に1等船客と2等船客に提供された食事のメニューを比べてみるのは興味深い。このふたつのクラスの食事は同じ厨房で調理されていたから、ゆでた米は同じ鍋からそれぞれのクラスに配膳されたのだろう。ビーフコンソメも同じように両方のクラスのために準備されたが、1等船客にはより高級な浮き実が入れられた。

タイタニック号の1等船客用メニューを見ると、最初のひと皿は数種類のオードブルか生ガキ、2皿目はスープで、「コンソメのオルガ風」または大麦のクリームスープだった。3皿目（魚料理）は鮭のムースリーヌソース、キュウリ添え。[54] 続く4皿目はメインディッシュで、フィレミニヨン、「チキン・リヨネーズ」、またはナタウリのファルシのどれかが選べた。[55] 5皿目は子羊のミントソース添え、子ガモのアップルソース添え、または「ジャガイモのシャトー風」〔ジャガイモのバター炒め〕を添えたサーロインステーキ。付け合わせはグリーンピース、ニンジンのクリーム煮、ゆでた米、「パルマンティエ」〔ジャガイモ料理の一種〕、またはゆでた新ジャガイモから選ぶことができた。[56] 6皿目はパンチで、これは一種のシャーベットだった。7皿目にはクレソンを添えたひな鳥のローストが続いた。8皿目はアスパラガスサラダにシャンパンとサフラン風味のヴィネグレットソース、そして9皿目はセロリを添えたフォアグラのパテだった。ディナーの締めくくりはスイーツで、「ウォルドーフ・プディング」、桃のシャルトルーズゼリー、エクレア、そして「フランス風」アイスクリームが用意された。[57] 19世紀半ば以来のフランスの習慣にしたがって、コーヒーはデザートの後に出されたと思われる。[58]

リッツ・カールトン・レストラン

1等船客が贅沢の極みを堪能したければ、アラカルト方式のリッツ・カールトン・レストランで食事をすることができた。このレストランは硬材に施された美しい彫刻に金メッキされた装飾が光彩を添え、優雅な布張りのルイ16世様式の椅子、2～4人が囲む丸テーブルが置かれていた。1等船客が航海中のすべての食事を1等の食堂ではなくこのレストランで食べれば、航海の終わりに払い戻しを請求できた。レストランの食事は注文に応じて、レストラン専用のキッチンで調理され、給仕された。オリンピック号のレストランは大評判になり、就航からまもなく拡張されたほどである。現存するオリンピック号のレストランのメニューを見ると、料理の名前はすべてフランス語で書かれている。お客はメニューの中から食べたい料理を何皿でも選んで、好きな組み合わせでコース料理を構成できた。[59]

大型定期船の中には、カフェ・パリジャンやベランダ・カフェ〔どちらもタイタニック号にあったカフェ〕のように、ヨーロッパ大陸に見られる道端のカフェのように軽食が注文できる場所もあった。時代が進むと、キュナード・ラインは乗客にアメリカ風、カナダ風、あるいはイギリス風ベーコンを選べるようにした。その他にもさまざまな選択肢を用意したのだろう。

インドやオーストラリアに向かうP&Oラインの船の食事も、これまでに述べた食事と本質的に同じだったと思われる。しかしP&Oラインではインド料理やインド料理にヒントを得た料理、たとえばカレーやマリガトーニ・スープが頻繁に登場した。[60] P&Oラインの定期船で初めてインド料理に出会う乗客は多く、彼らを通じてカレーなどのインド料理がイギリス人の食事の重要な一部として定着した。

ふたつの世界大戦に挟まれた時期に流行が変化し、若い乗船客の多くが「ツーリスト・サード・クラス」を選択するようになり、豪華なアラカルト・レストランの人気は下火になった。かつては大西洋横断定期船の最大のお得意様だった移民は、アメリカの移民法が移民の受け入れを制限した影響で減少した。

ノルマンディー号、クイーン・メリー号など、新たに建造される船は煙突の数を減らし（オリンピック、タイタニック、ブリタニックの4本目の煙突はいずれにせよお飾りだった）、全体のサイズを大型化した。大西洋横断定期船の役割を脱して、もっとのんびりした航路に主軸を移す船もあった。たとえばアキタニア号は地中海旅行で活躍した。新しい定期船は石油を燃料とし、石炭燃料で運航する蒸気船のうち、まだ現役の船は石炭から石油に転換した。さらに変化が大きかったのは、大型客船の食料貯蔵法である。

冷蔵技術

アメリカで冷蔵技術の需要が高まったのは、1820年代以降にフレデリック・チューダーが氷の収穫と販売を拡大したのがきっかけだった。チューダーはニューイングランドの凍結した池から氷を切り出し、それを断熱材に包んでチャールストンやニューオーリンズ、サバンナやハバナの貯氷庫に向けて出荷した。氷は荷馬車で家庭にも配達された。人々は乳製品や魚、肉、そして果物を長い間新鮮なままで保存するためにアイスボックスを購入した。その結果、氷や冷蔵に対する需要が高まり、冷蔵技術の発達が促進された。[61]

冷蔵技術の発達を促したもうひとつの要因は、イギリスの人口増加である。イギリスでは国内の農業生産が人口増加に追い付かず、1870年代から食料が不足し始めた。一方で、世界の羊毛市場の落ち込みがニュージーランドやオーストラリアに打撃を与え、新しい産業を模索する人々は、ダウンアンダーと呼ばれたこれらの地域から食用肉をイギリスに輸送するために冷蔵保存する方法を探求し始めた。[62]

多数の発明家がアンモニアやアルコール、エーテルを気化させたガスをコンデンサーで液体に戻し、液体の気化と液化を繰り返す過程で水の温度を下げて氷を作る装置を開発した。アメリカ人医師のジョン・ゴリー、フランス人エンジニアのフェルディナン・カレ、イギリス生まれのオーストラリア人ジャーナリスト、ジェームズ・ハリソンは、それぞれこの原理に基づいて製氷装置

アメリカ巡洋艦オリンピア号の蒸気動力を利用した圧縮冷蔵装置または製氷機。ヒストリック・アメリカン・ビルディングス・サーベイ／ヒストリック・アメリカン・エンジニアリング・レコード／ヒストリック・アメリカン・ランドスケープ・サーベイによるコレクション。複製番号 HARE PA,51-PHILA,714-40。アメリカ連邦議会図書館デジタル・コレクション提供。 http://www.loc.gov/pictures/pa3529.photos.360742p/

を開発した。[63]

1882年にイギリス生まれのニュージーランド人ウィリアム・ソルトー・デーヴィッドソンは帆船ダニーデン号に圧縮冷蔵装置を搭載し、ニュージーランド産の子羊の肉や羊肉をイギリスに輸送することに成功した。ダニーデン号に続いて姉妹船マールボロ号が加わり、すぐにライバルとなるニュージーランド船マタウラ号やドイツの蒸気船マルサラ号が競争に加わった。蒸気船ストラスレヴン号も冷蔵設備を搭載し、ほぼ同時期にオーストラリア産の肉をイギリスに輸送した。ニュージーランドとオーストラリアはイギリスの食用肉の主要な供給源になった。[64]

冷蔵技術は果物の海上輸送にも応用され、冷蔵設備を備えた船はバナナや柑橘類などの果物を熱帯から寒冷な地域に輸送した。20世紀初期までに食料供給はグローバル化し、世界の一地域で生産される腐りやすい食べ物さえ、産地から遠く離れた場所で手に入れられるようになった。[65]

冷蔵の原理は船内の小さな設備にも応用された。ガスの圧縮に蒸気動力が利用され、たとえば1892年に建造されたアメリカの巡洋艦オリンピア号には蒸気動力の製氷機が搭載されていた。作った氷は腐りやすい食料を新鮮に保つために利用された。

オリンピック号とその姉妹船には腐りやすい食品別に冷蔵庫が備わっていた。肉、魚、果物、野菜、乳製品、卵（卵は使われる日まで1日1回ひっくり返された）にはそれぞれ専用の冷蔵庫があり、ワインにはまた別の低温保存庫があった。[66]

膨大な食料

大型遠洋定期船が貯蔵しなければならない食べ物の量は膨大で、それを調理し、給仕するスタッフもまた驚異的な数に上った。オリンピック号やタイタニック号のように大西洋航路を運航する定期船は、通常次のような基本的食料を貯蔵した。

エールおよびビール1万5000本　リンゴ3万6000個
パン1000ローフ　コーヒー約1000キロ
コンデンスミルク約2728リットル　卵4万個
小麦粉約2万9000リットル　ハムおよびベーコン約3402キロ
生肉約3万4019キロ　生魚約4990キロ
塩漬け魚および干し魚約1814キロ
鳥肉（鶏、アヒル、七面鳥など）約1万1340キロ
ジャガイモ40トン　砂糖約4536キロ[67]

タイタニック号からおよそ20年後に建造され、大西洋を西に向かって航海したクイーン・メリー号の食料リストは次のようなものだった。

牛肉20トン　ジャガイモ25トン
卵7万個　瓶入りジャム1000個
ベーコンおよびハム5トン　サラダ油約606リットル
魚9トン　スモークサーモン約227キロ
子羊の肉4・5トン[68]

リストは驚くほど膨大な量で延々と続いている。

結び

第二次世界大戦前の半世紀の間に、人類は史上最大の動く建造物を造り、何千人もの乗客を乗せて大西洋や地中海、インド洋を渡った。贅沢の限りを尽くして旅をする者もいれば、質素な旅をする者もいた。大型客船や軍艦では蒸気タービンエンジンが多段膨張式レシプロエンジンに取って代わり、第一次世界大戦後には蒸気を加熱する燃料として、石油が石炭に取って代わった。冷蔵技術が世界の食卓を変え、果物や氷が世界中で、ほとんどいつでもどこでも手に入るようになった。それによって冷蔵技術は新しいタイプの船や新しい航路を生み出し、船員や乗客が船の上で手に入れられる食べ物にも変化をもたらした。

本章の締めくくりには、古い昔の仕事ぶりを歌った歌を紹介しよう。石炭燃料時代の遠洋定期船の機関室で働く船員の歌だ。この歌には不可思議な点がある。「今は１９２４年」だと歌っているが、その年にはすでにモーリタニア号は石炭から石油に燃料を転換していたはずである。それはさておき、この歌は大型定期船がまだ石炭燃料で動いていた頃の、20世紀初期の機関室の風景を描いている。伝統的に、大西洋横断定期船の機関室長の多くはスコットランド人で、火夫はリヴァプールのアイルランド人が多かった。彼らは上半身裸で、厚い手袋と木靴を身につけていた。[69]

「モーリタニア号に燃料をくべる」

今は1924年
俺はリヴァプールの床の上にいた
だからキュナード社の事務所に行って
モーリタニア号の仕事を手に入れた

(コーラス)この船はまさに奴隷船
ああ、くたばれ、モーリタニア号!

モーリタニアの美しき姿
赤々と燃え盛る火(炉)は64個
朝から晩まで石炭をすくって
モーリタニア号に燃料をくべている

モーリタニア号の石炭は硬く、粘板岩だらけ

だから4時から8時の連中はへとへとだ
4時から8時の連中はすぐに疲れ切って
モーリタニア号に燃料をくべている

8時から12時の奴らはずっとましだ
だけど10時半にはくたくただ
10時半にはもうぐったりして
モーリタニア号に燃料をくべている

送風機が役立たずで火が燃え立たない
それで12時から4時の奴らはへとへとだ
12時から4時の奴らはすぐにまいって
モーリタニア号に燃料をくべている

火夫たちよ、集まれ、みんな聞け
キュナード船は煉獄の責苦だ
だから陸から離れるな、海には来るな
モーリタニア号に燃料をくべている[70]

第8章　新しい技術——潜水艦、クルーズ船、コンテナ船

20世紀に人と貨物の海上輸送、そして世界中の海軍に新しい技術が応用された。飛行機が離陸できる船や、潜水して海面下から敵船を攻撃できる船が建造された。飛行機が旅客事業のライバルとなり、客船はこれまでとは違う理由で船旅をする乗客のために、新たな分野に進出した。あたかも不死鳥が自分の体を焼く炎の中から蘇るように、クルーズ船産業は凋落した客船産業から誕生した。輸送船のためのスチール製コンテナの使用は、貨物輸送に変革をもたらし、経済のグローバル化をいっそう推し進めた。

同時に、屋外のレジャーとして小型船の人気が高まった。乗客として、海軍の訓練として、あるいは海運の歴史を再現する機会として、昔ながらの帆船に乗ろうとする人もいる。

イギリス海軍のココア

2度の世界大戦までに、イギリス海軍では当直（目覚めて任務についている）の乗組員にココ

クルーザー・エメラルド号で食事をする船員たち。日付なし。サンフランシスコ海事国立史跡公園提供。写真10.30817n(SAFR21374)

アを支給するのが習慣となった。ココアはナイトワッチとミドルワッチの4点鐘（午後10時と午前2時）、そしてしばしばモーニングワッチの4点鐘（午前6時）にも配られた。午前6時の1杯はたいていコーヒーだったが、1877年にフレデリック・ピース・ハーローが航海日誌をつけたときには、すでにアメリカの商船の習慣として定着していた。ココアはネルソン提督の時代から海軍の飲み物として文書に記載されていた。しかし、特定の時刻にココアを支給する習慣がいつから始まったのかは、確かなことはわからない。

イギリス海軍のココアは、1930年に発行された海軍料理マニュアルに次のように記載されている。「飲料としてのココアは、紅茶やコーヒーよりも滋養があるが、刺激作用は少ない。ココアに滋養があるのは脂肪とデンプンを含むからである。軍用ココアにはココアバターが取り除かれずにそのまま含まれており、作るときにアロールート〔デンプンの一種で、滑らかな舌触りを出す〕と精製糖を加える。ココアから得られる軽い興奮作用は有効成分のテオブロミン〔カカオに含まれるアルカロイドの一種〕の働きによる。また、ココアにはタンニンと同じ収斂作用がある」[1]。船上で飲むココアは塊で支給される海軍チョコレートを細かく砕き、ココアとアロールートをペースト状にしたものと混ぜ、少量の水を加えて濃いペースト状にする。茶さじ1杯のこのペーストを半パイント〔およそ236ミリリットル〕の熱湯に加え、30分弱火にかけ、ミルクと砂糖を加えて、熱いうちに飲む。[2] この飲み物は海軍で「カイ」(kyeまたはkai)と呼ばれ、カスタードパウダー(とろみをつけるための粉で、おそらくアロールート粉)など、他の材料を加える場合もある。材料を混ぜたらボイラー室で蒸気ドレン配管の蒸気を利用して加熱すると、まるでエスプレッソのような仕上がりになった。「カイ」という呼び名の起源は不明だが、ペルシャの神話的な王で、魔法の杯を持っていたとされるカイ・ホスローに由来するのかもしれない。

2度の世界大戦で、ドイツ海軍はいろいろな点でイギリス海軍を模倣した。ナイトワッチとミドルワッチの途中で支給される熱い飲み物は、ドイツ海軍の習慣でもあった。しかしドイツ人の船乗りが飲むのはココアではなくコーヒーだった。

アメリカ海軍士官室の「カップ・オブ・ジョー」

アメリカ海軍の中で最も物議をかもした人物のひとりは、ウッドロー・ウィルソン大統領の任命によって1912〜1921年までアメリカ合衆国海軍長官を務めたノースカロライナ州出身のジョセファス・ダニエルズだろう。ダニエルズは新聞社を経営し、海軍に関しては何の経験もなかったが、いくつかの社会的大義の熱心な信奉者だった。彼は女性参政権支持者として当時は批判を浴びたが、現在では評価されている。ダニエルズは女性参政権運動の活発な男性活動家として知られていた。一方、彼の白人至上主義的な考え方は、当時は評価されたが、現在では批判を受けている。こうした考え方はダニエルズが発行する新聞、ローリー・ニュース・アンド・オブザーバー紙の編集方針や記事に反映され、この新聞はノースカロライナ州で人種差別的なジム・クロウ法などの法律の成立を促進した。彼の倹約精神や、海と船に対する知識の欠如のせいで、ダニエルズは海軍でひとりの理解者も得られなかった。しかしダニエルズの次官で、後にアメリカ大統領となるフランクリン・デラノ・ルーズヴェルトが部下の怒りをなだめる役割をした。[3]ダニエルズは戦艦アリゾナの装甲を提供する請負業者3社の同一入札を調査し、これらの業者を含む請負業者による競争入札を義務づけた。こうした措置によってアリゾナの装甲板金にかかる費用を110万ドル削減できたとダニエルズは主張した。[4]根っからの改革者として、ダニエルズは海軍のすべての船と基地に水兵のための基礎科目の必修コースと、上級科目の選択履修コースを設けるよう命じた。また、いくつかの海軍兵学校（将来の士官を教育する学校）に将来性のある下士官兵を入学させる枠を確保するよう求めた。[5] 次に紹介するのは7月4日〔独立記念日〕のディナーのメニューで、次頁の図はメニューの表紙である。

1935年7月4日、ディナー

❖スイートピクルス　ライプオリーブ　❖スタッフドセロリ
❖フルーツカクテル
❖ローストターキー　ジブレットグレービー〔鳥の臓物を使ったグレービーソース〕
❖クランベリーソース
❖コーンブレッドドレッシング〔コーンブレッド、野菜、チキンスープ、卵を混ぜて焼いたもので、鳥の詰め物または付け合わせにする〕
❖クリームド・マッシュポテト　❖カブのマッシュ
❖新鮮な野菜のサラダ　❖ロシア風ドレッシング
❖アイスクリームとケーキ
❖焼きたてのパン　❖バター
❖コーヒー[6]

合衆国艦艇アリゾナ号の7月4日のディナーのメニュー表紙。1935年7月4日。ジョセファス・ダニエルズがアメリカ国民の税金を100万ドル以上節約したと主張したのはこの船だ。真珠湾で日本軍の攻撃を受けて沈没し、現在は戦死した乗組員を追悼する記念館として保存されている。筆者のコレクション。

ジョセファス・ダニエルズはもうひとつの改革によって、海軍の食事の歴史に名を刻んだ。1862年に下士官へのグロッグの配給は廃止されたが、士官は個人的に購入した酒を非番のときに士官室で飲むことが認められていた。ダニエルズはこの習慣が下士官に対する差別に当たると考えて、一般命令第99号を公布し、この命令は1914年7月1日に施行された。

海軍のあらゆる艦艇上と造船所および基地内では、飲用を目的としたアルコール飲料の使用と持ち込みを厳禁し、指揮官はこの命令の施行に直接責任を負うものとする。[7]

この命令は施行の1カ月前に公布された

ため、海軍兵の中には期日までに手持ちの酒を飲んでしまおうとする者もいた。7月1日の前夜には手の込んだ騒々しい別れの儀式が執り行われ、酒の空き瓶を海に流して葬式のまねごとをしたり、「死んだ兵士」〔酒の空き瓶を意味する俗語〕を詰め込んだ棺を海に沈めたりさえもした。メキシコのベラクルス港に停泊していた7隻のアメリカ艦艇のうち、戦艦ノースダコタの船上では士官室でにぎやかなパーティが開かれた。副艦長が野球のキャッチャーマスクとプロテクターをつけて登場し、ジョセファス・ダニエルズのために乾杯の音頭を取った。すると「ロールパン、サンドイッチ、そして手近なありとあらゆる物が」副艦長に向かって投げつけられた。[8]

ダニエルズ長官は歌にも歌われた。海軍兵が歌う「アーマード・クルーザー・スクワドロン（装甲巡洋艦隊）」という歌の替え歌が、海軍中で流行した。

剣と太鼓を持って遠く、遠く
さあ行こう、たっぷりのラム
嫌な奴にぶつけるものを探す
アーマード・クルーザー・スクワドロンで
ジョセファス・ダニエルズは愚か者
俺たちにグレープジュースを飲めと言う
やれるものならやってみろ

アーマード・クルーザー・スクワドロンで[9]

ジョセファス・ダニエルズの名声で最後まで残ったのは、彼のものだと間違って伝えられた名言である。ダニエルズは、一般命令第99号以降は、「コーヒーより強いもの」は合衆国艦艇では支給されないだろうと言ったと伝えられる。彼がそう言ったかどうかは、実ははっきりしていない。そう言ったのがダニエルズだと一般に信じられているせいで、アメリカ人はコーヒーをジョセファスの愛称の「ジョー」と呼ぶようになったという。しかし、それもまた、単なる伝説に過ぎないのかもしれない。海軍ではトイレを「ヘッド」（帆船時代に乗組員のトイレが水切りの先の船首（ビークヘッド）にあったことに由来する）と呼ぶように、コーヒーを「ジョー」と呼ぶ習慣は、すぐに海軍の伝統として定着した。そしてこの呼び名は民間のアメリカ人の間にも次第に広まった。ジョセファス・ダニエルズの伝説はすでに非常にあいまいだが、さらに追い打ちをかけるかのように、「カップ・オブ・ジョー」という海軍の表現は一般命令第99号より前から存在したと主張する人もいる。それは事実かもしれない。食べ物に関する海軍の伝統は起源が疑わしいものがある。たとえばホレーショ・ネルソン提督の遺体をラム酒の樽に入れて保存したという話から、ラム酒を「ネルソンの血」と呼ぶようになったと言われる（実際にはネルソンの遺体はブランデーの樽で保存された）。また、「一流の、上品な」を意味する形容詞の「ポッシュ」のあいまいな起源に関する話もある。ジョセファス・ダニエルズ長官を称えるためにコーヒーにその名前がつけられたという話は、歴史が記録した事実、あるいは記録しそこなった事実ではなく、大衆が事実だと信じている伝説に基づいているのかもしれない。

旅客サービスが変化し、クルーズ船が発達する

旅客輸送がいつ終わり、「船旅（クルーズ）」がいつ始まったのかを見極めるのは難しい。マーク・トウェインをはじめ、多数のアメリカ人が蒸気船クエーカー・シティ号に乗って地中海へ旅した「大旅行」は、クルーズと呼ぶにふさわしいだろう。もっとも、トウェインや他の乗客はときには上陸して宿泊し、陸上の交通手段を利用した。19世紀にP&Oラインが提供した数々の旅も、乗客にくつろいだ船旅と1カ所以上の寄港地を提供した点で、「クルーズ」だったと考えられるだろう。

禁酒法

クルーズと旅客輸送の違いを挙げるとすれば、クルーズは旅そのものが目的だと言えるかもしれない。酒類の製造・販売を禁止した１９１９年の合衆国憲法修正第18条と、この修正条項を実施するために１９２０年1月に発効した国家禁酒法（ボルステッド法として知られている）の組み合わせは、旅と目的地の区別をあいまいにし、その他にもさまざまな混乱を招いた最も大きな

要因だった。アメリカの法律の中で、禁酒法と、1933年の修正第21条による禁酒法の廃止ほど、ひとつの時代を画したものはなかった。前章で見たとおり、アメリカ国内とアメリカ船籍の船でのアルコールの禁止は、他国の船にとって大きなセールスポイントになった。アメリカ人は他国の船客と一緒になって、大西洋を航海するアメリカ船をボイコットした。ある新聞記者は、プレジデント・ハーディング号の乗組員について次のように語った。「ひとりの士官が言ったとおり、アメリカ人が『7日間の禁酒を我慢できない』せいで彼らの船を見放したと考えるのは、船員にとってひどく残念なことだった」[10]。アメリカ人の船客がどこへ行ったのか、そしてその7日間をどう過ごしたのかは、1920年に有名なキュナード社の定期船モーリタニア号の到着を報じたイギリスの新聞記者の記事を読めば明らかだ。「[船は]空き瓶を満載してサウサンプトンに入港した。驚くほど大量に積まれたワインや酒類は、アメリカ人乗客によってすっかり飲み尽くされた」[11]

海上旅客サービスの性質を変化させる要因は他にもあった。アメリカの移民法が厳格化し、第一次世界大戦前に洪水のように押し寄せたヨーロッパ人移民は、戦後にはごくわずかな数に制限された。特権的な1等船客のふるまいがどれほど新聞を賑わそうと、海運会社の大きな収入源は3等船客だった。さらに事態を複雑化したのは、遠洋大型定期船は戦争中に失った船を新しい船と交代させ、古い定期船を石炭から石油に転換させる計画を急速に進めたことである。船の定員を増やすための努力は実際の需要を上回り、主要な定期船会社は大西洋横断サービスでは埋めきれないほどの輸送能力を持て余していた[12]。

海軍長官ジョセファス・ダニエルズ指揮下の海軍と禁酒を風刺する漫画。『海軍では禁酒』。ハイ・メイヤー（1868～1954年）作。パック出版社、1914年5月9日。複製番号：LC-DIG-ppmsca-28049。コレクション：ミセラニアスアイテムズ・イン・ハイデマンド。アメリカ連邦議会図書館デジタル・コレクション提供。http://www.loc.gov/pictures/item/2011649785/

第一次世界大戦前、クルーズやシーズンの周遊に用いられるのはオフシーズンの船だけだった。戦争中はスクラップ寸前の古い船がこのサービスに使用された。ところが戦後は事情が変わった。キュナード社はルシタニア号とモーリタニア号の第3の姉妹船であるアキタニア号をクルーズ船として就航させた。ドイツはすでにこの変化を見越して、ハンブルク・アメリカ・ラインの大西洋横断定期船ドイチュラント号をヴィクトリア・ルイーズ号と改名し、1912年にカリブ海のクルーズ船に転換した。このドイツの定期船はエンジンを半分取り外され、公共スペースが拡大されて、白く（流行を予想して）塗りなおされた。第一次世界大戦が始まる直前に、ハンブルク・アメリカ・ラインはクリーブランド号とシンシナティ号のサービスを1等から3等の3段階からひとつのクラスに統一し、これらの船による125日間の世界一周旅行を企画した。キュナード、カナディアン・パシフィック、レッドスターの3社もオフシーズンの世界一周クルーズを提供した。[13]

太平洋ではアメリカや日本の客船が多くのアジア人移民を輸送し、黒字で運航を続けた。カナディアン・パシフィック・ラインやP&Oラインも太平洋でサービスを提供した。マトソン・ラインはハワイや南太平洋まで旅客サービスを拡大した。1926年以降、太平洋の自由の女神に例えられたアロハ・タワーは、ホノルルの目印として移民や旅行者を歓迎した。[14]

ヨーロッパの海運会社は大西洋横断旅客事業に君臨し続けたが、いくつかのアメリカの海運会社は特定の航路に活路を見出した。グレース・ラインはカリブ海や南アメリカに、ムーア・マコーマック・ラインは南アメリカに、そしてアメリカン・エクスポート・ラインは地中海に航海した。[15]また、ユナイテッド・フルーツ・ラインは熱帯地方の目的地に乗客を運んだ。[16]

禁酒法時代には、多数の客船がアメリカからカナダのノヴァスコシアやバハマのナッソー、あるいはバミューダ諸島まで短期間の低価格な「酒（ブーズ）・クルーズ」〔船上や寄港地で大量の酒を飲む旅〕を実施した。多くの場合、これらのクルーズに使われるのは老朽化した船で、高温な気候でのクルージングにはまったく適していなかった。エアコンもなければ、炎天下の航海に適したプールのような設備もなかった。しかし泥酔した乗客にとってそんなことはどうでもよかった。禁酒法時代には、多くのアメリカ人乗客がそれで十分満足していた。[17] ハンブルク・アメリカ・ラインのリライアンス号の給仕は、アメリカ人は「ハバナでダイキリ・カクテル、トリニダードでラムのカクテル、キングストンでパンチの味を覚えた」と語っている。[18] めったにないことだが、アメリカ人乗客がカクテルを飲みに来ないときがあると、ハバナでラム酒の蒸留所を所有するファクンド・バカルディ〔有名なラム酒のブランド、バカルディの経営者〕は、もうすぐハバナに到着するアメリカ船籍の船に無線で連絡し、乗客を彼の蒸留所に招待した。[19]

1929年にニューヨーク株式市場の暴落をきっかけに世界的大恐慌が起きた。その影響で3つのクラスに分かれた定期船の需要はますます減少した。大西洋横断定期船の運賃を支払える層にとっては、カリブ海やハワイを目的地にした短い航海の方が、手ごろな旅の機会になった。ヨーロッパ人にとって、同じことが地中海旅行について言えた。1930年代に、これらの地域への旅客サービスは拡大した。海運会社の宣伝は、あいかわらず船上での体験そのものよりも、乗客が訪れる目的地のすばらしさを強調していた。[20] それでも1920年代から30年代にかけて、クルーズ船産業の基礎は徐々に築かれた。

新参のイタリア船が未来の方向性を示す

1930年代に、大西洋横断定期船はイタリアから参入した新しいライバルと競うことになった。イタリアの定期船レックス号とコンテ・ディ・サヴォイア号は、優美で快適で快速な船だった。1933〜1935年の間、この2隻の船は大西洋西向き航路のブルーリボン賞を保持していた。ニューヨーク—イタリア間の航海には数日間の地中海航海が含まれ、これらのイタリア船は速いだけでなく、広々とした風通しのいい船内を売り物にしていた。当時、他の定期船の広告は正装した実業家が優雅な妻を連れて甲板を散歩する姿を描いていたが、先見の明のあるイタリアの海運会社は、色とりどりの服を身につけた休暇旅行者が娯楽を満喫する姿を描いて見せた。[21]

1920年商船法(別名ジョーンズ法)

上院議員ウェスリー・ジョーンズ(ワシントン州代表の共和党議員)によって提案された1920年商船法は、主としてアメリカの商船乗組員とアメリカの海運業を外国との競争から保護する目的で制定された。この法律の「カボタージュ」(国内海運を自国船に限定する運航権制限)に関する条項は、ブーズ・クルーズを運航する海運会社から興味深い反応を引き起こした。ブーズ・クルーズはボルステッド法によって禁酒を強いられたアメリカ人に心ゆくまで酒を飲む機会を提供するために企画される海外旅行だった。「カボタージュ」はフランス語由来の外来語で、沿岸航海を意味している。カボタージュ法は通常、沿岸国が別の沿岸国との競争から国内の海運業を保護する目的で制定される。カボタージュ法は、特に航空輸送に適用された場合は複雑になる。たとえばドイツが東西に分かれていた時代には、パンアメリカン航空は西ドイツの空港からベルリンに飛ぶ場合、西ドイツのカボタージュ権を侵害しないように、東ベルリンのテーゲル空港を利用した。１９２０年商船法（一般にはジョーンズ法として知られる）のもとでは、外国船籍の船（乗客に合法的に酒を提供できるのは外国船に限られた）は2カ所の（あるいは同一の）アメリカの港の間を行き来したければ、いったん外国の港に寄港する必要があった。その結果、アメリカの港を出たブーズ・クルーズ船は、何の魅力や娯楽があるのかわからないアメリカ領以外の島々に停泊せざるを得なかった。それは酒に飢えたアメリカ人乗客をアメリカの港から港へ運ぶために必要な法的措置だった。ジョーンズ法のもうひとつの影響は、アメリカ西海岸とハワイ間の旅客サービスをアメリカの主要船が実質的に独占できたことだ。この2地点の間には、都合よく停泊できるアメリカ領以外の島がなかったからである。

航空会社との競争

アメリカの作詞・作曲家アーヴィング・バーリンは、「アイル・シー・ユー・イン・キューバ（キューバで会いましょう）」の歌で、アメリカ人をハバナに誘った。近所の密売酒場の酒蔵に隠れて飲むのではなく、贅沢に酒が飲みたいアメリカ人は、この歌でハバナへの旅情を掻き立てられた。１９２０年11月、ニューヨークでキャデラックのディーラーをしていたイングリス・ムーア・アッパークは、船旅に代わるより速い交通手段を提案した。アッパークが創業したエアロマリン・エアウェイズは、アメリカに本社を置いて定期便を飛ばす国際線航空会社の初期の数社のひとつである。木製の複葉機の飛行艇には、ニーニャ、ピンタ、サンタ・マリア〔いずれもコロンブスの航海で用いられた3隻の船の名前〕という趣向に富んだ名前が付けられた。これらの飛行艇はアメリカ人乗客を柳で編んだ肘掛け椅子に座らせて、マイアミからあっという間にハバナやバハマのビミニ諸島など、酒がたっぷり飲める目的地まで運んだ。[22] パンアメリカン航空は1927年にキー・ウェスト島からハバナまでのサービスを開始した後、バカルディ社と共同で、「パンアメリカンで飛んで2時間後にバカルディのラムを浴びよう」をスローガンにキャンペーンを打ち出した。[23] こうして禁酒法は海上交通を周遊旅行(クルージング)に変化させたばかりでなく、海上交通の最大のライバルである商業航空会社の活性化にも貢献した。飛行機という新しい交通手段に大衆の注目が集まっているのを反映して、前述のバーリンの歌の「船に飛び乗って」という歌詞は、「飛行機か船に乗って」に変更して歌われたり録音されたりした。禁酒法は1933年に廃止された。その陣頭指揮を取ったのは、皮肉にもジョセファス・ダニエルズの次官を務めたフランクリン・デラノ・ルーズヴェルトだった。禁酒法は姿を消したが、海や空の旅客サービスに起きた変化はもはや止まらなかった。

アメリカ海軍の食堂担当下士官

1890年代以降、ジム・クロウ法はアメリカ社会の大部分を分断し、アメリカ海軍内で、特に食事の配給に関して数々の変化を生じさせた。米英戦争（1812～1815年）や1861～1865年の南北戦争時のアメリカ海軍には、多数のアフリカ系アメリカ人船員が所属していた。しかし第一次世界大戦までに、アメリカ海軍は「白人の」軍隊になった。1932年にアブラム・クロード船長がアフリカ系アメリカ人に対して給仕兵（メスマン）として海軍の門戸を開くと、彼らは民間船で乗客に奉仕する給仕のように、士官室で士官に奉仕する任務に就いた。1919年以降、この任務はアメリカ国籍のないフィリピン人給仕兵が担っていた。[24] クロードが開放した門戸をくぐったアフリカ系アメリカ人が、戦闘任務につけるようになるまでは長い道のりがあったが、人種隔離されたアメリカ海軍にアフリカ系アメリカ人がふたたび招き入れられたのは確かだった。

いずれにしても、黒人給仕兵の多くは戦闘員の定員の中に加えられていた。総員配置が告げられると、給仕兵は大砲に配置された。アジア系やアフリカ系アメリカ人の給仕兵は大砲に配置され、その多くが1941年の日本軍による真珠湾攻撃で戦死した。[25] 黒人のドリス（愛称ドリー）・ミラーは戦艦ウェストヴァージニア号に乗船し、給仕兵から3等コックに昇進して、真珠湾では50口径機関砲で英雄的に戦って海軍十字章を授与され、伝説に名を残した。[26]

米軍は最終的にハリー・トルーマン大統領が出した大統領令9981によって人種分離を廃

止した。ベトナム戦争は、米軍が１９００年以来初めて完全に人種統合された海軍で戦った最初の戦争になった。

実用的潜水艦の発達

潜水艦はかなり前から人間の空想の中に存在していた。16世紀のロンドンで、イギリスの数学者ウィリアム・ボーンは櫂で推進する潜水可能な船の設計図を発表した。18世紀半ばにはアメリカのデーヴィッド・ブッシュネルがタートルと呼ばれるひとり乗りの潜水艇を設計した。タートル号は独立戦争中にイギリスの戦艦に穴を開ける〔船体に機雷を装着する計画だった〕目的で設計された。19世紀には、独創的な才能を持つ新たな世代が、潜水可能な、そして（何よりも重要なのは）自在に浮上できる船を設計し、推進するという問題に取り組んだ。アメリカ人技師ロバート・フルトンは海上では帆走し、潜水時には操縦者が手動クランクでプロペラを回転させる潜水艇を設計した。ドイツの発明家ヴィルヘルム・バウアーによる潜水艦ブラントタオハーの設計は非常にすぐれていた。ふたりの乗組員が巨大なハムスターの回し車のような踏み車を回転させて、プロペラを動かす仕組みになっていた。バウアーの上司は予算の削減を優先させ、元の設計からバラストタンクを取り外し、メインフロアの敷板の下にバラスト代わりの海水を入れ、船殻内で海水が揺れ動く構造に変えさせた。これは致命的な欠陥となった。敵艦を沈没させた史上初の潜水艦という名誉は、短命に終わったアメリカ連合国海軍のハンリー号のものである。ハンリー号は乗組員8名が手動クランクでプロペラを回転させる小さな金属製の筒のような形状の潜水艦で、合衆国艦艇フーサトニック号を沈没させた。フランス海軍はプロンジュール号を開発した。この潜水艦は圧縮空気で推進し、圧縮空気はバラストタンクの排水にも利用された。続いてフランス海軍は小型の電気推進潜水艦ジムノートを建造した。作家のジュール・ヴェルヌはプロンジュールの模型を調べ、『海底二万里』を執筆する際は、後にジムノートを開発する設計者に意見を求めた。ジムノートが潜水中に方位を確認するために、ジャイロコンパスが開発された。アイルランド生まれでアメリカ移民のジョン・ホランドが開発した潜水艦は、浮上時は内燃機関を使用し、潜水時は電気モーターをバッテリーで作動させ、圧縮空気でバラストタンクの排水を行った。ホランド型潜水艦はアメリカ海軍とイギリス海軍の両方で採用された。ホランドの競争相手であるアメリカ人技師サイモン・レイクは脱出用カプセル、展望塔、引き込み式潜望鏡など、設計上の重要な特徴を備えたアメリカの潜水艦を設計した。ドイツ海軍は石油機関を搭載した潜水艦を建造したが、このエンジンは隠しようのない白い排煙をもくもくと立ち昇らせた。ドイツ海軍がディーゼルエンジンを開発すると、現代の実用的潜水艦の時代が到来した。第一次世界大戦が勃発するまでに、世界の主要な海軍は水上ではディーゼルエンジン、水中ではバッテリーと電気モーターで推進し、内側の「耐圧殻」〔潜水艦の内部空間〕と外殻に挟まれたタンクの水を圧縮空気で排水する潜水艦を所有していた。

潜水艦は早い段階から調理設備を搭載した。1912年にドイツ海軍の石油機関を使用した潜水艦U-9は、小型の電気ホットプレートを載せていた。しかしこのホットプレートは、たとえ使われたとしても、ほとんど機能しなかった。[27] 第二次世界大戦までに、アメリカの潜水艦は完全電気式の実用的な調理室を備え、調理室の床下には冷凍庫と冷蔵庫が組み込まれていた。潜水艦の限られた空間で、乗組員全員に食事を出す手順が次第に出来上がった。アメリカの潜水艦は乗組員を3班に分け、各班は交代で4時間勤務し、8時間休憩した。食事の用意ができると、各班が順番に食事をとった。最初はこれから当直に出る班、次は当直と当直の間の班、最後は当直を終えたばかりの班だった。各班に与えられた食事時間は10~12分である。この方式で、80人前後の全下士官がちょうどいいタイミングで食事をすることができた。敵の勢力範囲を航行中に、夜間に集中的に攻撃を行う潜水艦の場合、当直を「逆回りで」遂行した。彼らは日中は照明を落とし、夜間に食事をした。アメリカの潜水艦のほとんどは、調理室の匂いを効率的に排出するため、水面に出ているときに調理を行った。

　第二次世界大戦中、60~90日もの哨戒任務に就くアメリカの潜水艦は、おいしい食事を出すためにいろいろな工夫をした。アメリカ海軍の水上艦と同様に、多数の潜水艦がアイスクリーム製造機を積んでいた。そんなアメリカの潜水艦のひとつであるパンパニート号が、現在サンフランシスコで記念艦として公開されている。食事の合間にお腹がすいた乗組員のために、いつでも熱いコーヒーが飲めるように準備され、サンドイッチの材料や、ときには焼き菓子が四六時中用意されていた。150年前に、シップス・ビスケットを入れたパン籠（ブレッドバージ）がいつも船員の居住区に置かれていたのと同じ習慣と言えるだろう。

アメリカの潜水艦の中でも、「ピッグ・ボート」のあだ名で呼ばれるS級潜水艦はあまり人気がなかった。S級潜水艦は日本軍による真珠湾攻撃の直後にフィリピンから退避し、オーストラリアから作戦行動を取った。これらの潜水艦は第一次世界大戦以来の老朽化した生き残りで、換気は十分でなく、船内の空間も限られていた。食事の多くはオーストラリア産かオランダ産の食べ物で、ウサギや羊肉、それにソフトドリンクのビターオレンジやビターレモンはアメリカ人水兵には不評だった。

どんな潜水艦でも、魚雷や弾薬、空気圧縮機、バッテリー、電気モーター、ディーゼルエンジン、燃料、乗組員などとともに、食べ物が入る場所を耐圧殻の中に確保するのは容易ではなかった。アメリカの潜水艦は、シャワー室、エンジン周辺、それに乗組員の約30センチ四方の私物ロッカーにまで食べ物を押し込んで出港した。フルーツ缶詰などの余計な食べ物は、必要なときまで寝棚や船員の小物入れ袋に詰め込まれた。ドイツの潜水艦は網の袋に入れたパンやソーセージを配管から吊るし、さながらバビロンの空中庭園のような印象を与えた。[28]

ゲダンク・バーとNAAFI

アメリカ海軍の大型船にはゲダンク・バーがあり、水兵はそこでアイスクリームやキャンディなどのお菓子を買うことができた。戦艦アラバマ号に乗船していた筆者の友人は、乗組員がアイスクリームを「ゲダンク」と呼んでいたと回想している。別の退役軍人によると、「ゲダンク」はそこで売っているあらゆる軽食や菓子類を指すスラングで、レジで働く水兵は「ゲダンク・ガイ」、または「ゲダンカルー」と呼ばれていたという。この言葉の語源は不明だが、ハロルド・ティーンという漫画の登場人物が、地元のソーダ・ファウンテンで食べた「ゲダンク・サンデー」に由来するという説や、自動販売機の操作音がそう聞こえたという説がある。この言葉は、１９３１年にアメリカ海兵隊が発行する雑誌『レザーネック・マガジン』に登場した頃にはすでに一般に広まっていたようだ。現在でもアメリカ海軍ではこの言葉が使われている。[29]

イギリス軍にもゲダンク・バーの同類が存在した。ＮＡＡＦＩ（海軍・陸軍・空軍機関）は第一次世界大戦陸軍食堂委員会から発展して、１９２１年に設立された。ＮＡＡＦＩはアメリカ軍のＵＳＯ（米国慰問協会）に似た役割を果たし、酒場やバーなどの娯楽施設やイベントを提供し、飲み物や軽食を出している。イギリス陸軍では、ＮＡＡＦＩの売店で購入した軽食は「ナッティ」と呼ばれている。[30]

海軍の食事の変化

第二次世界大戦が勃発したとき、イギリス海軍は1世紀前から続く食事の方式をまだ続けていた。メスコックが食事仲間の食べ物を厨房から運び、会食テーブルで配膳した。水兵はますます狭くなる食堂(メスルーム)でいまだに生活し、寝て、食事をした。レンドリース法〔武器貸与法〕によってアメリカの駆逐艦がイギリスに提供されると、イギリス人乗組員はこれらの船のアメリカ式の構造に慣れるしかなかった。ハンモックの代わりに折りたたみ式の寝台や寝棚を使い、食事は専用の食事区域に隣接する厨房から運ばれた。アメリカ船にはイギリスの駆逐艦乗組員にとってなじみのない設備が他にもあった。たとえば洗濯機、自動ジャガイモ皮むき器、そしてソーダ・ファウンテンなどである。第二次世界大戦以降、アメリカとイギリスの海軍は（そしておそらく他のほとんどの国の海軍も）、カフェテリア方式のサービスを開始し、船員は厨房と食堂の間に並んだ蒸気保温器の中の料理をセルフサービスで取るようになった。この方式は時間と空間、そして人手の節約になった。[31]

士官も乗組員と同じ食べ物を食べたが、彼らの食事場所は別にあった。もっとも、アメリカの軍艦の士官室は本質的に乗組員の食堂の小型版だった。第二次世界大戦中にアメリカ海軍の水兵の間で流行った歌は、オーストラリアに移送される囚人を歌った古いフォークソングの替え歌で、昔から続く海軍のこうした因習を風刺している。発動機艇に提督が乗れば「将官艇」と呼び、船長が乗れば「船長用ボート」と呼ぶ習慣を皮肉ってから、別々だが平等な食堂と士官室をからかう歌詞が続く。

乗組員は食堂で食べる
でも船長は俺たちと一緒には食べない

船長がいいものを食べてるからじゃない
ただのくだらない人間だと俺たちにばれたくないからさ!

ジャングルジュース

ジャングルジュースは、手製の酒を意味する軍隊用語として広まった。おそらく第一次世界大戦中に、南太平洋のジャングルで任務に就いていた海軍兵や海兵隊員、陸軍兵が調合した飲み物に由来するのだろう。材料として好まれたのは干しブドウだが、缶詰フルーツなら何でも使えた。発酵させる容器に空気穴を開けておくことが大切で、さもなければ爆発する危険があった。軍の施設内で爆発が起これば、ありがたくない関心を集める結果になっただろう。[32] 最近ではジャングルジュースは一般的な用語として、フルーツジュース、「エヴァークリア」(アルコール濃度の高い蒸留酒)、スイートリキュール、その他好みの材料をパンチボウルで混ぜ合わせてみんなで飲むパンチの名称として使われている。軍隊用語としての元来のジャングルジュースは、買うのではなく、手作りする酒そのものを指している。

新たな名称で呼ばれる古代の即興料理

好みの食べ物の不足や、とぎれとぎれの供給、そして不便な環境のせいで、何世紀もの間、船上料理人は単純な料理を強いられてきた。13世紀のカタルーニャ・アラゴン連合艦隊のガレー船の料理人がありったけの材料を大鍋に放り込んでビスケットを添えて出していたように、20世紀の船上料理人は牛ひき肉やコンビーフなどの肉と、他に食べられるものがあれば何でも一緒に混ぜ合わせてひとつの鍋に入れ、トーストしたパンやハンバーガー用の丸パンに載せて出した。この即興料理には「チップドビーフ・オン・トースト」や「シット・オン・シングル」(縮めてS・O・Sの呼び名で知られた)、「チキン・オン・ア・ラフト」などの多彩な愛称がつけられた。海軍の主要な食べ物だったこの料理は、戦後は「スロッピー・ジョー」という新しい名前で学校食堂の定番メニューになった。教職員に軍隊経験者がいれば、「海軍では違う名前で呼ばれていたな」と笑いながら言うのが聞けるだろう。

戦後の定期船とクルーズ船

第二次世界大戦後、ドイツ、日本、そしてイタリアは客船を運航する手段を奪われ(彼らの船の大部分は撃沈された）、その他の国の旅客サービスも、ある程度制限された。P&Oラインは復活し、乗客と貨物を香港やオーストラリアに輸送した。オーストラリア政府は必要な労働力を国内に呼び込むために、少なくとも2年間オーストラリアに滞在する意思のある青年に旅費を補助してイギリスから招くという有名な政策を実施した。移住する青年たちが支払う旅費はわずか10ポンドで、彼らはオーストラリアで「テン・ポンド・ポム」〔ポムは英国人の蔑称〕と呼ばれた。この政策はオーストラリアに労働力を生み出しただけでなく、戦争の痛手からまだ回復しきっていないイギリス経済の負担を軽減し、P&Oラインには効果的な補助金をもたらした。運賃の調整を重ねながら、この政策は数十年間続いた。[33]

アメリカの客船は第二次世界大戦後に成長した。イギリスやヨーロッパの客船は戦争で破壊されていた。アメリカの港は無傷で、産業は活発であり、経済には勢いがあった。戦後、アメリカン・エクスポート・ラインは地中海への航海を提供した。モナコのレーニエ大公に嫁ぐグレース・ケリーが乗船したのは、同社の定期船コンスティテューション号である。ムーア・マコーマック・ラインは南アメリカへの旅を、「ホワイト・シップ（白い船）」の愛称で呼ばれたマトソン・ラインはハワイや南太平洋への旅を提供した。グレース・ラインは毎週金曜日にマンハッタン島から南半球に向けて出港した。アメリカン・プレジデント・ラインは100日間の世界一周クルーズを売り出した。世界一周クルーズは一種のアメリカの象徴となった。当時の多数の年配夫婦が、引退を祝って世界一周クルーズに出るのを楽しみにしていた。[34]

快適な船旅をするには、それほど贅沢でない方法もあった。グレース・ラインは貨客船を運航

ユナイテッド・ステーツ号のメニュー表紙。1954年11月24日。この食事は「祝賀ディナー」と銘打たれ、船上の時計がその夜リセットされることになっていた。この日はおそらく大西洋横断航海が終わる前に、最後の最も豪勢な食事で祝ったのだろう。ユナイテッド・ステーツ号が膨大な数のアメリカの客船全体の「旗艦」だった時代である。

し、52名の乗客を運んだ。この船には専用の浴室がある空調のきいた船室や、水泳プールさえ備わっていた。[35] ユナイテッド・フルーツ社の「バナナボート」やデルタ・ラインの灰色の船体の「コーヒーボート」は12名かそれ以上の乗客を貨物と一緒に運んだ。[36] パシフィック・ファーイースト・ライン（後にマトソン・ラインの2隻の客船を1970年代に買収した）の数隻の貨物船団「ゴールデンベア」も、各船に12人の乗客を乗せて極東の目的地まで運んだ。

ユナイテッド・ステーツ・ラインは1950年代と1960年代のアメリカの客船会社の中で抜きんでた地位に君臨していた。時速40キロを誇る同社の堂々たる蒸気船アメリカ号さえも凌駕するユナイテッド・ステーツ号は、アメリカのすべての客船の旗艦とも言うべき名声を博していた。ユナイテッド・ステーツ号はアメリカの造船技師ウィリアム・フランシス・ギブスによる傑作で、１９５２年の処女航海で大西洋横断最速記録を打ち立て、ついに母国にブルーリボンをもたらした。全長３０２メートルのこの船は、必要とあれば高速（時速およそ71キロ）な兵員輸送船の役割を果たした。「ビッグU」の愛称で親しまれたユナイテッド・ステーツ号は軽量なアルミニウム製の上部構造を持ち、細長い船体はどこから見ても安心感とスピード感をかもしだしていた。[37]

以下は１９５４年11月24日、ユナイテッド・ステーツ号で出された祝賀ディナーのメニューである。

❖ウィスタブル産牡蠣、ハーフシェル
❖新鮮なフルーツのキルシュワッサー漬け　❖新鮮なカニのカクテル
❖氷に盛りつけた極薄塩キャビア　❖フォアグラのアスピックゼリー寄せ
❖冷たいセロリ　❖大粒ライプオリーブ
❖カンガルーテール・スープ　❖ヴルーテ「ビスマルク」
❖ユナイテッド・ステーツ風ロブスター・キャセロール、三日月形パイ添え

❖ドーバーソールのポーピエット、田舎風

❖ヤマウズラ英国風

❖ブレッドソース、ワイルドライス、マロングラッセ、フサスグリのゼリー

❖ベネディクティン酒のシャーベット、ウエハース添え

❖フランス産若鶏、ジブレットソース、クランベリーゼリー

❖イギリス産サウスダウン種子羊のロースト肉汁ソース、ミントゼリー

❖フィレミニョン、ベアルネーズソース、マッシュルームのソテー

❖カリフォルニア産アスパラガス、オランデーズソース

❖グリーンピース　❖煮込みトマト

❖ムース、フレンチフライ、ベイクドアイダホポテト、パセリまたはサツマイモの糖蜜絡め

❖アボカド、フロリダドレッシング

❖バートレットペアの砂糖漬け
❖ドーム形三色アイスクリーム
❖食後の焼き菓子
❖ロクフォールまたはヌーシャテル・チーズとトーストしたクラッカー
❖ナッツ盛り合わせ
❖ミント風味のキャンディ
❖生食用ブドウ
❖スタッフド・イチジク
❖ショウガの砂糖漬け
❖スタッフド・デーツ
❖氷に盛り付けた温室ブドウ
❖トルココーヒー

このメニューは、アメリカの旅客サービスの旗艦とも言える船で提供された特別な祝賀ディナーだった。当時のほとんどの客船では、この時代のアメリカ人の好みを反映した食事が出された。ディナーは主にウイスキーをベースにしたカクテルやマティーニで始まり（ラム酒やテキーラをベースにした「トロピカルドリンク」はまだ珍しかった）、当時流行していた豪華なメインディッシュ、たとえばロブスターテールや人気のあるステーキで構成されていた。付け合わせ料理はこの時代の標準的なもので、たいてい数種類の中から選べるデザートがついていた。特に華やかな食事の締めくくりはベイクド・アラスカだった。バニラアイスクリームをスポンジケーキで覆い、その上にメレンゲを被せて、メレンゲにほんのり焼き色がつく程度に焼く。そうすると中のアイスクリームが室温から守られ、溶けにくくなる。ベイクド・アラスカという名前は、1876年にニューヨークのデルモニコ・レストランの料理長チャールズ・ランホーファーが、その数年前にアメリカがアラスカを新領土として購入したことにちなんで命名した。ベイクド・アラスカをさらに華やかにしたものに、ボンブ・アラスカがある。ベイクド・アラスカに濃褐色のラム酒をふりかけ、部屋を暗くしてラム酒に点火すると、デザートが炎に包まれる。

1960年代までに、これらのアメリカ船は外国との激しい競争に直面した。フランス船フランス号やキュナード社のクイーン・エリザベス2世号はこの時期に建造された2大豪華客船だった。この頃には、旅客サービスの大部分は飛行機に移行していた。1958年10月にパンアメリカン航空は新しいボーイング707ジェット旅客機で定期便を開始した。ボーイング707やDC-8は大西洋をノンストップで横断し、1960年代の流行に敏感な若者たちは「ジェットセッター」〔ジェット機で世界中を飛び回る人という意味〕と呼ばれた。船旅を提供する会社は、「目的地に行くだけで満足ですか？　クルーズをどうぞ！」などのキャッチフレーズで乗客を呼び込もうとした。しかし若者はこの呼びかけを無視し、より速く、より安いジェット旅客機で「目的地に行く」ことを選んだ。

貨物船とコンテナ船

第一次世界大戦は、貨物輸送船としての帆船の終焉に大きな影響を与えた。ドイツ海軍はイギリスを封鎖するために潜水艦の艦隊を派遣した。その犠牲となった船の大多数は、簡単に狙い撃ちできる帆船だった。戦争が終結に向かうにつれて、大西洋を横断する商船は自衛のために船団を組んで航海するようになり、船足が遅く風の影響を受けやすい帆船は船団に加われなかった。終戦までに、帆船は世界の主要な航路からほぼ完全に姿を消した。

蒸気機関や電気モーターで推進する貨物船は依然としてマストを備えていた。船に帆を積むことはもうなかったが、貨物の上げ下ろし用の横木が付いたマストは、船倉に積んだ貨物を網に入れるか荷台に載せて、ハッチから吊り上げて荷下ろしする作業に欠かせなかった。

第二次世界大戦中に、アメリカはドイツの潜水艦の撃沈能力を超える膨大な数の貨物船やタンカーを同じ規格で大量生産した。船体の各部はさまざまな場所でプレハブ工法によって建造され、造船所に送られて記録的な速度で組み立てられた。この作業の大半を担ったのは女性たちで、工場や造船所で働く女性労働者は「ロージー・ザ・リベッター（リベット打ちのロージー）」の愛称で呼ばれた。しかし造船所では次第に溶接（ウェルディング）作業が増加したから、女性（そして男性）労働者の愛称は「ウェンディ・ザ・ウェルダー（溶接工のウェンディ）」の方がふさわしかったかもしれない。その労働力のおかげで、枢軸国に撃沈されるよりも早く次々に船を送り出すことができた。

リバティ船と呼ばれる規格型輸送船は3段膨張式エンジンを搭載し、イギリスの小型不定期貨物船を手本に建造された。リバティ船より後に建造されたヴィクトリー船はタービンエンジンを搭載し、速度がいくらか速くなった。さらに大型の規格型輸送船はC－2貨物船で、タービンエンジンやディーゼルエンジンを積んでいた。タンカーも、たとえばT－2などが同一規格で量産された。

戦争中に建造されたこれらの船の多くは、戦後は民間船に転用された。戦用余剰品となった1隻のT－2タンカーは、アイデアルX号と改名され、1956年に歴史に名を刻んだ。トラック輸送会社を経営するマルコム・P・マクリーンがこの船の甲板に金属製コンテナを積んで、ポート・ニューアークからヒューストンまで輸送したのである。このコンテナは、実際にはシャーシから外したトラックのトレーラーだった。これは戦争中に米軍が実施していたアイデアを民間に応用したものだ。アイデアルX号の甲板積み貨物は崩れることなく目的地に到着した。トレーラーは別のシャーシに連結され、トラックにけん引されて港を出た。マクリーンは1957年に、さらに性能のいい船でコンテナ輸送を行った。今度はC－2貨物船を転用してゲートウェイ・シティ号と改名し、長さおよそ12メートルの規格品のコンテナを226個積めるようにした。1958年にマトソン・ラインはハワイアン・マーチャント号で追随し、グレース・ラインはサンタ・エリアナ号やサンタ・レオノール号で後に続いた。いずれも戦用余剰品C－2貨物船を転用した船だった。マクリーンは1960年に海運会社シーランドを創設した。この会社は現在も名前を変えずに事業を続けている。[38]

1960年代に、貨物のコンテナ輸送はますます増加した。コンテナ輸送は数多くの点で貨物の取り扱い方法に変化をもたらした。倉庫型の埠頭（ドック）は不要になり、新たに設計された大型のガントリークレーンが必須になった。海港にはコンテナ施設が建造された。コンテナ施設は、これまでのような上屋が立ち並ぶ突堤式埠頭（岸壁に対して船を直角に係留する埠頭）に代わって、広くて屋根のない平坦なコンテナヤードに船を平行に係留する方式になった。シアトルのように早々とコンテナ施設を建造した港は、従来の突堤式埠頭を持つ港に対して有利だった。貨物の損傷や抜荷（ぬきに）は大幅に減少し、数日から数週間が必要だった貨物船の停泊期間は数時間に短縮された。港湾労働者の多数の仕事が削減され、船員の生活スタイルも劇的に変わった。貨物の積み下ろしのために港湾に停泊する期間が1〜2日間ですむようになり、コンテナ船の船員は陸で1、2回食事をし、2時間程度の観光をするのが関の山になった。

原子力潜水艦

1954年まで、潜水艦は正確に言えば潜航できる船に過ぎなかった。基本的に水上を航行し、一定期間潜水できたが、その時間は船によって異なった。世界初の原子力潜水艦ノーティラス号は、蓄電池に充電するために浮上してディーゼルエンジンを始動する必要がなく、長期間潜航できた。原子炉が発生する熱が水を蒸気に変えてタービンを回し、蒸気は水に戻って再利用される。これは原子力潜水艦のクローズドシステム〔廃棄物を出さずに再利用するシステム〕のほんの一例である。

アメリカの原潜は、第二次世界大戦や朝鮮戦争中に潜水艦で実施されていた当直や食事方式を改変したスケジュールで活動している。乗組員を3班に分ける点は同じで、現在は6時間の当直に続いて12時間の休憩を取る。数日間、数週間、ときには数カ月も続けて潜航していると、乗組員は18時間を1サイクルとする生活に順応し、通常の意味の夜や昼はもはや意味を持たなくなる。各班に短時間で食事を出す方式はいまだに実行されている。朝食、昼食、夕食に加えて、「ミッドラッツ」〔ミッドナイト・レーションの短縮形〕と呼ばれる夜食が用意される。これは通常、3回の食事の残り物で作った料理で、夕食の数時間後に提供される。

アメリカの潜水艦は「海軍一の食事」を出すのを誇りにしている。現在では海軍調理士の格付けを持つ潜水艦の料理人は、この評判を維持するために多大な努力を重ねている。もちろん、巡回が終わりに近づくにつれて、新鮮な材料は底を突き、他の食料は使い尽くしてしまってメニューが単調になるのはやむを得なかった。それでも潜水艦の海軍調理士は海軍一の食事を出すという評判にたがわぬ仕事をしている。

クルーズ船の復活

1960年代を通じて、クルーズ船や客船の旅は、引退した老夫婦や「古臭い」娯楽のイメージが染みついて、時代遅れの印象がぬぐえなかった。この傾向は1960年代が終わりに近づき、イスラエル出身の実業家テッド・アリソンが創業したノルウェージャン・カリビアン・ラインがマイアミ発のクルーズを全米に売り込んだ頃から変化し始めた。[39] 1967年にはロイヤル・カリビアン・クルーズがクルーズ市場に参入し、モーターで推進する帆船のような外観の新造クルーズ船で、隔週土曜日にマイアミを出発する14日間のカリブ海クルーズを提供した。ロイヤル・カリビアン社はサービスを開始する丸一年前から宣伝を行ったおかげで、船が就航するときには船室は予約で埋まっていた。ロイヤル・ヴァイキング・ラインは航空会社が世界初のマイレージサービスを開始するより10年も早く、繰り返し利用する乗客に特別待遇を提供するスコルド・クラブを発足させた。[40]

コスタ家はプエルトリコのサンファン港から2隻の船を運航していたが、1986年にニューヨークのシモンズ・グループ・ジャーニーズと提携し、クルーズ産業の新たな選択肢となる飛行機と船のパッケージ商品を開発した。これはアメリカ北東部の顧客をクルーズ旅行に呼び込む画期的なマーケティング戦略で、乗客は乗船する港までの往復の航空運賃と、港のある都市のホテル代、そしてクルーズ料金がすべて含まれたチケットを購入できた。実質的に全国どこからでもクルーズ船に気軽に乗れるこの販売方式は、クルーズ船のマーケティングに起きた大改革だった。飛行機と船をセット料金にすることで、「1枚のチケットにすべてが含まれる」パッケージツアーに対する消費者の信頼が高まった。[41] クルーズ船に乗るために飛行機でマイアミに来る旅行者が増え、1974年にマイアミは旅行者の出発数でニューヨークをわずかに上回った。[42] 本書を執筆している時点でも、マイアミはアメリカの主要な旅客用港である。

クルーズ船産業は旅行業に新しい分野を開いた。アラスカ旅行業界の基礎を築いたチャック・ウエストはアラスカ・クルーズ・ラインを創業し、1960年代末にブリティッシュ・コロンビア州のバンクーバーを出発する季節限定のアラスカ・インサイドパッセージ・クルーズを提供した〔インサイドパッセージはバンクーバーからアラスカ南東部まで続く沿岸航路〕。この事業は1970年に歴史あるホランド・アメリカ・ラインによって買収された。[43]

1972年にテッド・アリソンは持ち船のマルディグラ号で新規事業を開始した。この船は実際にはふたつの等級の船室を持つエンプレス・オブ・カナダ号という大西洋横断定期船だったが、それをひとつのクラスだけのクルーズ船に転換したものだ。アリソンは新会社をカーニヴァル・クルーズ・ラインと命名し、若者をクルーズ体験に誘い込む目的で、所属する船を「ファン・シップ（娯楽船）」と呼んだ。狙った客層は若かったが、船自体は老朽化していた。カーニヴァル社の初期の船は、初期のコンテナ船と同様に、年季の入った船を転用したものだった。船が安く買える分だけ、浮いた費用を顧客につぎ込むことができた。その結果、独身の若者や子連れの家族の間でクルーズ船の人気が高まった。[44]

転用された古い船に代わって、専用クルーズ船が建造されるにつれて、現代のクルーズ船の特徴的な外観が出来上がった。前から見ると、クルーズ船の船首は現代の大型モーターボートに似ている。船首材は斜めで、喫水線下で船首に球状のふくらみがある。上部構造は短い前部甲板から後方に向かって傾斜がついている。船首から後方を見ると、新世代のクルーズ船は船体側面が平らで長く、高層ホテルとコンテナ船を折衷したような形だ。現代でもクルーズ船はこのような形から変わっていない。

ラブボート

1977年に放送が始まったテレビドラマ、『ラブボート』のおかげで、アメリカ人のクルーズ船に対するイメージはがらりと変わった。このドラマの一部はプリンセス・クルーズ・ラインのパシフィック・プリンセス号とアイランド・プリンセス号上で撮影された。ギャビン・マクラウドがメリル・スタビング船長を演じたこのドラマシリーズは、大衆が持つクルーズ船のイメージを刷新するために、どんな広告キャンペーンも及ばない効果を上げた。このシリーズは10年半の長きにわたって放送され、現在も世界中で再放送されている。[45]

クルーズ船の食事

1970年代以降にクルーズ船の人気が復活したのにともなって、クルーズ船上とクルーズ船の周辺で食事を提供する産業が、主としてマイアミを中心に発達した。

一般的なクルーズ船が港に寄港してから出港するまでの時間は、コンテナ船が停泊する港でさえ羨むような素早さだった。クルーズ船は午前8時に入港し、乗客を下船させる。ただちに次のクルーズに備えて、食料一式が小さな袋入りのマスタードやケチャップにいたるまで積み込まれ、同じ日の午後4時の出発までに準備が完了する。クルーズ船は昔と違ってごみを海に投げ捨てないため、廃棄物は驚くほど短い停泊期間中に港で下ろされる。クルーズ期間中の食事はあらかじめ計画され、クルーズ船各社で船ごとに規格化されている。クルーズの何日目にどの食事を出すかも、各社の船で規格化されている。この画一性と、「ジャスト・イン・タイム方式」の食料の注文のおかげで、廃棄する食料は最小限に抑えられる。ホテルのレストランと違って、クルーズ船各社は航海中にお客が必ず船上の食堂で食べると見込めるため、食料が無駄になる心配がない。クルーズ期間中のすべての食料は出発地のマイアミで積み込まれる。理由はさまざまだが、食料を「遠方の港」で補充することはない。[46]

クルーズ船では食事の多くがビュッフェスタイルで提供される。その点は現代の海軍と似ているが、クルーズ船の食事は海軍よりはるかにくつろいだ雰囲気の中で、たっぷり時間をかけて楽しめる。多数のクルーズ船で真夜中のビュッフェが実施されるのも、近年のアメリカ海軍の習慣である「ミッドラッツ」を思わせる。P&Oラインなど多数のクルーズ船会社は、特別な配慮を必要とする乗客の要望に応えて、ユダヤ人のためのコーシャ食品や、イスラム教徒やヒンドゥー教徒のための食事、あるいはアレルギーの原因となる特定の食品を除去した食事などを提供している。[47] 近年ではクルーズ船にベジタリアンやビーガン用のメニューが用意され、ベジタリアン専用のクルーズさえ実施されている。[48]

クルーズ船産業では食事サービスに対する顧客満足度が圧倒的に高く、ホテルの食事サービスに対する顧客満足度をしのぐほどだ。[49] 食事はクルーズ船の乗客の満足度を左右する最も重要な要因のひとつで、この点に関してクルーズ船産業は顧客満足度調査で圧倒的に高い評価を得ている。1970年代には、クルーズ船のメニューは一世代前の遠洋定期船の食事とほとんど変わらなかった。2、3種類の中から選べるメインディッシュ、標準的な副菜、そしておそらく選べるデザートで構成されていた。1990年代までに、シーボーン・クルーズ・ラインのようなクルーズ会社が運航する豪華クルーズ船は、昔の遠洋定期船の標準に匹敵するグルメ料理を出し、価格の安いクルーズ船でも多彩な料理を取りそろえるようになった。[50] さらに最近になると、シーボーン社は陸地の高級レストランの流行に合わせて、「ヌーベル・クラシック」と称する料理を考案した。[51] 一皿に少量の料理を盛り付けるのが最近のレストランの流行だが、少量だからといってクルーズ会社が負担する費用が減るわけではない。ヌーベル・クラシック料理は未加工の食品だけで（人件費や諸経費を除いて）20～30ドルの費用がかかる。これに対して一般大衆向けのクルーズ船では、乗客ひとり当たりの費用は1日当たり8～11ドルだ。[52]

クルーズ船の乗客がお腹いっぱい食べたいと思えば、その機会はいくらでもあり、実際にそうする乗客もいる。乗客は朝食を船室で食べた後、食堂で2度目の朝食をとることができる。昼食も甲板と食堂で2回食べられる。そして夕食には8品のコース料理が待っている。間食のための軽食や、真夜中のビュッフェ、そして24時間対応のルームサービスも用意されている。[53]

最近のクルーズ船では、バラエティ豊かな食事を提供するのがトレンドになっている。昔の客船の乗客にならって豪華な食事をしたがる乗客もいれば、健康志向が強く、ヘルシーな食べ物を求める人もいる。

クルーズ船の食事サービスには、一種の組織的な目くらましが隠れている。それはセルフサービスのビュッフェではなく、料理がテーブルまで運ばれてくる場合だ。優雅なレストランで食事をする乗客は、「多数の選択肢」の中から料理を注文できるため、自分だけの特別なサービスを受けていると錯覚しがちだ。確かに乗客は3種類のスープ、2種類のサラダ、パスタ、7種類のメインディッシュ、そして6種類のデザートの中から好きなものを選べるだろう。しかしクルーズ船は、同じクルーズ、同じメニューで食事をした過去の数百万人の乗客の選択をもとに、統計的に可能性の高い料理を必要な数だけ準備しているのである。ふたりの有名な作家が述べているように、「エクスタシー号でイタリアン・ナイトと銘打ってディナーを出すとしたら、クルーズを主催するカーニヴァル社は、2400人の乗客のうち、ジェノヴァ風ステーキ、子牛のカツレツ・パルマ風、ポロ・アッラ・ディアヴォラ（鶏の悪魔風）、シタビラメのポシェ、その他3品のメインディッシュの中からどれを何人が注文するか正確に予測している。そしてカプチーノ・パイとアマレット・ケーキを間違いなく必要な数だけ焼いている」[54]。このからくりは乗船している飲食担当マネジャーが監督し、総料理長が指示を出している。総料理長は料理がレシピ（あらかじめ決められた盛り付けの写真が添付されていることも多い）をきちんと守って作られているかどうかにも目を光らせる。[55]

21世紀のクルーズ船

2000年以降、クルーズ船は好調な経営のおかげで、北アメリカに住む家族がバケーションに使う予算をめぐって、家族向けテーマパークの競争相手になった。1998年にウォルト・ディズニー社はプレミア・クルーズ・ラインとの提携関係を解消し、独自のクルーズ会社であるディズニー・クルーズ、別名マジカル・クルーズ・カンパニーを創設した。ディズニー・クルーズ社は現在、バハマ諸島にキャスタウェイ・ケイという名のプライベートアイランドを所有し、ディズニー社の船専用の寄港地として使用している。

クルーズ船会社にとって食事は最大の売り物のひとつだ。本書を執筆中に見た主要なクルーズ船会社のオンライン広告は、まっさきに「おいしい食事」をうたっていた。「すばらしい目的地」や「船上の娯楽」など、さまざまな楽しみが約束されているとはいえ、広告が一番初めに掲げるのは「おいしい食事」である。その他の娯楽や掲載された写真は会社によってまちまちだが、その点だけは共通している。

1000人以上の乗客にひとつの浮かぶホテルで14日間過ごしてもらうために、今では食事の好み、性的指向、宗教など、考えられるあらゆる理由に基づいた特別なクルーズが企画されてい

食器類。複製も含まれているが、これらは帆船時代の一般的な船乗りが使っていた道具を示している。さや付きナイフは背の部分が丸みを帯び、刃先は鈍くしてあるため、フォークのような使い方ができた。コーヒーまたは紅茶用のマグカップは21世紀のもので、ポーランド製の陶器に典型的な海の絵柄が描かれている。取っ手がないのは破損を減らし、重ねやすくするための配慮である。筆者のコレクション。

る。ベジタリアン用のクルーズ船についてはすでに述べたが、もうひとつの例は「ホリスティック・ホリデイ・アット・シー」である。このクルーズはテイスト・オブ・ヘルス・ファウンデーションがコスタ・クルーズ社と協力して提供している。この特別なクルーズでは、マクロビオティック料理の料理長マーク・ハンナがビーガン用のメニューを開発し、エクササイズ・プログラムとホリスティック・ヘルスに関する船上講演を組合わせて、下船するときには乗船前より健康になったと感じられるように企画されている。ホリスティック・ホリデイ・アット・シーは独自の料理書、『グリーンズ・アンド・グレインズ・オン・ザ・

ディープ・ブルー・シー *Greens & Grains on the Deep Blue Sea*』を出版した。メインディッシュには「テンペのグリル、カラシナ添え」〔テンペは大豆を発酵させたインドネシア発祥の食品〕や「雑穀のコロッケ、豆腐のタルタルソース添え」、「グルテンミートのソテー、シイタケ添え」などがある。[56]

性的指向に基づいたクルーズを提供する会社もある。２０１４年に複数のクルーズ船代理店が、ゲイやレズビアンのコミュニティ専用のクルーズを提供した。宗教に基づくクルーズも企画されている。キリスト教徒のためのクルーズ（カップルズ・リトリート〔リトリートは修養会のこと〕、レディース・リトリート、キリスト教徒の独身者向けクルーズ）も数社のクルーズ船会社が提供している。ユダヤ人向けのクルーズには、パスオーバー〔過ぎ越しの祭り。ユダヤ人の祝日〕・クルーズ、ジューイッシュ・ヘリテージ・クルーズ、ユダヤ人独身者のためのクルーズなど、さまざまなクルーズがある。イスラム教徒のためのムスリム・サラーム・クルーズは、バハマ諸島のプライベートアイランドに向かうクルーズである。

クルーズ船は新しい水路にも進出している。21世紀初期には、喫水の浅いクルーズ船がアメリカ東部の内陸水路〔河川や運河など〕を航行するようになった。そうしたクルーズのいくつかはアメリカの歴史や遺産をテーマにし、乗船したガイドから歴史や観光案内を聞きながら船旅ができる。中国やロシア、そしてヨーロッパの河川クルーズは次第に人気が高まっている。

クルーズ船の食事は大衆のイメージの中で二面性を持っている。慎重な顧客調査に基づいた宣伝の中で、「おいしい食事」はクルーズ船の主要な売り物の地位を保ち続けている。もう一方で、大衆のクルーズ船に対する意識は、最近の不幸な事件〔米クルーズ船で起きた集団食中毒事件〕の影響で、やはり食事に関心が集中している。近年のクルーズ船上でのノロウイルス感染症や、めったにないが腸管毒素原性大腸菌感染症（enterotoxigenic E. coli, ETEC）が原因で、消費者は不安を感じている。それでもクルーズ船は一般的にアメリカ人にとって最も人気のある休暇の過ごし方であり、その最大の魅力はやはり食事である。

集約化が進む現代のクルーズ船会社

企画されるクルーズの数がますます増えるにつれて、海運会社の集約化が進んだ。１９９０年代以降、カーニヴァル社はかつての競争相手数社を買収した。２０１４年には、歴史と伝統のある社名を持つクルーズ船10社がカーニヴァル社の子会社となっている。その中にはキュナード・ライン、コスタ・クルーズ、ホランド・アメリカ・ライン、プリンセス・クルーズ、アイーダ・クルーズ、Ｐ＆Ｏクルーズなどが含まれている。Ｐ＆Ｏ社はフェリーと貨物船事業については独立して営業を続けている。

帆船体験

１９４７～２００７年にかけて、ウィンドジャマー・ベアフット・クルーズは６隻の帆船で船団を組み、1～2週間のカリブ海やバハマ諸島へのクルーズを提供した。この会社は１９９８年にハリケーン・ミッチによって旗艦を失い、２００７年に倒産した。メーン・ウィンドジャマー・アソシエーションは伝統的なスクーナー型帆船を所有する船主の団体で、乗客が乗組員と一緒に帆綱を引くなど、伝統的な帆船体験を提供している。ウィンドスター・クルーズの４隻の船はクルーズ船でありながら（ただし浮かぶ高層ホテルのような普通のクルーズ船に比べると船体は細い）、帆船でもある優美な船を運航し、乗客に帆船に乗る疑似体験を提供している。ウィンドスター社の船は可能な場合はいつでも帆を使って推進するが、支索帆（ステースル）の向きは操舵室から電動自動制御機構を使って調節する。これらの船にはプールがあり、甲板で食事ができる。およそ３００人の乗客への食事サービスは、伝統的なクルーズ船と比べても遜色がない。

帆船訓練

世界の大部分の海軍では、海上勤務の基礎訓練として帆船訓練を取り入れている。帆船訓練はチームワークや協調性を養い、士官候補生に海の伝統を身近に感じさせる役割をする。この体験は海軍以外の若者にもさまざまなプログラムを通じて共有されている。たとえばシー・スカウツ、シー・エデュケーション・アソシエーション、ヴィジョンクエストなどのプログラムは１～２週間の帆船訓練を提供している。海軍の訓練用帆船での調理や食事サービスは、士官候補生が海軍で体験するものとほぼ同じだ。

歴史的価値のある船の中には、乗船料を徴収して乗客を乗せ、定期的に航海する例がある。たとえばスクーナー型帆船パイオニア号はサウスストリート・シーポート・ミュージアムが運航者となり、ニューヨーク港内を2～3時間航海する体験を提供している。テキサス州ガルベストンのバーク船〔3本以上のマストがあり最後尾のマストに縦帆、それ以外は横帆の帆船〕エリッサ号と、ペンシルベニア州エリーのブリッグ船ナイアガラ号は、どちらもプロとボランティアの乗組員によって季節ごとの航海を行っている。この3隻の船はいずれも伝統的な薪のかまどを使っている。それは伝統を守るためもあるが、安全上の理由でもある。筆者がパイオニア号の乗組員を務めたとき、液体燃料を使うかまどは可燃性の煙が甲板下に充満する危険があるため、禁止された。乗組員のために航海中または停泊中に船上で調理をするには、薪のかまどを使うしかなかった。港に停泊中、陸から船に電気を引き込んでいるときは、電気ホットプレートが使用できた。

筆者はポーランドのシー・スカウツの帆船ザヴィシャ・チャルニ号に2回乗船した。この船には冷蔵庫と冷凍庫、そして小さいながらも設備の整った電化調理室がある。１９９２年に大西洋横断航海をしたとき、真水を製造する造水機の故障で船底の湾曲部から水があふれて、乗組員の船室まで浸水した。そして航海が続く間に食料の選択肢が限られてきた。幸いなことに、料理人はアンジェイ・「アルニ」・プシベクで、七つの海で最も才能と想像力に恵まれた人格円満な料理人のひとりだった。

小型船

小型船の厨房は、小型帆船やモーターで推進するプレジャーボートの重要な特徴のひとつである。多くの場合電化されているが、プロパンガスを使用する場合もある。温かい海を走る帆船に人気がある装備は、船尾上部に設置した炭火グリルで、これを使って屋外でステーキや魚などを焼けば、料理の匂いは潮風で飛ばされてしまう。この設備はコロンブスやマゼランの時代に甲板で料理するために使われた「フォゴン」、すなわち鉄板製の焚き火台を思い出させる。[57]

20世紀最後の四半期に登場した開水域〔陸地や氷で閉ざされていない開けた水域〕を航行する小型船の中で、最も人気が高いのはシーカヤックである。シーカヤックは通常グラスファイバー製か合板製で、形状は大昔のグリーンランドやシベリア、アリューシャン列島で使われていた皮張りの小型船に似ている。カヤックに乗る人はたいていエナジーバーのような軽食をポケットから取り出して食べ、ペットボトルに入った水などの飲み物を飲む。大型のカヤックには漕ぎ手の前後に荷物入れがあり、オデュッセウスと仲間たちがそうしたように、浜辺に上陸して調理するための道具を入れておける。

結び

技術は変化しても、人間の欲望や性質はほとんど変わらない。丸木舟に乗った中石器時代の船乗りは、コンテナ船や弾道ミサイル潜水艦を見ても何やらさっぱりわからなかっただろう。しかしこの船乗りがシーカヤックに乗る人を見れば、間違いなく同類の旅人だと認識したに違いない。相手が軽食を持っていれば、お互いにそれが食べ物だとわかっただろう。船酔いに苦しみながらサンティアゴ・デ・コンポステーラを目指した15世紀の巡礼たちは、マイアミから船出するクルーズ船の船酔いした乗客の気持ちが痛いほどわかったに違いない。水しぶきがかかる縦揺れする甲板から、暖かく居心地のいい船室に入って船旅仲間と温かい食べ物や飲み物を分かち合うときの生き返るような気持ちは、何世代も受け継がれてきた。海が波立ち、人間が大海原に挑み続ける限り、その気持ちは変わらないだろう。

「海洋熱」

もう一度海に行かなくては、あの寂しい海と大空へ
背の高い船と、道しるべとなる星
意のままにならない舵輪、風の歌、はためく白帆

水面を漂うほの暗い霧、明け初めるほの暗い空
ほかに何もいらない

もう一度海に行かなくては、寄せては返す潮が呼ぶ
荒々しい呼び声、疑いようのない呼び声に、抗うことなどできはしない
風の吹く日、白雲は流れゆき
水しぶきが舞い、波の花が散り、カモメが鳴く
ほかに何もいらない

もう一度海に行かなくては、さすらいのジプシーの暮らしへ
カモメの赴くところ、クジラの行くところ、鋭いナイフのような風の吹くところへ
さすらいの友が笑いながら語る冒険談
長い当直が終わって、やっと訪れる穏やかな眠りと安らかな夢
ほかに何もいらない[58]

最高だという人もいる。オランダの船員は、コンデンスミルク、特に「フリージアン・フラッグ」ブランドの製品が、船上で作るココアにもコーヒーにもよく合うと主張する。

ジャングルジュース

このアルコール度数の高い自家製の酒は、第二次世界大戦中に太平洋戦線に従軍した水兵や海兵隊員、陸軍兵によって造られたので、この名前がついたのだろう。平和時に大学生が持ち寄りパーティーでよく飲む「エヴァークリア」とフルーツジュースなどを混ぜたパンチボウルの飲み物と混同してはいけない。この飲み物についてもっと詳しく知りたい方は、アゴスティーノ・フォン・ハッセル、ハーム・ディロン、レスリー・ジャン＝バートによる『贅沢な軍隊暮らし――優雅な食べ物の歴史とレシピ *Military High Life: Elegant Food Histories and Recipes*』（2006年）を参照してほしい。

水…2カップ
塩

1. 大きな深鍋にオリーブオイルを熱し、ニンニクとタマネギを炒める。ショウガとスパイス類を加え、絶えず混ぜながら1、2分炒める。
2. 子羊肉を加えて炒め、ココナッツミルク、トマト、水を加える。
3. 沸騰させてから火を弱め、45分～1時間煮る。好みで塩を加える（入れなくてもよい）。白米の上にかけ、マンゴーチャツネを添える。

飲み物

ジョン・スミスによる病気の船乗りのための飲み物（1627年）

1. およそ570mlの水を沸騰させ、シナモンスティック1本、生ショウガの薄切り5枚を加える。
2. さらに5分間沸騰させて､火からおろし、砂糖小さじ1を加える。ショウガは壊血病の治療に効果があり、喉の痛みにも効く。

グロッグ

1740年ヴァーノン提督風（「スリーウォーター」）――ダークラムと水を1対3の割合で混ぜる。

1805年ネルソン提督風――ダークラムと水を1対4の割合で混ぜ、ひとり当たり砂糖小さじ½、ライムまたはレモン果汁小さじ1を加える。

「P.O.S.H.」風――キニーネ〔抗マラリア成分〕を含むほろ苦いトニック・ウォーターと柑橘類の果汁をダークラムとともに飲むしゃれた飲み物。グラス1杯のトニック・ウォーターに好みでダークラムを加え、ライム¼個を絞り入れる。氷を入れたグラスに注ぐ。

「カイ」または海軍ココア

カイはイギリス海軍の日常的な飲み物で、伝統的にナイトワッチとミドルワッチの4点鐘（午後10時と午前2時）に出される。ドイツ海軍ではこれらの時間にコーヒーが出る。アメリカ海軍では厨房や艦橋のほか、乗組員が深夜の当直に立つ場所にコーヒーポットが用意されている。

ベーカーズチョコレート
水
ミルク
砂糖

1. チョコレートを溶かしてペースト状にし、沸騰した湯を加えて濃いペーストにする。
2. 沸騰した湯約285mlを加え、30分間弱火にかける。ミルクと砂糖を加え、熱いうちにいただく。

アロールートなど、とろみをつけるためのカスタードパウダーを加えるといっそうおいしくなるという人もいる。また、蒸気ドレン配管から滴り落ちる熱い水滴でペーストを溶かし、ダークラムを少々加えればな味わいのスープで、インド亜大陸の料理に馴染むための手はじめとしてもってこいだった。19世紀前半までに、この料理はイギリス本国にも広まった。

オリーブオイル…大さじ3
タマネギ…1個、みじん切り
ニンニク…3かけ、みじん切り
トマト…さいの目切り、約227g
トウガラシ…小さじ¼
トマトペースト…大さじ1
レンズマメ…½カップ
チキンスープ…5カップ
クローブ…挽いたもの、小さじ½
カレー粉…小さじ1
干しブドウ…カップ⅓
ココナッツミルク…カップ1
ライム…1個分の皮のすりおろしと果汁
塩、コショウ

1. 鍋にオリーブオイルを引いてニンニクとタマネギを炒める。茶色く色づいたら、レンズマメ、チキンスープ、コショウ、トウガラシ、トマトペースト、干しブドウ、さいの目に切ったトマト、トウガラシ、カレー粉を加える。
2. よく混ぜて沸騰させ、蓋をして弱火で1時間煮る。
3. スープと具材の半量を取り分け、ミキサーかフードプロセッサーで滑らかにしてから鍋に戻す。ココナッツミルク、ライムジュース、ライムの皮を加え、軽く温めなおす。深皿に盛り付け、ライムのくし切りを添えて、いただくときに果汁を絞ってスープにかける。

マドラス風カレーライス（19～20世紀のイギリス蒸気船と定期船）

「カレー・アンド・ライス」はイギリスの蒸気船のメニューにかなり早くから登場した。ウィリアム・サッカレーは1884年10月12日にヤッファからアレクサンドリアまで航海したとき、イベリア号上でカレーライスを食べた。カレーライスは1881年に蒸気船ジャーマン号（ユニオン・スティーム・シップ社）でふたたび登場し、1921年にカリブ海をクルーズ中のラコニア号のランチメニューに載った。カレーは通常、ランチに出された。イギリス人乗客が蒸気船でカレーの味に親しんでから、インドカレーはイギリス料理の定番になった。

オリーブオイル…大さじ4
ニンニク…3かけ
タマネギ…3個、皮をむいてみじん切り
ショウガ…すりおろし、小さじ¼。またはショウガの薄切り4枚
クミン…小さじ2
クローブ…挽いたもの、小さじ¼
砕いた乾燥トウガラシ…小さじ½～1（辛さを抑えたければ少なめにする）
パプリカ…小さじ1
ターメリック…小さじ1
コリアンダー…挽いたもの、小さじ1
シナモン…小さじ¼
子羊肉または羊肉…約907g、1・3センチ程度のさいの目切り
トマト…さいの目切り、1カップ
ココナッツミルク…2カップ

水…約2・3リットル
塩コショウ（なくてもよい）
糖蜜…大さじ2

1. 豆を一晩水に浸けておく。調理する前に水を切って豆をすすぐ。
2. 鍋に水を入れて加熱し、豚肉を入れる。沸騰したら豆とタマネギを加える。
3. ふたたび沸騰したら火を弱め、蓋をして火が通るまでおよそ4時間煮る。風味づけにコショウを加えてもいいが、南部風の塩漬け豚肉を使用した場合は、塩はおそらく必要ない。豆を3時間ほど煮たところで糖蜜を加える。

ホワイト・スター・ライン3等船客のためのジャガイモ入りビーフシチュー、ピクルス添え（1912年）

これはホワイト・スター・ラインの3等船客向け献立表の実物に載っていた日曜日のティー（夕食）のメインディッシュで、このクラスに提供されていた栄養たっぷりの食事を象徴している。実際にホワイト・スター・ラインは3等のサービスを向上させ、2度の世界大戦の間に誕生した「ツーリストクラス」の先駆けを作った。ホワイト・スター・ラインは第一次世界大戦前から要望に応じて3等船客にコーシャー食品を出し、アイルランド人やドイツ人、スカンジナビア人の乗客が食べ慣れた食品を豊富に用意した。

バター…大さじ2
ニンニク…2かけ、みじん切り
タマネギ…2個、みじん切り
ニンジン…2本、輪切り
ジャガイモ…適量〔個数の指定なし。お好みで〕
ローズマリー…小さじ1
タイム…小さじ1
ナツメグ…挽いたもの、小さじ¼
シチュー用または「チャック」〔首から肩の肉〕ビーフ…約907g
ビーフスープ…1カップ
生または冷凍エンドウ…2カップ
ワインビネガー…大さじ1
塩、黒コショウ…好みで
赤キャベツの酢漬け

1. 深鍋にバターを入れて熱し、タマネギ、ニンジン、ニンニク、スパイスをおよそ5分間炒める。牛肉を加え、野菜とともに茶色く色づくまで炒める。
2. ジャガイモを細かく切り、ビーフスープとともに加える。好みで塩とコショウで味をつける。
3. 沸騰したら弱火にし、蓋をして90分から2時間煮る。
4. エンドウとビネガーを加え、エンドウに火が通るまで10分ほど煮る。赤キャベツを添えて出す。

マリガトーニ（19世紀イギリスの蒸気船）

マリガトーニはP＆OラインやブリティッシュＡ・インディア・スティーム・ナビゲーションがイギリス人をインドやオーストラリアに運び、また故郷に戻る（乗船券に往復を示す「P.O.S.H.」のスタンプが押されていなかったとしても）航海でよく出された料理である。異国風だがマイルドバート・スコットが1901年に最初の南極探検を行ったとき、彼らの船はロス棚氷の端で長期間氷に閉じ込められた。その場所にとどまっている間、探検隊員はペンギンを殺して食料を補った。ペンギンを食べるのは気分のいいものではなかったが、そのおかげで彼らは他の南極探検隊が苦しんだ栄養不良によるさまざまな症状に陥らずにすんだ。海鳥の調理法については、ジョン・ダンモア著、『遠洋航海の船員のためのクック夫人のレシピ集――ゆでクラゲ、アホウドリのシチュー、その他のごちそう *Mrs. Cook's Book of Recipes for Mariners in Distant Seas: Boiled Jellyfish, Stewed Albatross, and Other Treats for Sailors*』(2006年)を参照していただきたい。

ブリタニア風コロップス(1842年)

ディケンズは、キュナード社初の大西洋横断定期船の食事についてあまり多くを語っていないが、熱々のコロップス〔薄切り肉〕を食べたと書いている。このレシピはフランスのエスカロップのスコットランド版で、イタリア料理のスカロッピーネのような料理である。

子牛肉か鶏胸肉…繊維に対して直角に薄切りにしたものを4枚
バター…大さじ6
レモンの皮…むいたもの、すりおろし、または乾燥させたもの
白ワイン…¼カップ
チキンスープ…¼カップ
クリーム…⅛カップ
卵黄…1個
挽いたメース
塩コショウ…好みで
風味づけされた小麦粉…少々

1. 薄切り肉を木づちで叩き、小麦粉をまぶす。
2. フライパンにバターを溶かし、コロップスの両面をこんがりと焼く。
3. ワインとチキンスープをコロップスにかけ、レモンの皮とメースひとつまみを加える。弱火で15〜20分煮る。
4. 温めた皿の片側にコロップスを盛り付ける。卵黄とクリームを混ぜ、鍋に残ったコロップスの肉汁を加える。コロップスの上に温かいソースをかけ、あなたの好きなイギリス人作家をもてなそう。

ハートフォード風ポークビーンズ

これはデーヴィッド・ファラガット提督の旗艦ハートフォード号の乗組員がモービル湾の戦いを目前にした1カ月間に、月曜日、水曜日、土曜日に食べた料理である。このレシピがハートフォード号で出された料理にどれくらい近いか知るすべはないが、似ているのは間違いないだろう。「機雷がなんだ! 全速前進!」〔ファラガット提督の名言〕

乾燥シロインゲンマメ、または他の乾燥豆…2カップ
塩漬け豚肉…約907g、およそ2・5センチ角に切る。
タマネギ…1個、皮をむいて1・3センチ程度のさいの目切り

る。必要なら水を足す。

2. 出来上がった生地を織目の粗い布袋に入れ、口の部分を縛って、沸騰させた湯の中でおよそ3時間、完全に火が通るまでゆでる。食べるときに上から糖蜜をかけてもいい。

プラム・ダフ

プラム・ダフはプレーン・ダフよりも特別な食べ物で、士官室向け、あるいは船首楼の船員の機嫌を取りたいときに作られた。

精白小麦粉、または全粒粉…約907g
獣脂またはすりつぶした豚脂…約454g
水…約570ml
干しブドウ、サルタナ（黄金色の干しブドウ）、乾燥スグリ（1種類だけでも、混ぜても）…1カップ
糖蜜…大さじ1
砂糖…½カップ

プレーン・ダフと同様に袋に入れてゆでる。いただくときにアップルソースやハードソースをかける。

プラム・ダフのバリエーション

ダンディファンク

プラム・ダフの生地にショウガパウダーを加え、糖蜜の量を2倍にして、袋に入れてゆでる代わりに鍋で焼く。

スポティッド・ドッグ（1960年代のイギリスのパブではスポティッド・ディック）

干しブドウの代わりにプルーンを使う。ゆでるか焼いて作る。

ゆでた赤ん坊、溺れた赤ん坊

冷たい水を使い、糖蜜の量を2倍にして、干しブドウは省く。カスタードソースをかけていただく。

船底ネズミのブーゲンビル風

これはもちろん「やけくそのレシピ」であり、自分や船員仲間が飢え死にしそうなとき以外は決して作らない料理だ。ネズミは実はかなり栄養があり、普仏戦争のときはパリでネズミが高値で売られた。ネズミを殺してすぐに料理して食べれば、実は抗壊血病の効果も期待できる。しかしネズミが死ぬと、その直後からビタミンCは急激に壊れていく。フランスのルイ・アントワーヌ・ド・ブーゲンビルが1767～1768年に率いた南太平洋探検隊のメンバーは、配給食料が尽きてくるとネズミを食べた。ネズミを料理する方法について詳しく知りたい舌の肥えた方は、ジョン・ダンモア著、『遠洋航海の船員のためのクック夫人のレシピ集――ゆでクラゲ、アホウドリのシチュー、その他のごちそう *Mrs. Cook's Book of Recipes for Mariners in Distant Seas: Boiled Jellyfish, Stewed Albatross, and Other Treats for Sailors*』（2006年）を参照していただきたい。

海鳥のシチュー

アホウドリやウミツバメなどの海鳥は、いよいよ他に食べ物がなくなったとき、あるいは日常的な食べ物として食べられていた可能性さえある。イギリスの探検家ロ

つけ、栄養価を高めるには、刻んだニンジンまたはパースニップ（あるいは両方）を加える。船上で作るロブスカウスの場合は、ジャガイモの代わりに数時間水に浸したシップス・ビスケットを使う。

シーパイ

これはいわば焼いたロブスカウスである。スウェーデン風、あるいはフィンランド風の「ロブスカウス」は、このシーパイのレシピのように材料を重ねて焼く。一方、デンマーク風ロブスカウスは、前述の「シチュー」状のロブスカウスである。

塩漬け牛肉（またはコンビーフ）…約907g、薄切り
ジャガイモ…約1・4kg、薄切り
タマネギ…1個、2・5センチ角に切る。
バター、オリーブオイル、または脂肪…大さじ2

1. ダッチオーブンか底の平たい鍋、またはキャセロール鍋によく油を塗り、薄切り肉を敷き、その上にジャガイモ、タマネギの順に重ねる。各層に黒コショウ少々を挽く。これを繰り返し、一番上にジャガイモが来るようにする。
2. ひたひたになるくらいまで水を注ぎ、180℃のオーブンで約1時間、十分火が通るまで焼く。

船上では一般的に、ジャガイモの代わりにシップス・ビスケット少々が使われる。シーパイを作る前にシップス・ビスケットを袋に入れ、金づちで叩いて細かくしておく。

クラッカーハッシュ

シップス・ビスケット…約907g、布袋に入れ、叩いて細かくし、水に1～2時間浸けておく。
塩漬け牛肉、塩漬け豚肉、あるいは他の種類の肉…約454g、細かく刻んでおく。
タマネギ…1個、みじん切り
コショウなどの調味料…好みで

1. 熱した鉄板またはフライパンによく油を引き、タマネギを茶色くなるまで炒めてから、肉を入れ、調味料を加える。
2. 少し炒めてから、シップス・ビスケットと水1カップを加える。水分がほとんどなくなるまで強火で煮てから、弱火にして少し煮る。ときどき底からすくうようにしてかき混ぜる。フライパンや鉄板から取り分けて熱いうちにいただく。

プレーン・ダフ

1877年にアクバル号の乗組員は、おそらくパンの代わりにこれを食べていた。基本的に小麦粉、獣脂（スエット）、水を混ぜ合わせて生地にしたもので、布袋に入れてゆでる。

精白小麦粉、または全粒粉…約907g
獣脂またはすりつぶした豚脂…約454g
水…約570ml

1. ボウルに材料をすべて入れてよく混ぜ

間を省くと､塩辛くてとても食べられない。干し魚を柔らかくするために水に浸ける時間は、もっと短くてよい。

塩漬けタラはバターか油少々を引いた鍋でゆっくり加熱する｡塩は振らなくてよい。塩抜きした後でも、塩味は十分残っているからだ。食べやすい大きさに切り、次の3種類の伝統的なソースの中から好きなものを添えて出す。

タイユヴァン風フィッシュソース（14世紀フランス）

1. 無塩バターを溶かし､ショウガパウダーとクローブパウダー各少々を加える。好みでマスタードパウダーをほんの少し入れる。
2. タラの切り身にソースをつける。

ジョン・スミス風フィッシュソース（16～17世紀初期のイングランド）

1. ½カップのワインビネガーに砂糖とマスタードパウダー各小さじ½を加える。好みでマスタードパウダーを増やしてもよい。

オランダ海軍風フィッシュソース（18～19世紀初期のオランダ）

1. 無塩バターを溶かし、好みでマスタードパウダーを加える。
2. 好みでナツメグを挽いてソースに加える｡このバターソースのアレンジは自由で、たとえば酢や砂糖少々、あるいは好みのスパイスを加えてもよい。

ロブスカウス

この料理の起源はいまだに議論の的になっている。この料理はスカンジナビアではロブスカウスという名前で知られ、陸上で非常によく食べられている。リヴァプールでも人気の料理のひとつである。陸上ではジャガイモを使って、海では少量のシップス・ビスケットを使って作られる。この料理の起源が中世までさかのぼるという説が正しければ、中世のロブスカウスはジャガイモの代わりにさいの目切りのルタバガ（アメリカやカナダでの呼称）またはスウィード（イギリスでの呼称）を使っただろう〔ルタバガはカブに似た根菜〕。

塩漬け牛肉（またはコンビーフ）…約907g
ジャガイモ…約1・4kg、2・5センチ角に切る。
タマネギ…1個、2・5センチ角に切る。
バター、オリーブオイル、または脂肪（スラッシュ）…大さじ2
水

1. 伝統的塩漬け肉を使用する場合は、一晩水に浸けて塩抜きしておく。肉を1センチあまりの厚さにスライスする。
2. バターまたは油脂で肉をこんがりと焼き、肉の上から黒コショウを挽く。
3. タマネギを加えて肉と一緒に炒める。ジャガイモを入れ、材料にかぶるくらいまで水を注ぐ。
4. ときどきかき混ぜながら沸騰させ、蓋をして弱火にし、かき混ぜながら約1時間煮る。ロブスカウスの味に変化を

1. 豆を一晩水に浸ける。調理前に水を切り、豆をすすぐ。
2. 鍋にオリーブオイルを入れて加熱し、ニンニクが薄く色づくまで炒める。豆、米、水、塩を加え、沸騰させる。
3. ワインビネガーを加え、弱火で20分程度、米に火が通るまで煮る。木製の椀に入れていただく。

バーグー（イギリス海軍の粥）

スティールカットオーツ麦…2カップ〔スティールカットはもみ殻を除いた1粒の麦を2～3個に割ったもの〕
水…4カップ
塩…小さじ1
無塩バター…大さじ4
砂糖または蜂蜜…大さじ1（好みで）

1. 水にオーツ麦を加え、木製のスプーンかスパートルで頻繁にかき混ぜながら、中火で沸騰させる。
2. 沸騰したら弱火にして約15分間、絶えずかき混ぜながら、乗組員の好みの濃さになるまで煮る。
3. ちょうどよい濃さになってきたら、塩、バター、甘味料（好みで）を加え、かき混ぜながら溶かす。好みで少量のミルクまたはクリームを添えて出す。

塩漬け牛肉（あらゆる時代）

塩漬け牛肉は家庭でも作れるが、手順はかなり面倒なので、肉を塩漬けにして保存する作業に慣れた料理人が作るのが一番いい。塩漬け牛肉の作り方について詳しく知りたければ、ジャネット・マクドナルド著、『ネルソン提督時代の英国海軍の食事 *Feeding Nelson's Navy*』（2006年）を参照してほしい。手軽でおいしく安全に塩漬け肉を味わいたければ、近所の肉屋か食品店に行ってパストラミを買ってくるといい。あるいは北アメリカでセント・パトリック・デーによく食べるコンビーフの缶詰を使用してもいい。実際、コンビーフの缶詰は19世紀の缶詰牛肉、「ブリー・ビーフ」の現代版と言ってよく、樽で保存された塩漬け肉の手頃な代用品になる。

塩漬け豚肉

豚肉も塩漬け牛肉と同じように保存できるが、注意が必要だ。19世紀の兵士に支給されたものと同じような乾燥塩漬け豚肉は、現代のアメリカ南東部でよく食べられている。近所の食料品店で手に入らなければ、ソウルフード〔アメリカ南部のアフリカ系アメリカ人の伝統料理〕のレストランか、南部料理レストランに行って、近くに卸売りをしているところがないかどうか聞いてみよう。乾燥塩漬け豚肉は、初心者にとってはしょっぱい段ボールのような味がするが、塩漬け豚肉を使うレシピのための安全ですぐれた材料になる。

塩漬けタラ／バカラオ

塩漬けタラは、見つけるのが難しいが、まったく見つからないわけではない。近所の魚屋で売っていなければ、地元のジャマイカ料理か西インド諸島料理のレストランで「カラルー」を出しているかどうか聞いてみよう。塩漬けタラは調理するおよそ12時間前から真水に浸けておく。この手焼き上がったビスケットは、口を縛った亜麻布の袋（中世アラゴン人）か、木の樽（1400～1900年の帆船時代）、あるいは密封できる箱（1810年頃以降のオランダやアメリカ海軍）に入れて、乾燥した場所に保管する。密封できる箱が一番長持ちするだろう。数カ月後、ときには数年後に、ビスケットに虫が湧いているのに気づくかもしれない。この虫は海軍の俗語で「艀の船員（バージマン）」と呼ばれる穀物害虫で、食べる前にビスケットをテーブルで叩くことによって、少しは払い落とせたはずだ。叩いて欠けたビスケットの端のかけらは、空腹を満たすために食べた。残った硬い中央部分は「事務長の木の実（パーサーズ・ナッツ）」と呼ばれて、文鎮や弾丸代わりに使用されたり、当直中に空腹しのぎにしゃぶったりした。袋や樽に残ったビスケットのかけらを集めて、水を加えてゆでればマザモラができる。マザモラは1600年頃にスペインの船乗りがよく食べていた薄い粥だ。食べられる物を何でも加えれば、マザモラの風味や栄養がアップする。

サルサ・ドロモン（1290年頃）

乾燥ソラマメ…2カップ
乾燥ヒヨコマメ…2カップ
水…約1・7リットル
黄タマネギまたは白タマネギ…1個。約2センチ角に切る。
ニンニク…2～4かけ、みじん切り。
オリーブオイル…大さじ2
塩…小さじ½。好みで増やしてもよい。
スパイス…クミンやショウガパウダーなど、13世紀のヨーロッパで入手可能なスパイスを各少々

1. ソラマメとヒヨコマメを一晩水に浸ける。調理前に水を切り、豆をすすぐ。
2. 鍋にオリーブオイルを入れて加熱し、ニンニク、スパイス、タマネギの順に加えて炒める。
3. 茶色くなるまで炒めたらソラマメとヒヨコマメ、水、塩を加える。沸騰したら弱火にして20分程度かき混ぜながら煮る。様子を見て水を足す。
4. シップス・ビスケットとワインの水割りを添えていただく。

このサルサにひとり当たり10グラムの肉を加える場合もあった。その場合は、ひとり当たりおよそ10グラムの塩漬け肉(コンビーフや塩漬け豚肉）を細かく切り、ソラマメとヒヨコマメと一緒に鍋に加える。肉の量はごくわずかだが、サルサの風味はぐっとよくなった。「ドロモン」とは中世の地中海で手漕ぎのガレー船を指す言葉である。

ガレオン・レアル風メネストラ（1580～1630年頃）

乾燥ソラマメか乾燥ヒヨコマメ（または2種類を合わせて）…2カップ
米…2カップ
水…約1・7リットル
ニンニク…2～4かけ、みじん切り。
オリーブオイル…大さじ2
ワインビネガー…大さじ1
塩…小さじ½。好みで増やしてもよい。

ルートフィスクは灰汁を混ぜた水に干し魚を漬けて作られるが、灰汁に漬ける前の干し魚自体は、長期保存がきくすぐれた食べ物だ。冷たいままジャーキーのようにかじってもよく、干す前に塩漬けにしていないので、塩抜きの必要もない。干し魚の小さな塊を数分水に浸けて戻し、大麦の粥を沸騰させる前に加えてもいい。

フィッシュ・ア・ラ・ブカン――タイノ族のバルバコア

これはコロンブスやその他の探検家とカリブ海で遭遇した先住民族のタイノ族が「バルバコア」と呼んだ調理法で、「バルバコア」は「バーベキュー」の語源である。ロアノーク植民地の総督ジョン・ホワイトが1580年代に描いた水彩画にこの調理法が見られる。カリブ海の一部地域では、火であぶる食べ物を載せる木枠を「ブカン」と呼んだので、「ブカニエ／バッカニア」と言えば、ブカンで調理する人、すなわち、かなり「現地化した」ヨーロッパ人を意味した。

60～90センチほどのまっすぐな木の枝を4本用意し、尖った端を下に、二股に分かれた端を上に向けて、小さな焚き火の四方を囲むように地面に突き刺して立てる。枝と枝は60センチほどの間隔をあける。丈夫で真っ直ぐな棒を枝の二股の部分にかけ、その上に5～6本のまっすぐな棒を載せる。釣りたての魚をその上に載せて、ときどきひっくり返す。火の側に串刺しにした魚を立てて焼いてもいい。中まで十分火が通ったら食べられる。

シップス・ビスケット／ビスコット／ビスコチョ（あらゆる時代）

全粒粉…4カップ
水…およそ1カップ
塩…小さじ1（好みで）

1. 全粒粉に少しずつ水を加え、力を入れてこね、グルテンを形成させる。好みで塩を加えてもよいが、塩を入れない方がビスケットは長持ちする。
2. ビスケット生地は非常に弾力性のある塊になるため、麺棒（イギリス製は取っ手があり、フランス製は両端がやや細くなった1本の棒である）で伸ばすと便利だ。生地を折りたたんで、繰り返し伸ばす。
3. 生地を折りたたんでおよそ1・5センチの厚さにし、正方形や八角形、あるいは直径およそ6センチの円形に切り分け、表面にフォークを刺して全体に細かい穴を開ける。
4. 油を引かない天板に並べて、低い温度で少なくとも1時間焼く。

私がこれまでに作った最高のシップス・ビスケットは、火が消えそうなくらいまで弱火にしたガスオーブンで3時間焼いたものだ（火が消えていないかどうか、ときどき確かめる必要がある）。このやり方で精白小麦粉と全粒粉の両方で焼いてみたが、全粒粉で作る方がはるかにおいしかった。1800年以前は、小麦粉はどんな場合でも精白小麦粉より全粒粉に近かっただろう。

れ、壺の口を皮でしっかり覆っておく。バターは涼しく、できれば目につかない場所に保管する。粥を調理するときは浜辺で火を起こし、火が熾火になってから調理を始めよう。船葬墓のオーセベリ船で発見されたように、鍋は鉄製の三脚に吊るすといい。弱火で粥を煮込む段階になったら、S字フックを用いて鍋を吊るす鎖を短くし、鍋を火から遠ざけて熱を弱めよう。

ヴァイキングの遺跡からスプーンが発見されている。木製で、柄は短く、すくう部分が長い。このスプーンは粥用だったのかもしれない。スコットランドでは、粥を混ぜるためにスパートルという道具がよく使われる。スパートルは長さおよそ28センチ、直径およそ1・6センチの硬材（たいていカエデ材）で作られた丸い棒状の道具である。先端部は丸く、柄の端は装飾的な丸みがつけられているか彫刻されて（多くはアザミの花の形）いる。スコットランド人は、スパートルは何らかの形で中世に起源があると考えている。

浜辺の近くに真水を得られる場所がなければ、水を無駄にしないように、粥にちょうど必要な分だけ使うようにしよう。鍋は後で海水で洗えばいい。薪が少ししか見つからない場合は、小さな火を起こしてその周りを石で囲い、熱を鍋に集中させる。粥を弱火で煮込むために火から離して高く吊るときは、釣った魚や小さな獲物を串に刺して熾火であぶってもよい。

おそらく当時の人々は塩を入れなかっただろう。ハンザ同盟が塩の貿易を始める前は、スカンジナビアで塩を手に入れるのは難しかった。大麦粉が近くで手に入らなければ、大麦を含む数種類の穀物をブレンドした粗挽き粉が、「ローマンミール」というブランド名で市販されている。その他の穀物粉でも代用できる。

ヴァイキングの魚料理

魚を食べる最もいい方法は、航海中に魚を獲り、はらわたを取って、串に刺して浜辺で粥の鍋をかけた火であぶることだ。「非常食」としてすぐれているのはスクレイシ（干し魚）で、少し探せば売っているだろう。運よく近所にアイスランド食品店があったら、ハルズフィスクルを売っているかどうか見てみよう。ハルズフィスクルはアイスランドの干し魚の中で人気がある種類だ。それも見つからなければ、フィッシュジャーキー（鮭など）を干し魚の代わりに使ってもいい。

スカンジナビア人を祖先に持つ友人は、ヴァイキングがルートフィスクなど、灰汁に漬けた魚を航海中に食べたかどうか知りたがった。私は、それはあり得ないように思う。ルートフィスクを食べるには、真水（船上で注意深く保存しておかなければならない）を何度も取り換えながら灰汁抜きする必要があり、ルートフィスクはすぐに腐って（フィンランド人は腐ったルートフィスクをサイプアカラと呼ぶ）、食べるとひどくお腹を壊す。大海原の真ん中で、大勢の乗組員が乗る甲板のない船の上でお腹を壊せばどうなるか、言葉にするより想像してもらった方がいいだろう。船員仲間にそんな惨めな状況を引き起こしてしまった張本人は、航海が終わるまで嫌われ者になったに違いない。

レシピ集

このレシピ集は他の料理本とはちょっと違う。正直に告白するが、私は「船底ネズミ」や「海鳥」、それにジャングルジュースを味わったことはない。これらのレシピや自家製塩漬け肉を作るときは、安全性と法律を守り、十分な配慮と常識をお忘れなく。ここで紹介するレシピは、船上で、あるいは陸上の自宅で味わえる食べ物や飲み物のほんの一例に過ぎない。1等船客の食堂やリッツ・カールトンのアラカルト方式のレストランで出された豪華な食事を再現したい方は、参考文献をご覧いただきたい。そこに掲載したすばらしい本の中には、悲運のタイタニック号の最後のディナーや、タイタニックと同じ時代、あるいはその他の時代の定期船で出された食事を再現するために必要なすべての情報が書かれているものがある。

古代アジアと地中海船の食事

船上の食べ物のレシピについて詳しいことはあまり知られていないが、沈没船の中から以下の食品が発見されている。

炒った穀物（おそらく小麦や大麦）
オリーブオイル（オレガノで風味づけされている場合もある）
オリーブ（種は船底に吐き捨てられた）
生のイチジク
フェタチーズ（主要な食品）
生魚（おそらく乗組員の食べ物）

『オデュッセイア』には、島でシカなどの獣を捕まえて、それを（おそらく他の食べ物と一緒に）浜辺で焼いたと書かれている。このような古代の船乗りの食事を再現してみたければ、材料の組み合わせを変えたり、調理の仕方を変えたりして試してみるといい。

ヴァイキング・ハウヴネスト（粥、800～1200年頃）

大麦粉…2カップ
水…4カップ
塩…ひとつまみ（好みで。おそらく当時は入れなかった）
無塩バター…大さじ4

1. 水に大麦粉を加え、完全に混ざるまでかき混ぜる。
2. 沸騰するまで中火にかけ、沸騰したら弱火にして、絶えずかき混ぜながら乗組員の好みの濃度になるまで15分ほど煮る。
3. 適度な濃度になったらバターを加え、バターが溶けるまでかき混ぜる。木製の椀に注いで木製のスプーンでいただく。

ヴァイキングになりきり、ロングシップのような甲板のない鎧張りの船で調理するなら、大麦粉を亜麻布か麻布の袋に詰め、口を固く縛って、木製の樽に入れておくといい。樽は舷側から離れた場所に置き、もし船に甲板があれば船首甲板か船尾甲板の下に置いて、できるかぎり湿気が入らないようにする。バターは陶器か木製の壺に入

53 同上

54 同上, 87.

55 同上

56 Pukel and Hanna, *Greens and Grains on the Deep Blue Sea Cookbook*, 76–77, 83.

57 Silver Donald Cameron, *Sailing Away From Winter: A Cruise from Nova Scotia to Florida and Beyond*, 2nd ed. (Toronto: McClellan & Stewart, 2008), 365.

58 John Masefield, *Salt-Water Ballads*, 1902, in Alexander, United States Navy Memorial, 176.

第8章

1 British Royal Navy, *Brinestain and Biscuit: Recipes and Rules for Royal Navy Cooks, 1930* (Surrey, UK: National Archives, 2006), 60.

2 同上, 60.

3 Nathan Miller, *The U.S. Navy: An Illustrated History* (New York: American Heritage; Annapolis: United States Naval Institute Press, 1977), 252.

4 同上, 256.

5 同上, 252–56.

6 Navy Department, USS *Arizona* Dinner Menu, July 4, 1935, author's collection.

7 Charles J. Gibowicz, *Mess Night Traditions* (Bloomington, IN: AuthorHouse, 2007), 75.

8 同上, 77–78.

9 同上, 76.

10 Daniel Orkent, *Last Call: The Rise and Fall of Prohibition* (New York: Scribner, 2010), 219.

11 同上, 218.

12 Bob Dickinson and Andy Vladimir, *Selling the Sea: An Inside Look at the Cruise Industry* (New York: John Wiley & Sons, 1997), 16.

13 同上, 8–9.

14 同上, 19–20.

15 同上, 19.

16 John A. Fostik, *America's Postwar Luxury Liners* (Hudson, WI: Iconografix, 2011), 105–8.

17 Dickinson and Vladimir, *Selling the Sea*, 18.

18 Orkent, *Last Call*, 217.

19 同上

20 Dickinson and Vladimir, *Selling the Sea*, 19.

21 同上

22 Orkent, *Last Call*, 217.

23 同上

24 Richard E. Miller, *The Messman Chronicles: African Americans in the U.S. Navy: 1932–1943* (Annapolis, MD: Naval Institute Press, 2004), 5–11.

25 同上, 172–94.

26 同上, 310–11.

27 David Miller, *The Illustrated Directory of Submarines of the World* (London: Salamander Books, 2002), 10–19.

28 Lothar-Gunther Buchheim, *U-Boat War* (New York, Alfred A. Knopf, 1978)

29 John W. Alexander, *United States Navy Memorial: A Living Tradition* (Washington: United States Navy Memorial Foundation, 1987), 149.

30 British Royal Navy, *Brinestain and Biscuit*, 12.

31 同上, 10–12.

32 Agostino von Hassell, Herm Dillon, and Leslie Jean-Bart, *Military High Life: Elegant Food Histories and Recipes* (New Orleans: University Press of the South, 2006), 106.

33 Sharon Poole, and Andrew Sassoli-Walker, *P&O Cruises: Celebrating 175 Years of Heritage* (Gloucestershire, UK: Amberly, 2011), 37.

34 Fostik, *America's Postwar Luxury Liners*, 5.

35 同上, 81.

36 同上, 5.

37 同上, 8–16.

38 Brian J. Cudahy, "The Containership Revolution—Malcolm McLean's 1956 Innovation Goes Global," TR News 246 (Washington: Transportation Research Board of the National Academies, September–October 2006), http://www.worldshipping.org/pdf/container_ship_revolution.pdf.

39 Dickinson and Vladimir, *Selling the Sea*, 24.

40 同上, 26–27.

41 同上, 29.

42 同上, 35.

43 同上, 29.

44 同上, 32–33.

45 同上, 28.

46 同上, 49.

47 Poole and Sassoli-Walker, *P&O Cruises*, 133.

48 Sandy Pukel and Mark Hanna, *Greens and Grains on the Deep Blue Sea Cookbook: Fabulous Vegetarian Cuisine from the Holistic Holiday at Sea Cruises* (New York: Square One, 2007), 1–3.

49 Dickinson and Vladimir, *Selling the Sea*, 52.

50 Viking Cruise Line and Manne Stenros, *Sea & Food* (Finland: Studio Avec Audiovisual, 2003), 2–3.

51 Pukel and Hanna, *Greens and Grains on the Deep Blue Sea Cookbook*, 47.

52 Dickinson and Vladimir, *Selling the Sea*, 53.

23 Sharon Poole and Andrew Sassoli-Walker, *P&O Cruises: Celebrating 175 Years of Heritage* (Gloucestershire, UK: Amberly, 2011), 17.
24 Poole and Sassoli-Walker, *P&O Cruises*, 17.
25 同上
26 同上, 19.
27 Wikipedia, "Peninsular and Oriental Steam Navigation Company," last updated March 22, 2014, http://en.wikipedia.org/wiki/Peninsular_and_Oriental_Steam_Navigation_Company.
28 Poole and Sassoli-Walker, *P&O Cruises*, 21.
29 同上
30 同上, 24.
31 Edington, *The Captain's Table*, 22.
32 同上
33 Wikipedia, "Peninsular and Oriental Steam Navigation Company," last updated March 22, 2014, http://en.wikipedia.org/wiki/Peninsular_and_Oriental_Steam_Navigation_Company.
34 Maxtone-Graham, *The Only Way to Cross*, 188.
35 Archbold and McCauley, *Last Dinner on the Titanic*, 114.
36 John P. Eaton and Charles A. Haas, *Titanic: Triumph and Tragedy*, 2nd ed. (New York: W.W. Norton, 1994), http://books.google.com/books?id=uia8zRfX1koC&pg=PA116&lpg=PA116&dq=specimen+third+class+bill+of+fare&source=bl&ots=26t96mUtWa&sig=0fQ169M1pW7csGHkLPXxQDYbVro&hl=en&sa=X&ei=CvYgU8-SMsnq0gHk_oDIBg&ved=0CCcQ6AEwAQ#v=onepage&q=specimen%20third%20class%20bill%20of%20fare&f=false, 116.
37 同上
38 Eaton and Haas, *Titanic*, 116; Marion Diamond, "The Titanic's Menus and What They Can Tell Us," Wordpress, July 4, 2012, http://learnearnandreturn.wordpress.com/2012/04/07/the-titanics-menus-and-what-they-can-tell-us/.
39 Eaton and Haas, *Titanic*, 116.
40 同上
41 同上
42 Eaton and Haas, *Titanic*, 116; Diamond, "The Titanic's Menus."
43 Eaton and Haas, *Titanic*, 116.
44 Eaton and Haas, *Titanic*, 116; Diamond, "The Titanic's Menus"; Archbold and McCauley, *Last Dinner on the Titanic*, 112–14.
45 Archbold and McCauley, *Last Dinner on the Titanic*, 94–97.
46 同上
47 Diamond, "The Titanic's Menus."
48 同上
49 同上
50 Diamond, "The Titanic's Menus"; Eaton and Haas, *Titanic*, 116; Archbold and McCauley, *Last Dinner on the Titanic*, 66, 94, 97, 106.
51 Titanic-titanic.com, First class breakfast menu, April 11, 1912, "Titanic Dining," http://www.titanic-titanic.com/titanic_dining.shtml.
52 同上
53 Diamond, "The Titanic's Menus."
54 Titanic-titanic.com, "Titanic Dining"; Archbold and McCauley, Last Dinner on the Titanic, 66.
55 同上
56 同上
57 同上
58 同上
59 同上, 40–58
60 Edington, *The Captain's Table*, 51.
61 James Burke, *Connections* (Boston: Little, Brown, 1978), 239–40.（ジェームズ・バーク、『コネクションズ：意外性の技術史10話』、福本剛一郎ほか訳、日経サイエンス、1984年）
62 同上, 241–42.
63 同上
64 同上, 238–43.
65 同上, 241.
66 Archbold and McCauley, *Last Dinner on the Titanic*, 22.
67 Yvonne Hume, *RMS Titanic: "Dinner Is Served"* (Catrine, UK: Stenlake, 2010), 12.
68 Edington, *The Captain's Table*, 23.
69 同上, 21.
70 Traditional. Author's own repertoire.

34 同上, 291.

35 Navy Department, *Naval History Division, Civil War Naval Chronology: 1861–1865* (Washington, DC: U.S. Government Printing Office, 1971), VI: 47–83.

36 Anonymous, "Life of a Blockader," Continental Monthly 6 (August 1864), 46–55, in Ringle, *Life in Mr. Lincoln's Navy*, 65.

37 Stephen F. Blanding, *Recollections of a Sailor Boy on a Cruise of the Gunboat "Louisiana"* (Providence, RI: E. A. Johnson, 1886), 60, in Ringle, Life in Mr. Lincoln's Navy, 70.

38 Tucker, *The Civil War Naval Encyclopedia*, 195.

39 同上, 194.

40 The Trident Society, *The Book of Navy Songs*, 3rd ed. (Annapolis: Naval Institute Press, 1955), 86–87.

41 Landstrom, *The Ship: An Illustrated History*, 239.

42 同上, 280–81.

43 James Burke, *Connections* (Boston: Little, Brown, 1978), 233–35.

44 Burke, *Connections*, 237.

45 Janet Macdonald, *Feeding Nelson's Navy*, 2nd ed. (London: Chatham, 2006), 172.

46 Burke, *Connections*, 238.

47 Owen Beattie and John Geiger, *Buried in Ice: The Mystery of a Lost Arctic Expedition* (Toronto, CN: Madison Press Books, 1992), 55–60.

48 Burke, *Connections*, 238.

49 Stan Hugill, *Songs of the Sea* (Maidenhead, England: McGraw-Hill, 1977), 166.

50 Ralph W. Andrews and A. K. Larssen, *Fish and Ships: This Was Fishing From the Columbia to Bristol Bay* (Seattle: Superior, 1959), 49–57.

51 同上, 58–62.

52 同上, 49–62.

53 Lars Bruzelius, The Maritime History Virtual Archives, "Kenilworth," December 30, 1998, http://www.bruzelius.info/Nautica/Ships/Fourmast_ships/Kenilworth(1887).html.

54 Editorial poem, "Some Complaints Investigated," *Brisbane Courier*, September 23, 1911, http://trove.nla.gov.au/ndp/del/page/1571470.

第7章

1 Bjorn Landstrom, *The Ship: An Illustrated History* (New York: Doubleday, 1961), 280–81.

2 Maxtone-Graham, *The Only Way to Cross*, 154.

3 同上, 154–55.

4 Edwin G. Burrows and Mike Wallace, *Gotham: A History of New York City to 1898* (New York: Oxford University Press, 1999), 436–37.

5 Maxtone-Graham, *The Only Way to Cross*, 84.

6 同上, 11, 43.

7 同上, 88.

8 Maxtone-Graham, *The Only Way to Cross*, 11.

9 同上

10 Ken Smith, *Turbinia: The Story of Charles Parsons and His Ocean Greyhound* (Newcastle Upon Tyne, UK: Tyne and Wear Museums, 1996), 17–21.

11 Landstrom, *The Ship*, 244–45.

12 Maxtone-Graham, *The Only Way to Cross*, 15.

13 Rick Archbold and Dana McCauley, *Last Dinner on the Titanic: Menus and Recipes from the Great Liner* (New York: Madison Press, 1997), 21.(リック・アーチボルト、ダナ・マッコリー、『タイタニックの最後の晩餐』、梶浦さとり訳、国書刊行会、1999年)

14 Archbold and McCauley, *Last Dinner on the Titanic*, 29, 108; Maxtone-Graham, The Only Way to Cross, 214.

15 Archbold and McCauley, *Last Dinner on the Titanic*, 76.

16 Maxtone-Graham, *The Only Way to Cross*, 140–41.

17 同上, 137.

18 Menu for the twentieth anniversary dinner of Mr. and Mrs. Harry Houdini, June 22, 1914, Reproduction Number: LC-USZC2-4893, LC-USZC2-4892, LCUSZC2-4894 in Collection: Miscellaneous Items in High Demand, Library of Congress Digital Collections, http://www.loc.gov/pictures/item/96519251/.

19 Maxtone-Graham, *The Only Way to Cross*, 168–69.

20 同上, 165.

21 Sarah Edington, *The Captain's Table: Life and Dining on the Great Ocean Liners* (London: National Maritime Museum Publishing, 2005), 19.

22 Edington, *The Captain's Table*, 112–17.

45 同上, 98.

46 Lai et al., Island, 13–14.

47 同上, 47.

48 同上, 38.

49 同上, 130.

50 Kazuo Ito, *Issei: A History of Japanese Immigrants in North America* (Seattle: Japanese Community Service, 1973), 32, in German, Voyages, 15–16.

51 Helen Hunt Jackson, *The Helen Jackson Yearbook* (Boston: Robert Brothers, 1895), http://books.google.com/books?id=ELk3AAAAYAAJ&pg=PP1&lpg=PP1&dq=helen+hunt+jackson+the+helen+hunt+jackson+yearbook&source=bl&ots=RN-kGOyyB4&sig=QMjLF0bE7ss4owc_qL-pxonoflM&hl=en&sa=X&ei=D1UvU7usKqXB0gHd7YGgCw&ved=0CDUQ6AEwAg#v=onepage&q=sails%20anchors&f=false, 130.

第6章

1 Bjorn Landstrom, *The Ship: An Illustrated History* (New York: Doubleday, 1961), 230–31.

2 John Maxtone-Graham, *The Only Way to Cross* (New York: Macmillan, 1972), 5.

3 同上, 5.

4 同上

5 Charles Dickens, *American Notes for General Circulation, 1842*, 2nd edition (London: Penguin Classics, 1985), 54.（チャールズ・ディケンズ、『アメリカ探訪／イタリア小景』、田辺洋子、渓水社、2016年）

6 同上, 54.

7 同上, 69.

8 同上, 64.

9 同上, 69.

10 同上, 70.

11 同上, 55.

12 Maxtone-Graham, *The Only Way to Cross*, 7.

13 Tony Davis (Liverpool UK folklorist and performer), discussion with the author, August 1992.

14 William B. Forward, *Liverpool ship operator, in James Dugan, The Great Iron Ship* (New York: Harper & Brothers, 1953), 113.

15 Dugan, *The Great Iron Ship*, 116.

16 同上, 165–67.

17 Sharon Poole and Andrew Sassoli-Walker, *P&O Cruises: Celebrating 175 Years of Heritage* (Gloucestershire, UK: Amberly, 2011), 11.

18 同上, 21.

19 Mark Twain, *The Innocents Abroad* (Hartford, CT: American Publishing Company, 1869), in Project Gutenberg, http://www.gutenberg.org/files/3176/3176-h/3176-h.htm, 19.（マーク・トウェイン、『イノセント・アブロード：聖地初巡礼の旅』、勝浦吉雄・勝浦寿美訳、文化書房博文社、2004年）

20 同上, 17.

21 同上, 21–22.

22 同上, 318.

23 同上, 320.

24 同上, 24.

25 同上, 32.

26 Spencer C. Tucker, ed. *Almanac of American Military History* (Santa Barbara, CA: ABC-CLIO, 2013), http://books.google.com/books?id=TO2mx314ST0C&pg=PA553&lpg=PA553&dq=Robert+Fulton+steam+powered+defense+vessel+1812&source=bl&ots=LdoUjKJ79l&sig=s1f_yGIydKvGsGNTHTqP0m8GiVs&hl=en&sa=X&ei=0DwZU96CB4ySkQeG4oGYCA&ved=0CDgQ6AEwAw#v=onepage&q=Robert%20Fulton%20steam%20powered%20defense%20vessel%201812&f=false, 553.

27 Landstrom, *The Ship*, 232.

28 Raphael Semmes, Admiral CSN, *Memoirs of Service Afloat* (Seacaucus, NJ: Blue & Grey Press, 1987), 419–20.

29 同上, 402–3.

30 Landstrom, *The Ship: An Illustrated History*, 239.

31 同上

32 Dennis J. Ringle, *Life in Mr. Lincoln's Navy* (Annapolis: Naval Institute Press, 1998), 65, Spencer C. Tucker, ed. *The Civil War Naval Encyclopedia* (Santa Barbara, CA: ABC-CLIO, 2011), http://books.google.com/books?id=Ho_8ONL5UgsC&q=food#v=onepage&q=food&f=false, 193.

33 Henry Steele Commager, *The Blue and The Gray*, 2nd ed. (New York: Fairfax Press, 1982), 275.

3 Marcus Rediker, *The Slave Ship: A Human History* (New York: Penguin Books, 2007), 58.（マーカス・レディカー、『奴隷船の歴史』、上野直子訳、みすず書房、2016年）
4 Rediker, *The Slave Ship*, 170.
5 同上, 237.
6 同上, 269.
7 Howard Irving Chapelle, *The Baltimore Clipper: Its Origin and Development*, 2nd ed. (New York: Dover Publications, 1988), 134–35.
8 EyeWitness to History, "Aboard a Slave Ship, 1829," 2000, http://www.eyewitnesstohistory.com/slaveship.htm.
9 同上
10 Chapelle, *The Baltimore Clipper*, 136.
11 Andrew W. German, *Voyages: Stories of America and the Sea: A Companion to the Exhibition at Mystic Seaport* (Mystic, CT: Mystic Seaport Museum Inc., 2000), 8–9.
12 Ian Adams and Meredyth Somerville, *Cargoes of Despair and Hope: Scottish Emigration to North America: 1603–1803* (Edinburgh: John Donald, 1993), 100–6.
13 Adams and Somerville, *Cargoes of Despair and Hope*, 106–7.
14 Melvin Maddocks, *The Atlantic Crossing: The Seafarers* (Amsterdam: Time Life Books, 1981), 80.
15 George A. Mackenzie, ed., *From Aberdeen to Ottawa in Eighteen Forty-Five: The Diary of Alexander Muir* (Aberdeen: Aberdeen University Press, 1990), 114.
16 Mackenzie, *From Aberdeen to Ottawa in Eighteen Forty-Five*, 114–15.
17 Maddocks, *The Atlantic Crossing*, 112–17.
18 同上, 126–28.
19 同上, 120–25.
20 Charles Dickens, *American Notes for General Circulation, 1842* (London: Penguin Classics, 1985), 262.（チャールズ・ディケンズ、『アメリカ探訪／イタリア小景』、田辺洋子、溪水社、2016年）
21 同上
22 同上, 262–63.
23 同上, 262.
24 同上, 265.
25 同上, 265–66.
26 Jeremy Rifkin, *Beyond Beef: The Rise and Fall of the Cattle Culture*, 2nd ed. (New York: Plume, 1993), 56–57.（ジェレミー・リフキン、『脱牛肉文明への挑戦：繁栄と健康の神話を撃つ』、北濃秋子訳、ダイヤモンド社、1993年）
27 Wikipedia, "Great Famine (Ireland)," March 21, 2014, http://en.wikipedia.org/wiki/Great_Famine_(Ireland).
28 Stan Hugill, *Shanties from the Seven Seas*, 2nd ed. (London: Routledge & Kegan Paul, 1984), 303.
29 Hugill, *Shanties from the Seven Seas*, 300–1.
30 Herman Melville, *Redburn: His First Voyage* (New York: Doubleday Anchor Book, 1957), 231.（ハーマン・メルヴィル、『メルヴィル全集第5巻（レッドバーン）』、坂下昇訳、国書刊行会、1982年）
31 同上
32 同上
33 同上, 254.
34 同上, 255.
35 同上
36 同上, 282.
37 Him Mark Lai, *Genny Lim, and Judy Yung, Island: Poetry and History of Chinese Immigrants on Angel Island: 1910–1940*, 2nd ed. (San Francisco: HOC DOI Project, Chinese Culture Foundation of San Francisco, 1986), 86.
38 同上, 45.
39 Hugh McCulloch Gregory, *The Sea Serpent Journal: Hugh McCulloch Gregory's Voyage Around the World in a Clipper Ship, 1854–1855*, ed. Robert H. Burgess (Charlottesville: University Press of Virginia, 1975), 63–74.
40 Corinne K. Hoexter, *From Canton to California: The Epic of Chinese Immigration* (New York: Four Winds Press, 1976), 35.
41 Charles A. Abbey, *Before the Mast in the Clippers: The Diaries of Charles A. Abbey, 1856 to 1860*, ed. Harpur Allen Gosnell, 2nd ed. (New York: Dover Publications, 1989), 207.
42 Hoexter, *From Canton to California*, 73.
43 同上, 76–77.
44 同上, 98–100.

32 Harlow, *The Making of a Sailor*, 145–50.
33 同上, 44.
34 同上, 166.
35 Gregory, *The Sea Serpent Journal*, 50.
36 Abbey, *Before the Mast in the Clipper*, 216.
37 Harlow, *The Making of a Sailor*, 203.
38 同上, 203–4.
39 同上, 204–5.
40 同上, 203–5.
41 同上, 348.
42 Gregory, *The Sea Serpent Journal*, 103.
43 Harlow, *The Making of a Sailor*, 30.
44 Gregory, *The Sea Serpent Journal*, 8.
45 Hugill, *Shanties from the Seven Seas*, 182–83.
46 Abbey, *Before the Mast in the Clippers*, 207.
47 Gregory, *The Sea Serpent Journal*, 16.
48 同上, 10–11.
49 Harlow, *The Making of a Sailor*, 195–96.
50 同上
51 同上, 147.
52 Oliver, *Saltwater Foodways*, 108.
53 同上
54 同上
55 Hugill, *Songs of the Sea*, 166.
56 Anne Chotzinoff Grossman and Lisa Grossman Thomas, *Lobscouse and Spotted Dog: Which It's A Gastronomic Companion to the Aubrey/Maturin Novels* (New York: W. W. Norton, 1997), 5.
57 Oliver, *Saltwater Foodways*, 109, 116.
58 Harlow, *The Making of a Sailor*, 50.
59 同上
60 同上, 145–50.
61 同上, 195–96.
62 Abbey, *Before the Mast in the Clipper*, 231.
63 Gregory, *The Sea Serpent Journal*, 50–51.
64 同上
65 Abbey, *Before the Mast in the Clippers*, 206.
66 Harlow, *The Making of a Sailor*, 174.
67 同上, 173–75.
68 同上, 173.
69 同上, 173–74.
70 同上, 176.
71 John Smith, *A Sea Grammar: With the Plaine Exposition of Smiths Accidence for Young Sea-Men* (Sabin Americana Print Editions, Gale Digital Collections), 36.
72 Harlow, *The Making of a Sailor*, 187.
73 同上
74 同上, 176.
75 Oliver, *Saltwater Foodways*, 107.
76 Harlow, *The Making of a Sailor*, 30.
77 Isaac Norris Hibberd, *Sixteen Times Round Cape Horn: The Reminiscences of Captain Isaac Norris Hibberd, ed. Frederick H. Hibberd* (Mystic, CT: Mystic Seaport Museum, 1980), 8–9.
78 Harlow, *The Making of a Sailor*, 147.
79 同上, 128.
80 Hibberd, *Sixteen Times Round Cape Horn*, 33–34.
81 Oliver, *Saltwater Foodways*, 107.
82 同上, 108.
83 Harlow, *The Making of a Sailor*, 267.
84 同上, 248
85 Bill Beavis and Richard G. McCloskey, *Salty Dog Talk: The Nautical Origins of Everyday Expressions* (London: Adlard Coles, 1983), 81.
86 Michael P. Dyer, Senior Maritime Historian, New Bedford Whaling Museum, e-mail message to author, January 21, 2014.
87 Oliver, *Saltwater Foodways*, 85.
88 同上, 124–25.
89 Hugill, *Shanties from the Seven Seas*, 176.
90 Abbey, *Before the Mast in the Clippers*, 77.
91 Hugill, *Songs of the Sea*, 189.
92 Alan Villiers, *The War with Cape Horn*, 2nd ed. (London: Pan Books, 1973), 139–40.
93 Villiers, *The War with Cape Horn*, 140–42.
94. 同上, 233–38.
95 Hugill, *Shanties from the Seven Seas*, 588–89.

第5章

1 Tripod, "The Slave Trade: Conditions on Slave Ships," March 27, 2014, http://4thebest4e.tripod.com/id15.html.
2 Wikipedia, "Atlantic Slave Trade," http://en.wikipedia.org/wiki/Atlantic_slave_trade.

History (New York: Fitzroy Dearborn, 2004), 256; J.C. Beaglehole, *The Life of Captain James Cook*, 2nd ed. (Stanford: Stanford University Press, 1974), 135–36.

58 Beaglehole, *The Life of Captain James Cook*, 170–71.

59 Nagle, *The Nagle Journal*. 106.

60 Lavery, *Nelson's Navy*, 206.

61 Macdonald, *Feeding Nelson's Navy*, 145–47.

62 同上, 144–45; John Smith, *A Sea Grammar: With the Plaine Exposition of Smiths Accidence for Young Sea-Men* (Sabin Americana Print Editions, Gale Digital Collections), 85.

63 John Smith, *A Sea Grammar*, 85.

64 Macdonald, *Feeding Nelson's Navy*, 141.

65 同上, 142.

66 Navy Department Library, "Living Conditions in the 19th Century U.S. Navy, http://www.history.navy.mil/library/online/living_cond.htm.

67 Miller, *The U.S. Navy*, 121.

68 American Seamen's Friend Society, *The Sailor's Magazine and Seamen's Friend*, Volume 38, Number 7, March 1866, http://books.google.com/books?id=59kaAAAAYAAJ&pg=PA200&lpg=PA200&dq=trotter+grog+1781&source=bl&ots=PQw3pjW4Rk&sig=xHku5dcCIL_p1DNMYAMz_iFHJJc&hl=en&sa=X&ei=dmMvU8RSy6HSAdfGgcAB&ved=0CC4Q6AEwAg#v=onepage&q=trotter%20grog%201781&f=false, 200; Oriental University Institute, The Imperial and Asiatic Quarterly Review and Oriental and Colonial Record, Volume 11, Number s21 and 22, 1901,http://books.google.com/books?id=1RYoAAAAYAAJ&pg=PA409&lpg=PA409&dq=trotter+grog+1781&source=bl&ots=d9eK2gtZ1c&sig=kUq77VpOnqzNIoia4ncYNRW07fo&hl=en&sa=X&ei=dmMvU8RSy6HSAdfGgcAB&ved=0CDYQ6AEwBQ#v=onepage&q=trotter%20grog%201781&f=false, 409.

第4章

1 Elliot Snow, *Adventures at Sea in the Great Age of Sail: Five Firsthand Narratives* (New York: Dover Publications, 1986), 108.

2 Sandra L. Oliver, *Saltwater Foodways: New Englanders and Their Food at Sea and Ashore in the Nineteenth Century* (Mystic, CT: Mystic Seaport Museum, 1995), 85.

3 Oliver, *Saltwater Foodways*, 85–86.

4 同上, 85.

5 Frederick Pease Harlow, *The Making of a Sailor, or Sea Life Aboard a Yankee Square Rigger* (New York: Dover Publications, 1988), 116.

6 Harlow, *The Making of a Sailor*, 120.

7 同上

8 Hugh McCulloch Gregory, *The Sea Serpent Journal: Hugh McCulloch Gregory Voyage Around the World in a Clipper Ship, 1854–1855*, ed. Robert H. Burgess (Charlottesville: University of Virginia Press, 1975), 10–11.

9 Harlow, *The Making of a Sailor*, 116.

10 同上, 264.

11 Oliver, *Saltwater Foodways*, 87.

12 Harlow, *The Making of a Sailor*, 116.

13Oliver, *Saltwater Foodways*, 87.

14 Stan Hugill, *Shanties from the Seven Seas*, 2nd ed. (London: Routledge & Kegan Paul, 1984), 324.

15 Hugill, *Shanties from the Seven Seas*, 236–37.

16 Harlow, *The Making of a Sailor*, 207–8.

17 同上, 120.

18 Charles A. Abbey, *Before the Mast in the Clippers: The Diaries of Charles A. Abbey, 1856 to 1860*, ed. Harpur Allen Gosnell (New York: Dover Publications, 1989), 201.

19 Harlow, *The Making of a Sailor*, 147.

20 Stan Hugill, *Songs of the Sea* (Maidenhead, England: McGraw-Hill, 1977), 45.

21 Harlow, *The Making of a Sailor*, 147.

22 Hervey Garrett Smith, *The Arts of the Sailor*, ed. Eugene V. Connett (New York: Barnes & Noble Books, 1979), 18.

23 Harlow, *The Making of a Sailor*, 176.

24 Gregory, *The Sea Serpent Journal*, 21.

25 同上

26 Harlow, *The Making of a Sailor*, 124–25.

27 同上, 147.

28 同上

29 同上

30 Hugill, *Songs of the Sea*, 556–57.

31 Hugill, *Shanties from the Seven Seas*, 70–71.

The Age of Reconnaissance, 119–20.

6 同上, 119–20.

7 同上, 114–23.

8 Nathan Miller, *The U.S. Navy: An Illustrated History* (New York: American Heritage; Annapolis: United States Naval Institute Press, 1977), 27–29.

9 Brian Lavery, *Nelson's Navy: The Ships, Men, and Organisation, 1793–1815*, 2nd ed. (London: Conway Maritime Press, 2012), 201.

10 Lavery, *Nelson's Navy*, 203.

11 Janet Macdonald, *Feeding Nelson's Navy*, 2nd ed. (London: Chatham, 2006), 45.

12 Macdonald, *Feeding Nelson's Navy*, 9.

13 同上, 31. See also John Masefield, *Sea Life in Nelson's Time* (London: Conway Maritime Press, 1984), 105; and Wordpress, "Navy Cheese," May 15, 2009, http://ageofsail.wordpress.com/category/naval-food/.

14 Macdonald, *Feeding Nelson's Navy*, 10.

15 同上

16 同上, 176.

17 Jacob Nagle, *The Nagle Journal: A Diary of the Life of Jacob Nagle, Sailor, from 1775 to 1841*, ed. John C. Dann (New York: Weidenfeld and Nicolson, 1988), 286.

18 Nagle, *The Nagle Journal*, 286.

19 同上, 144.

20 Macdonald, *Feeding Nelson's Navy*, 16–18.

21 Masefield, *Sea Life in Nelson's Time*, 103.

22 Macdonald, *Feeding Nelson's Navy*, 17–18.

23 同上, 21–22.

24 同上, 86–91.

25 Richard Foss, *Rum: A Global History* (London: Reaktion Books, 2012), 60–62; Macdonald, *Feeding Nelson's Navy*, 42; Charles J. Gibowicz, *Mess Night Traditions* (Bloomington, IN: AuthorHouse, 2007), 69–70.（リチャード・フォス、『ラム酒の歴史』、内田智穂子訳、原書房、2018 年）

26 Macdonald, *Feeding Nelson's Navy*, 43.

27 Masefield, *Sea Life in Nelson's Time*, 85.

28 同上

29 Webster's Ninth New Collegiate Dictionary, s.v. "slush," 1111.

30 同上, s.v. "slush fund," 1112.

31 Macdonald, *Feeding Nelson's Navy*, 105.

32 Albert Greene, "Recollections of the Jersey Prison Ship" (Providence: H.H. Brown, 1829), in Meryl Rutz, "Salt Horse and Ship's Biscuit," January 20, 2014, http://www/navyandmarine.org/ondeck/1776salthorse.htm.

33 Rutz, "Salt Horse and Ship's Biscuit," http://www/navyandmarine.org/ondeck/1776salthorse.htm.

34 Macdonald, *Feeding Nelson's Navy*, 106.

35 同上, 190–91. See also Anne Chotzinoff Grossman and Lisa Grossman Thomas, *Lobscouse and Spotted Dog: Which It's A Gastronomic Companion to the Aubrey/Maturin Novels* (New York: W.W. Norton, 1997), 18–20.

36 Grossman and Thomas, *Lobscouse and Spotted Dog*, 92.

37 同上, 28–29.

38 同上, 92.

39 N. A. M. Rodger, *The Wooden World: An Anatomy of the Georgian Navy*, 2nd ed. (New York: W. W. Norton, 1996), 86.

40 Rodger, *The Wooden World*, 90.

41 Rutz, "Salt Horse and Ship's Biscuit."

42 Lavery, *Nelson's Navy*, 205.

43 Macdonald, *Feeding Nelson's Navy*, 111–12.

44 Lavery, *Nelson's Navy*, 205.

45 Macdonald, *Feeding Nelson's Navy*, 98.

46 Masefield, *Sea Life in Nelson's Time*, 104.

47 Lavery, *Nelson's Navy*, 202.

48 Macdonald, *Feeding Nelson's Navy*, 122.

49 同上, 123.

50 Rodger, *The Wooden World*, 73.

51 同上

52 Mary Ellen Snodgrass, *Encyclopedia of Kitchen History* (New York: Fitzroy Dearborn, 2004), 256.

53 Henry Teonge, *Diary of Henry Teonge, Chaplain on Board His Majesty's Ships Assistance, Bristol, and Royal Oak 1675–1679* (London, 1825), https://archive.org/details/diaryofhenryteon00teon, 130.

54 Nagle, *The Nagle Journal*, 21.

55 Macdonald, *Feeding Nelson's Navy*, 25.

56 同上, 155–57.

57 Mary Ellen Snodgrass, *Encyclopedia of Kitchen*

53 同上, 163.
54 同上, 164.
55 同上, 167, 169.
56 同上, 167.
57 同上
58 同上
59 同上
60 同上, 165.
61 Philip Amadas and Arthur Barlowe, *The First Voyage Made to the Coasts of America, with two barks, where in were Captaines M. Philip Amadas and M. Arthur Barlowe, who discovered part of the Countrey now called Virginia, Anno 1584*, 298, in Virtual Jamestown Project, http://etext.lib.virginia.edu/etcbin/jamestown-browse?id=J1014.
62 Richard Grenville, *The Voiage Made by Sir Richard Greenville, for Sir Walter Ralegh, to Virginia, in the yeere 1585, Part 1*, 311, in Virtual Jamestown Project, http://etext.lib.virginia.edu/etcbin/jamestown-browse?id=J1015.
63 John White, *The Fourth Voyage Made to Virginia with Three Ships, in the Yere 1587*, 387, in Virtual Jamestown Project, http://etext.lib.virginia.edu/etcbin/jamestown-browse?id=J1018.
64 White, *The Fourth Voyage Made to Virginia*, 388.
65 同上
66 同上
67 John White, *The Fift Voyage of M. John White into the West Indies and Parts of America Called Virginia, in the yeere 1590*, 415, in Virtual Jamestown Project, http://etext.lib.virginia.edu/etcbin/jamestown-browse?id=J1019.
68 White, *The Fift Voyage of M. John White*, 418.
69 Grenville, *The Voiage Made to Virginia with Three Ships*, 312.
70 同上, 313.
71 Grenville, T*he Voiage Made to Virginia with Three Ships*, 313.
72 同上
73 同上, 314.
74 White, *The Fourth Voyage Made to Virginia*, 390.
75 Grenville, *The Voiage Made to Virginia with Three Ships*, 314.
76 White, *The Fourth Voyage Made to Virginia*, 387.
77 White, *The Fift Voyage of M. John White*, 412.
78 Paul Hulton, *America 1585: The Complete Drawings of John White* (Chapel Hill: University of North Carolina Press, British Museum Publications, 1984), 47–50.
79 Amadas and Barlowe, *The First Voyage Made to the Coasts of America*, 298.
80 White, *The Fourth Voyage Made to Virginia*, 387.
81 同上, 387.
82 同上, 389.
83 同上, 397.
84 White, *The Fift Voyage of M. John White*, 422.
85 White, *The Fourth Voyage Made to Virginia*, 400.
86 同上, 401.
87 John Smith, *A Sea Grammar: With the Plaine Exposition of Smiths Accidence for Young Sea-Men* (Sabin Americana Print Editions, Gale Digital Collections) 35.
88 Smith, *A Sea Grammar*, 36.
89 同上
90 同上, 38.
91 同上, 36.
92 同上
93 同上, 38.
94 同上
95 同上
96 同上, 38–39.
97 同上, 61.
98 同上, 84–85.
99 同上, 85.

第3章

1 Bjorn Landstrom, *The Ship: An Illustrated History* (New York: Doubleday, 1961), 79, 100–101; J. H. Parry, *The Age of Reconnaissance: Discovery, Exploration, and Settlement 1450 to 1650*, 2nd ed. (London: University of California Press, 1981), 115–17.
2 Parry, *The Age of Reconnaissance*, 121.
3 Landstrom, *The Ship*, 78–79.
4 Carlo M. Cipolla, *Guns, Sails, and Empires: Technological Innovation and Early Phases of European Expansion, 1400–1700* (New York: Minerva Press, 1965), 81–82.（カーロ・M・チポラ、『大砲と帆船：ヨーロッパの世界制覇と技術革新』、大谷隆昶訳、平凡社、1996年）
5 Cipolla, *Guns, Sails, and Empires*, 99, 113, 115; Parry,

4 Samuel Eliot Morison, *The European Discovery of America: The Northern Voyages A.D. 500–1600* (New York: Oxford University Press, 1971), 131.

5 同上, 72.

6 同上

7 Christopher Columbus, *The Log of Christopher Columbus: His Own Account of the Voyage That Changed the World*, trans. by Robert H. Fuson (Camden, ME: International Marine Publishing Company, 1987), 61.

8 Columbus, *The Log of Christopher Columbus*, 61.

9 Parry, *The Age of Reconnaissance*, 72.

10 Columbus, *The Log of Christopher Columbus*, 63.

11 同上, 181.

12 同上, 175.

13 Reay Tannahill, *Food in History*, 2nd ed. (New York: Stein and Day, 1974), 265–66.

14 Parry, *The Age of Reconnaissance*, 72.

15 Jacob Nagle, *The Nagle Journal: A Diary of the Life of Jacob Nagle, Sailor, from the Year 1775 to 1841*, ed. by John C. Dann (New York: Weidenfeld and Nicolson, 1988), 317.

16 Parry, *The Age of Reconnaissance*, 284.

17 同上, 285.

18 Phillips, *Six Galleons for the King of Spain*, 165.

19 Columbus, *The Log of Christopher Columbus*, 185.

20 Parry, *The Age of Reconnaissance*, 73.

21 Peter Kirsch, *The Galleon: The Great Ships of the Armada Era* (London: Conway Maritime Press, 1990), 80.

22 Kirsch, *The Galleon*, 81.

23 同上, 79–84.

24 同上, 81.

25 Ernle Bradford, *The Story of the Mary Rose* (London: W.W. Norton and Company,1982), 9–24.

26 Ann Stirland, "The Men of the *Mary Rose*," in Cheryl Fury, *The Social History of English Seamen, 1485–1649* (Woodbridge, Suffolk, UK: Boydell Press, 2013), 56–57, http://books.google.com/books?id=Zt5_no6uC8IC&pg=PA57&lpg=PA57&dq=Mary+Rose+malnutrition+scurvy&source=bl&ots=hxygTh2jtz&sig=_jKQYwOgxv8_ciZJkHvZl2T28QI&hl=en&sa=X&ei=DZsrU5PXCei90AHLhIHwDw&ved=0CDIQ6AEwAg#v=onepage&q=Mary%20Rose%20malnutrition%20scurvy&f=false.

27 *Mary Rose* Trust, "Life on Board—Food and Drink," http://www.maryrose.org/discover-our-collection/her-crew/life-on-board/#Food and Drink-link.

28 *Mary Rose* Trust, "Discover the Mary Rose—Her Crew—The Men of the Mary Rose," http://www.maryrose.org/discover-our-collection/her-crew/.

29 同上

30 Kit Mayers, *North-East Passage to Muscovy: Stephen Borough and the First Tudor Explorations* (Gloucestershire, UK: Sutton, 2005), 36–37.

31 Morison, *The European Discovery of America*, 130.

32 Mayers, *North-East Passage to Muscovy*, 37.

33 Morison, *The European Discovery of America*, 137.

34 Kirsch, *The Galleon*, 74.

35 Corbett, "Papers Relating to the Navy During the Spanish War," 259–260, in Kirsch, *The Galleon*, 77.

36 同上, 79.

37 Garrett Mattingly, *The Armada* (Boston: Houghton Mifflin, 1959), 95–109.

38 Winston Graham, *The Spanish Armadas* (London: Collins, 1972), 73.

39 Neville Williams, *The Sea Dogs: Privateers, Plunder & Piracy in the Elizabethan Age* (London: Weidenfeld and Nicolson, 1975), 173.

40 Oppenheim, *A History of the Administration of the Royal Navy*, 384, in Kirsch, *The Galleon*, 75.

41 同上, 74.

42 David Howarth, *The Voyage of the Armada: The Spanish Story*, 2nd ed. (New York: Penguin Books, 1981), 132–33.

43 Kirsch, *The Galleon*, 75.

44 同上, 74.

45 Email correspondence, Fred Hocker, Chief Curator, Vasa Museum, Stockholm, Sweden, March 14, 2014.

46 Admiralty Library MS 9 in Kirsch, *The Galleon*, 173

47 Phillips, *Six Galleons for the King of Spain*, 95.

48 同上, 97.

49 同上, 99.

50 同上, 100–1.

51 同上, 164.

52 同上, 100–1.

42 Casson, *Ships and Seamanship in the Ancient World*, 175–82.

43 Landstrom, *The Ship*, 80–81.

44 Johnstone, *The Sea-craft of Prehistory*, 200–201.

45 Thomas Gladwin, *East Is a Big Bird: Navigation & Logic on Puluwat Atoll* (Cambridge: Harvard University Press), 49–51.

46 Gladwin, *East Is a Big Bird*, 41.

47 Johnstone, *The Sea-craft of Prehistory*, 205.

48 同上 , 216.

49 Lawrence V. Mott, *Sea Power in the Medieval Mediterranean: The Catalan-Aragonese Fleet in The War of the Sicilian Vespers* (Gainesville: University Press of Florida, 2003), 186–96.

50 Lawrence V. Mott, "Feeding Neptune: Food Supply and Nutrition in the Catalan-Aragonese Fleet" (paper presented at the Forty-Third International Congress on Medieval Studies), 2008.

51 Mott, *Sea Power in the Medieval Mediterranean*, 217.

52 同上 , 222.

53 同上 , 220; Mott, "Feeding Neptune," 7.

54 Mott, "Feeding Neptune," 6.

55 同上 , 5.

56 同上 , 2; Mott, *Sea Power in the Medieval Mediterranean*, 216–17.

57 Ken Albala, personal communication, May 5, 2014.

58 Mott, "Feeding Neptune," 7.

59 Mott, *Sea Power in the Medieval Mediterranean*, 218–19.

60 Susan Rose, *Medieval Naval Warfare* (New York: Routledge, 2002), 106.

61 Landstrom, *The Ship*, 69–93.

62 Detlev Ellmers, "The Hanseatic Cog of Bremen AD 1380," eutsches Schiffahrtsmuseum, Bremen, http://www.raco.cat/index.php/Drassana/article/viewFile/106096/132585; Landstrom, *The Ship*, 70–73.

63 Marcus, *The Conquest of the North Atlantic*, 132–43.

64 同上 , 132.

65 Rose, *Medieval Naval Warfare*, 14–15.

66 同上 , 16.

67 同上 , 20.

68 同上 , 18.

69 同上 , 20.

70 Gavin Menzies, *1421: The Year China Discovered America*, 3rd ed. (New York: Perennial: 2004), 96–97; Louise Levanthes, *When China Ruled the Seas: The Treasure Fleet of the Dragon Throne, 1405–1433*, 2nd ed. (New York: Oxford University Press, 1996), 96–97.（ギャビン・メンジーズ、『1421：中国が新大陸を発見した年』、松本剛史訳、ヴィレッジブックス、2007 年）

71 Abulafia, *The Great Sea*, 423–26.

72 同上

73 Mark Kurlansky, *Salt: A World History*, 2nd ed. (London: Penguin Books, 2003), 131.（マーク・カーランスキー、『塩の世界史：歴史を動かした小さな粒』、山本光伸訳、中央公論新社、2014 年）

74 同上 , 140–42.

75 Tobias Gentleman, "England's Way to Win Wealth and to Employ Ships" (London 1614), in E. Arber, R.C. Beasley, and T. Sccombe, *Voyages and Travels Mainly During the 16th and 17th Centuries* (1903), 267, in Wikipedia, "Herring Buss," http://en.wikipedia.org/wiki/Herring_buss.

76 同上

77 Kurlansky, *Salt*, 143.

78 同上 , 112–115.

79 Daniel J. Boorstin, *The Discovers: A History of Man's Search to Know His World and Himself* (New York: Vintage Books, 1983), 119.

80 William Michael Rossetti, *The Stacions of Rome . . .:And the Pilgrims Sea-voyage. . . with Clene Maydenhood . . . A Supplement to "Political, Religious, and Love Poems," and "Hali Meidenhad,"* editor Frederick James Furnivall (Early English Text Society, 1867).

第2章

1 J. H. Parry, *The Age of Reconnaissance: Discovery, Exploration and Settlement 1450 to 1650*, 2nd ed. (London: University of California Press, 1981), 72; Carla Rahn Phillips, *Six Galleons for the King of Spain: Imperial Defense in the Early Seventeenth Century* (Baltimore: Johns Hopkins University Press, 1986), 165.

2 Parry, *The Age of Reconnaissance*, 70–71.

3 同上 , 72.

註

第1章

1 E. G. Bowen, *Britain and the Western Seaways* (London: Thames and Hudson, 1972), 23.

2 同上., 24–25.

3 同上., 33, 35.

4 同上, 33.

5 Paul Johnstone, *The Sea-craft of Prehistory*, 2nd ed. (London: Routledge & Kegan Paul, 1988), 45–51.

6 Bjorn Landstrom, *The Ship: An Illustrated History* (New York: Doubleday, 1961), 52–55; Johnstone, *The Sea-craft of Prehistory*, 115.

7 Landstrom, *The Ship*, 53.

8 G. J. Marcus, *The Conquest of the North Atlantic* (New York: Oxford University Press, 1981), 24–32; Bowen *Britain and the Western Seaways*, 43–60.

9 Johnstone, *The Sea-craft of Prehistory*, 128.

10 Landstrom, *The Ship*, 14–16.

11 同上, 14–15.

12 Johnstone, *The Sea-craft of Prehistory*, 71–72.

13 Landstrom, *The Ship*, 26.

14 同上, 26–27.

15 Homer, *The Odyssey*, Book X, http://classics.mit.edu/Homer/odyssey.html.(ホメロス、『オデュッセイア』松平千秋訳、岩波書店、1994年)

16 Landstrom, *The Ship*, 30–33.

17 George F. Bass, ed., *Beneath the Seven Seas: Adventures with the Institute of Nautical Archaeology* (London: Thames & Hudson, 2005), 48–55.

18 Cemal Pulak, "Discovering a Royal Ship from the Age of King Tut: Uluburun, Turkey," in Bass, *Beneath the Seven Seas*, 34–47.

19 Pulak, "Discovering a Royal Ship," in Bass, 34–47.

20 Elizabeth Greene, "An Archaic Ship Finally Reaches Port: Pabuç Burnu, Turkey," in Bass, 59–63.

21 Wikipedia article, "Ma'agan Michael Ship," http://en.wikipedia.org/wiki/Ma%27agan_Michael_Ship.

22 Charles Q. Choi, "Ingredients for Salad Dressing Found in 2,400-Year-Old Shipwreck," November 8, 2007, http://www.livescience.com/2024-ingredients-salad-dressing-2-400-year-shipwreck.

23 Susan Womer Katsev, "Resurrecting an Ancient Greek Ship: Kyrenia, Cyprus," in Bass, 72–79.

24 J. P. Joncheray, L'Epave *"C" de la Chretienne* (Frejus, 1975), 93–94 and figures 7, 9, 10 in George F. Bass and Frederick H. van Doorninck Jr., *Yassi Ada*, Volume I (College Station: Texas A & M University Press, 1982), 95.

25 David Abulafia, *The Great Sea: A Human History of the Mediterranean* (New York: Oxford University Press, 2011), 203.

26 Landstrom, The Ship, 48–51.

27 Mark Lallanilla, "Ancient Roman May Hold 2,000-Year-Old Food," August 12, 2013, http://livescience.com/38814-ancient-roman-shipwreck.html.

28 Bass and van Doorninck, Jr., *Yassi Ada*, 313–14.

29 Lionel Casson, *Ships and Seamanship in the Ancient World*, 2nd ed. (Baltimore: Johns Hopkins University Press, 1995), 302–4.

30 Bass and van Doorninck, Jr., *Yassi Ada*, 87–110.

31 同上, 315.

32 Marcus, *The Conquest of the North Atlantic* (New York: Oxford University Press, 1981), 44.

33 Landstrom, *The Ship*, 56.

34 同上, 58–59; Bertil Almgren et al., *The Viking* (Gothenberg, Sweden: Tre Tryckare, Cagner & Co., 1966), 181.

35 Landstrom, *The Ship*, 60–62.

36 同上, 57.

37 Louise Kaempe Henriksen, "Journeyman Cook," March 12, 2007, updated February 12, 2011, http://www.vikingesskibsmuseet.dk/en/the-sea-stallion-past-and-present/the-ships-crew/crewmembers-in-the-viking-age/matsveina/#.UypKWyjDPdk.

38 Henricksen, "Journeyman Cook."

39 Einar Haugen, trans., *Voyages to Vinland: The First American Saga* (New York: Alfred A. Knoff, 1942), 8–9, http://www.archive.org/stream/voyagestovinland013593mbp/voyagestovinland013593mbp_djvu.txt.

40 Henricksen, "Journeyman Cook."

41 Anton Engbert, Curator Viking Ship Museum Roskilde, e-mail correspondence, March 10, 2014.

Rutz, Meryl. "Salt Horse and Ship's Biscuit: A Short Essay on the Diet of the Royal Navy Seaman During the American Revolution." http://www/navyandmarine.org/ondeck/1776salthorse.htm.

Semmes, Raphael, Admiral CSN. *Memoirs of Service Afloat*. Seacaucus, NJ: Blue & Grey Press, 1987.

Severin, Tim. *The Sinbad Voyage*. New York: G.P. Putnam, 1983.

Smith, Hervey Garrett. *The Arts of the Sailor*. Edited by Eugene V. Connett. New York: D. Van Nostrand Company, 1953. Reprint, New York: Barnes & Noble Books, 1979.

Smith, John. *A Sea Grammar: With the Plaine Exposition of Smiths Accidence for Young Sea- Men*. 1627. Gale Digital Collections: Sabin Americana Print Editions 1500–1926.

Smith, Ken. *Turbinia: The Story of Charles Parsons and His Ocean Greyhound*. Newcastle Upon Tyne, UK: Tyne and Wear Museums, 1996.

Snodgrass, Mary Ellen. *Encyclopedia of Kitchen History*. New York: Fitzroy Dearborn, 2004.

Snow, Elliot. *Adventures at Sea in the Great Age of Sail: Five Firsthand Narratives*. Salem, Massachusetts: Marine Research Society, 1925. Reprint, New York: Dover Publications, 1986. Originally Published as *The Sea, The Ship and The Sailor*.

Tannahill, Reay. *Food in History*. 2nd ed. New York: Stein and Day, 1974.

Teonge, Henry. *Diary of Henry Teonge, Chaplain on Board His Majesty's Ships Assistance, Bristol, and Royal Oak: 1675–1679*. London, 1825. https://archive.org/details/diaryofhenryteon00teon.

The Trident Society. *The Book of Navy Songs*. 3rd ed. Annapolis: Naval Institute Press, 1955.

Tucker, Spencer, C. ed. *Almanac of American Military History*. Santa Barbara, CA: ABC-CLIO, 2013. http://books.google.com/books?id=TO2mx314ST0C&pg=PA553&lpg=PA553&dq=Robert+Fulton+steam+powered+defense+vessel+1812&source=bl&ots=LdoUjKJ79l&sig=s1f_yGIydKvGsGNTHTqP0m8GiVs&hl=en&sa=X&ei=0DwZU96CB4ySkQeG4oGYCA&ved=0CDgQ6AEwAw#v=onepage&q=Robert%20Fulton%20steam%20powered%20defense%20vessel%201812&f=false.

Tucker, Spencer, C., ed. *The Civil War Naval Encyclopedia*. Santa Barbara, CA: ABC-CLIO, 2011. http://books.google.com/books?id=Ho_8ONL5UgsC&q=food#v=onepage&q=food&f=false.

Twain, Mark. *The Innocents Abroad*. Hartford, CT: American Publishing Company, 1869. Project Gutenberg. http://www.gutenberg.org/files/3176/3176-h/3176-h.htm.（マーク・トウェイン、『イノセント・アブロード：聖地初巡礼の旅』、勝浦吉雄・勝浦寿美訳、文化書房博文社、2004年）

Viking Cruise Line, and Manne Stenros, *Sea & Food*. Finland: Studio Avec Audiovisual, 2003.

Villiers, Alan. *The War with Cape Horn*. London: Pan Books, 1971. Wordpress.comblog. http://ageofsail.wordpress.com/category/naval-food/.

Von Hassell, Agostino, Herm Dillon, and Leslie Jean-Bart. *Military High Life: Elegant Food Histories and Recipes*. New Orleans: University Press of the South, 2006.

White, John. *The Fift Voyage of M. John White into the West Indies and Parts of America Called Virginia, in the Yeere 1590*. Virtual Jamestown Project. http://etext.lib.virginia.edu/etcbin/jamestown-browse?id=J1019.

White, John. *The Fourth Voyage Made to Virginia with Three Ships, in the Yere 1587*. Virtual Jamestown Project. http://etext.lib.virginia.edu/etcbin/jamestown-browse?id=J1018.

Williams, Neville. *The Sea Dogs: Privateers, Plunder & Piracy in the Elizabethan Age*. London: Weidenfeld and Nicolson, 1975.

Doubleday Anchor Book, 1957.（ハーマン・メルヴィル、『メルヴィル全集第5巻（レッドバーン）』、坂下昇訳、国書刊行会、1982年）

Menzies, Gavin. *1421: The Year China Discovered America*. 3rd ed. New York: Perennial: 2004.（ギャビン・メンジーズ、『1421：中国が新大陸を発見した年』、松本剛史訳、ヴィレッジブックス、2007年）

Miller, David. *The Illustrated Directory of Submarines of the World*. London: Salamander Books, 2002.

Miller, Nathan. T*he U.S. Navy: An Illustrated History*. New York: American Heritage; Annapolis: United States Naval Institute Press, 1977.

Miller, Richard E. *The Messman Chronicles: African Americans in the U.S. Navy: 1932–1943*. Annapolis, MD: Naval Institute Press, 2004.

Morison, Samuel Eliot. *The European Discovery of America: The Northern Voyages, AD 500–1600*. New York: Oxford University Press, 1971.

Mott, Lawrence V. "Feeding Neptune: Food Supply and Nutrition in the Catalan- Aragonese Fleet," Paper presented at the Forty-Third International Congress on Medieval Studies, 2008.

Mott, Lawrence V. *Sea Power in the Medieval Mediterranean: The Catalan-Aragonese Fleet in the War of the Sicilian Vespers*. Gainesville: University Press of Florida, 2003.

Nagle, Jacob. *The Nagle Journal: A Diary of the Life of Jacob Nagle, Sailor, from the Year 1775 to 1841*. Edited by John C. Dann. New York: Weidenfeld and Nicolson, 1988.

Navy Department Library. "Living Conditions in the 19th Century U.S. Navy." http://www.history.navy.mil/library/online/living_cond.htm.

Navy Department, Naval History Division. *Civil War Naval Chronology: 1861–1865*. Washington, DC: U.S. Government Printing Office, 1971.

Okrent, Daniel. *Last Call: The Rise and Fall of Prohibition*. New York: Scribner, 2010.

Oliver, Sandra L. *Saltwater Foodways: New Englanders and Their Food at Sea and Ashore in the Nineteenth Century*. Mystic, CT: Mystic Seaport Museum, 1995.

Oriental University Institute. *The Imperial and Asiatic Quarterly Review and Oriental and Colonial Record* 11, Nos. 21 and 22, 1901. http://books.google.com/books?id=1RYoAAAAYAAJ&pg=PA409&lpg=PA409&dq=trotter+grog+1781&source=bl&ots=d9eK2gtZ1c&sig=kUq77VpOnqzNIoia4ncYNRW07fo&hl=en&sa=X&ei=dmMvU8RSy6HSAdfGgcAB&ved=0CDYQ6AEwBQ#v=onepage&q=trotter%20grog%201781&f=false.

Parry, J.H. *The Age of Reconnaissance: Discovery, Exploration, and Settlement 1450 to 1650*. 2nd ed. London: University of California Press, 1981.

Phillips, Carla Rahn. *Six Galleons for the King of Spain: Imperial Defense in the Early Seventeenth Century*. Baltimore: Johns Hopkins University Press, 1986.

Poole, Sharon, and Andrew Sassoli-Walker. *P&O Cruises: Celebrating 175 Years of Heritage*. Gloucestershire, UK: Amberly, 2011.

Pukel, Sandy, and Mark Hanna. *Greens and Grains on the Deep Blue Sea Cookbook: Fabulous Vegetarian Cuisine from the Holistic Holiday at Sea Cruises*. New York: Square One, 2007.

Rediker, Marcus. *The Slave Ship: A Human History*. 2nd ed. New York: Penguin Books, 2008.（マーカス・レディカー、『奴隷船の歴史』、上野直子訳、みすず書房、2016年）

Rifkin, Jeremy. *Beyond Beef: The Rise and Fall of the Cattle Culture*. 2nd ed. New York: Plume, 1993.（ジェレミー・リフキン、『脱牛肉文明への挑戦：繁栄と健康の神話を撃つ』、ダイヤモンド社、北濃秋子訳、1993年）

Ringle, Dennis J. *Life in Mr. Lincoln's Navy*. Annapolis: Naval Institute Press, 1998.

Rodger, N. A. M. *The Wooden World: An Anatomy of the Georgian Navy*. 2nd ed. New York: W. W. Norton, 1996.

Rose, Susan. *Medieval Naval Warfare*. New York: Routledge, 2002.

Rossetti, William Michael. *The Stacions of Rome . . .: And the Pilgrims Sea-voyage . . . with Clene Maydenhood . . . A Supplement to "Political, Religious, and Love Poems," and "Hali Meidenhad."* Edited by Frederick James Furnivall. Early English Text Society, 1867.

Harlow, Frederick Pease. T*he Making of a Sailor, or Sea Life Aboard a Yankee Square-Rigger*. Salem, MA: Marine Research Society, 1928. Reprint, New York: Dover Publications, 1988.

Haugen, Einar, trans. *Voyages to Vinland: The First American Saga*. New York: Alfred A. Knoff, 1942. http://www.archive.org/stream/voyagestovinland013593mbp/voyagestovinland013593mbp_djvu.txt.

Henriksen, Louise Kaempe. "Journeyman Cook." Viking Museum. Roskilde, Denmark. March 12, 2007. http://www.vikingesskibsmuseet.dk/en/the-sea-stallion-past-and-present/the-ships-crew/crewmembers-in-the-viking-age/matsveina/#.UypKWyjDPdk.

Hibberd, Isaac Norris. *Sixteen Times Round Cape Horn: The Reminiscences of Captain Isaac Norris Hibberd*. Edited by Frederick H. Hibberd. Mystic, CT: Mystic Seaport Museum, 1980.

Hoexter, Corrine K. *From Canton to California: The Epic of Chinese Immigration*. New York: Four Winds Press, 1976.

Howarth, David. *The Voyage of the Armada: The Spanish Story*. 2nd ed. New York: Penguin Books, 1981.

Hugill, Stan. *The Bosun's Locker: Collected Articles, 1962–1973*. Todmorden, UK: Herron, 2006.

Hugill, Stan. *Shanties from the Seven Seas*. 2nd ed. London: Routledge & Kegan Paul, 1984.

Hugill, Stan. *Songs of the Sea*. Maidenhead, England: McGraw-Hill, 1977.

Hulton, Paul. *America 1585: The Complete Drawings of John White*. Chapel Hill: University of North Carolina, British Museum Publications, 1984.

Hume, Yvonne. *RMS Titanic: "Dinner Is Served."* Catrine, UK: Stenlake Publishing, 2010.

Jackson, Helen Hunt. *The Helen Jackson Yearbook*. Edited by Harriet Perry. Boston: Robert Brothers, 1895. http://books.google.com/books?id=ELk3AAAAYAAJ&pg=PP1&lpg=PP1&dq=helen+hunt+jackson+the+helen+hunt+jackson+yearbook&source=bl&ots=RN-kGOyyB4&sig=QMjLF0bE7ss4owc_qL-pxonoflM&hl=en&sa=X&ei=D1UvU7usKqXB0gHd7YGgCw&ved=0CDUQ6AEwAg#v=onepage&q=sails%20anchors&f=false.

Johnstone, Paul. *The Sea-craft of Prehistory*. 2nd ed. London: Routledge & Kegan Paul, 1988.

Kirsch, Peter. *The Galleon: The Great Ships of the Armada Era*. London: Conway Maritime Press, 1990.

Kurlansky, Mark. *Salt: A World History*. 2nd ed. London: Penguin Books, 2003.（マーク・カーランスキー、『塩の世界史：歴史を動かした小さな粒』、山本光伸訳、中央公論新社、2014 年）

Lai, Him Mark, Genny Lim, and Judy Yung. *Island: Poetry and History of Chinese Immigrants on Angel Island: 1910–1940*. 2nd ed. San Francisco: HOC DOI Project, Chinese Culture Foundation of San Francisco, 1986.

Lallanilla, Mark. "Ancient Roman May Hold 2,000-Year-Old Food." Livescience .com. August 12, 2013. http://livescience.com/38814-ancient-roman-shipwreck.html.

Landstrom, Bjorn. T*he Ship: An Illustrated History*. New York: Doubleday, 1961.

Lavery, Brian. *Nelson's Navy: The Ships, Men, and Organisation, 1793–1815*. 2nd ed. London: Conway Maritime Press, 2012.

Macdonald, Janet. *Feeding Nelson's Navy*. 2nd ed. London: Chatham, 2006.

Mackenzie, George A., ed. *From Aberdeen to Ottawa in Eighteen Forty-Five: The Diary of Alexander Muir*. Aberdeen: Aberdeen University Press, 1990.

Maddocks, Melvin. *The Atlantic Crossing: The Seafarers*. Amsterdam: Time Life Books, 1981.

Marcus, G.J. *The Conquest of the North Atlantic*. New York: Oxford University Press, 1981.

Masefield, John. *Sea Life in Nelson's Time*. London: Conway Maritime Press, 1984.

Mattingly, Garrett. *The Armada*. Boston: Houghton Mifflin, 1959.

Maxtone-Graham, John. *The Only Way to Cross*. New York: Macmillan, 1972.

Mayers, Kit. *North—East Passage to Muscovy: Stephen Borough and the First Tudor Explorations*. Gloucestershire, UK: Sutton, 2005.

Melville, Herman. *Redburn: His First Voyage*. New York:

Cipolla, Carlo M. *Guns, Sails, and Empires: Technological Innovation and the Early Phases of European Expansion, 1400–1700*. New York: Minerva Press, 1965.(カーロ・M・チポラ、『大砲と帆船：ヨーロッパの世界制覇と技術革新』、大谷隆昶訳、平凡社、1996 年)

Columbus, Christopher. *The Log Book of Christopher Columbus: His Own Account of the Voyage That Changed the World*. Translated by Robert H. Fuson. Camden: International Marine Publishing Company, 1987.

Commager, Henry Steele. *The Blue and The Gray*. 2nd ed. New York: Fairfax Press, 1982.

Cudahy, Brian J. "The Containership Revolution—Malcolm McLean's 1956 Innovation Goes Global." TR News 246, September–October 2006. Transportation Research Board of the National Academies, Washington, DC. http://www.worldshipping.org/pdf/container_ship_revolution.pdf.

Diamond, Marion. "The Titanic's Menus and What They Can Tell Us." Wordpress, July 4, 2012. http://learnearnandreturn.wordpress.com/2012/04/07/the-titanics-menus-and-what-they-can-tell-us/.

Dickens, Charles. *American Notes for General Circulation*. 1842. Reprinted with introduction and notes by John S. Whitley and Arnold Goldman in 1972. Reprinted with note by Angus Calder in 1985. London: Penguin Classics, 1985.(チャールズ・ディケンズ、『アメリカ探訪／イタリア小景』、田辺洋子、溪水社、2016 年)

Dickinson, Bob, and Andy Vladimir. *Selling the Sea: An Inside Look at the Cruise Industry*. New York: John Wiley & Sons, 1997.

Dugan, James. *The Great Iron Ship*. New York: Harper & Brothers, 1953.

Dunmore, John. Mrs. *Cook's Book of Recipes for Mariners in Distant Seas: Boiled Jellyfish, Stewed Albatross, and Other Treats for Sailors*. London: Quercus, 2006.

Eaton, John P., and Charles A. Haas. *Titanic: Triumph and Tragedy*. 2nd ed. New York: W. W. Norton, 1994. http://books.google.com/books?id=uia8zRfX1koC&pg=PA116&lpg=PA116&dq=specimen+third+class+bill+of+fare&source=bl&ots=26t96mUtWa&sig=0fQ169M1pW7csGHkLPXxQDYbVro&hl=en&sa=X&ei=CvYgU8-SMsnq0gHk_oDIBg&ved=0CCcQ6AEwAQ#v=onepage&q=specimen%20third%20class%20bill%20of%20fare&f=false.

Edington, Sarah. *The Captain's Table: Life and Dining on the Great Ocean Liners*. London: National Maritime Museum, 2005.

EyeWitness to History. "Aboard a Slave Ship, 1829." 2000. http://www.eyewitnesstohistory.com/slaveship.htm.

Ellmers, Detlev. "The Hanseatic Cog of Bremen AD 1380." Deutsches Schiffahrtsmuseum, Bremen. http://www.raco.cat/index.php/Drassana/article/viewFile/106096/132585.

Foss, Richard. *Rum: A Global History*. London: Reaktion Books, 2012.(リチャード・フォス、『ラム酒の歴史』、内田智穂子訳、原書房、2018 年)

Fostik, John A. *America's Postwar Luxury Liners*. Hudson, WI: Iconografix, 2011.

Fury, Cheryl. *The Social History of English Seamen: 1485–1649*. Woodbridge, Suffolk, UK: Boydell Press, 2013.

German, Andrew W. *Voyages: Stories of America and the Sea: A Companion to the Exhibition at Mystic Seaport*. Mystic, CT: Mystic Seaport Museum, 2000.

Gibowicz, Charles J. *Mess Night Traditions*. Bloomington, IN: Author House, 2007.

Graham, Winston. *The Spanish Armadas*. London: Collins, 1972.

Grant, Gordon. *Sail Ho! Windjammer Sketches Alow and Aloft*. New York: William Farquhar, 1930.

Gregory, Hugh McCulloch. *The Sea Serpent Journal: Hugh McCulloch Gregory's Voyage Around the World in a Clipper Ship, 1854–1855*. Edited by Robert H. Burgess. Charlottesville: University Press of Virginia, 1975.

Grenville, Richard. *The Voiage Made by Sir Richard Greenvile, for Sir Walter Ralegh, to Virginia, in the Yeere 1585, Part 1*. Virtual Jamestown Project. http://etext.lib.virginia.edu/etcbin/jamestown-browse?id=J1015.

Grossman, Anne Chotzinoff, and Lisa Grossman Thomas. *Lobscouse and Spotted Dog: Which Is a Gastronomic Companion to the Aubrey/Maturin Novels*. New York: W. W. Norton, 1997.

参考文献

Abbey, Charles A. *Before the Mast in the Clippers: The Diaries of Charles A. Abbey, 1856 to 1860*. Edited by Harpur Allen Gosnell. 2nd ed. New York: Dover Publications, 1989.

Abulafia, David. *The Great Sea: A Human History of the Mediterranean*. New York: Oxford University Press, 2011.

Adams, Ian, and Meredyth Somerville. *Cargoes of Despair and Hope: Scottish Emigration to North America: 1603–1803*. Edinburgh: John Donald Publishers, 1993.

Alexander, John W. *United States Navy Memorial: A Living Tradition*. Washington, DC: United States Navy Memorial Foundation, 1987.

Almgren, Bertil et al. *The Viking. Gothenberg, Sweden: Tre Tryckare*, Cagner & Co., 1966.

Amadas, Philip, and Arthur Barlowe. *The First Voyage Made to the Coasts of America, with Two Barks, Where in Were Captaines M. Philip Amadas and M. Arthur Barlowe, Who Discovered Part of the Countrey Now Called Virginia, Anno 1584*. Virtual Jamestown Project. http://etext.lib.virginia.edu/etcbin/jamestown-browse?id=J1014.

American Seamen's Friend Society. *The Sailor's Magazine and Seamen's Friend* 38, No. 7 (March 1866). http://books.google.com/books?id=59kaAAAAYAAJ&pg=PA200&lpg=PA200&dq=trotter+grog+1781&source=bl&ots=PQw3pjW4Rk&sig=xHku5dcCIL_p1DNMYAMz_iFHJJc&hl=en&sa=X&ei=dmMvU8RSy6HSAdfGgcAB&ved=0CC4Q6AEwAg#v=onepage&q=trotter%20grog%201781&f=false.

Andrews, Ralph W., and A.K. Larssen. *Fish and Ships: This Was Fishing From the Columbia to Bristol Bay*. Seattle: Superior Publishing Company, 1959.

Archbold, Rick, and Dana McCauley. *Last Dinner on the Titanic: Menus and Recipes from the Great Liner*. New York: Madison Press, 1997.

Bass, George F., ed. *Beneath the Seven Seas: Adventures with the Institute of Nautical Archaeology*. London: Thames & Hudson, 2005.

Bass, George F., and Frederick H. van Doorninck, Jr. *Yassi Ada*. Vol. I. College Station: Texas A&M University Press, 1982.

Beaglehole, J.C. T*he Life of Captain James Cook*. 2nd ed. Stanford: Stanford University Press, 1974.

Beavis, Bill, and Richard G. McCloskey. *Salty Dog Talk: The Nautical Origins of Everyday Expressions*. London: Adlard Coles, 1983.

Bowen, E.G. *Britain and the Western Seaways*. London: Thames & Hudson, 1972.

Bradford, Ernle. *The Story of the Mary Rose*. London: W. W. Norton, 1982.

British Royal Navy. *Brinestain and Biscuit: Recipes and Rules for Royal Navy Cooks, Admiraly 1930*. Surrey, UK: National Archives, 2006.

Bruzelius, Lars. "Kenilworth." The Maritime History Virtual Archives. December 30, 1998. http://www.bruzelius.info/Nautica/Ships/Fourmast_ships/Kenilworth(1887).html.

Buchheim, Lothar-Gunther. *U-Boat War*. New York, Alfred A. Knopf, 1978.

Burke, James. *Connections*. Boston: Little, Brown, 1978.（ジェームズ・バーク、『コネクションズ：意外性の技術史 10 話』、福本剛一郎ほか訳、日経サイエンス、1984 年）

Burrows, Edwin G., and Mike Wallace. *Gotham: A History of New York City to 1898*. New York: Oxford University Press, 1999.

Cameron, Silver Donald. *Sailing Away From Winter: A Cruise from Nova Scotia to Florida and Beyond*. 2nd ed. Toronto: McClellan & Stewart, 2008.

Casson, Lionel. *Ships and Seamanship in the Ancient World*. 2nd ed. Baltimore: Johns Hopkins University Press, 1995. First published in 1971 by Princeton University Press.

Chapelle, Howard Irving. *The Baltimore Clipper: Its Origin and Development*. 2nd ed. New York: Dover Publications, 1988.

Choi, Charles Q. "Ingredients for Salad Dressing Found in 2,400-year-old Shipwreck." Livescience.com. November 8, 2007. http://www.livescience.com/2024-ingredients-salad-dressing-2-400-year-shipwreck.html.

【著者】

サイモン・スポルディング（Simon Spalding）

海事史家。カリフォルニア大学バークレー校を卒業後、北アメリカやヨーロッパの博物館などでパフォーマンスや講演を行う。また、スクーナー船、スループ船、バルク船、ブリッグ船などに乗船し、実際に乗組員として勤務した経験がある。アメリカ、ノースカロライナ州ニューベルン在住。

【翻訳】

大間知知子（おおまち・ともこ）

お茶の水女子大学英文学科卒。訳書に『中世の騎士：武器と甲冑・騎士道・戦闘技術』『生活道具の文化誌：日用品から大型調度品まで』『世界を変えた100のスピーチ』（以上原書房）、『世界の哲学の名著』『政治思想50の名著』（以上ディスカヴァー・トゥエンティワン）などがある。

Food at Sea: Shipboard Cuisine from Ancient to Modern Times
by Simon Spalding

船の食事の歴史物語

丸木舟、ガレー船、戦艦から豪華客船まで

2021年12月28日　第1刷

著者…………サイモン・スポルディング

訳者…………大間知知子

装幀…………永井亜矢子（陽々舎）
発行者…………成瀬雅人
発行所…………株式会社原書房

〒160-0022 東京都新宿区新宿 1-25-13
電話・代表 03（3354）0685
http://www.harashobo.co.jp
振替・00150-6-151594

印刷…………新灯印刷株式会社
製本…………東京美術紙工協業組合

ISBN978-4-562-05981-2, Printed in Japan